"古今字"學術史叢書

李運富　主編

清代『古今字』學術史研究

鍾　韻──────著

社會科學文獻出版社

SOCIAL SCIENCES ACADEMIC PRESS (CHINA)

鍾韻，北京師範大學文學院漢語言文字學博士。主要研究方向爲訓詁學、清代小學史。現爲生活·讀書·新知三聯書店編輯。

追求"古今字"學術史之"真"

——"'古今字'學術史叢書"總序

李運富

漢語之源久遠難考,漢字歷史已逾五千年①,而漢字記録漢語形成可考的字詞關係,目前還祇能從殷商甲骨文説起。隨着時代等因素的變化,漢語字詞的對應關係也不斷發生變化,這往往成爲解讀文獻的障礙。裘錫圭先生曾指出:"文字的用法,也就是人們用哪個字來代表哪個詞的習慣,古今有不少變化。如果某種古代的用字方法已被遺忘,但在某種或某些傳世古書裏還保存着,就會給閱讀古書的人造成麻煩。"②出於解讀文獻的需要,漢代學者便已發明"古今字"這個訓釋術語用來溝通詞語用字的古今差異,相沿至今,從而産生大量指認和考證古今字詞關係變化的材料和論述,形成學術史上關注"字用"現象的一道亮麗風景。從清代開始,部分學者逐漸誤解"古今字"的"用字"内涵,以今律古,强人就己,按照後人的"造字"觀念理解古人,遂將古人提出的"古今字"混同於現代人提出的"分化字"。我們認

---

① 王暉:《漢字正式形成於距今 5500~5000 年之間》,《中國社會科學報》2019 年 7 月 22 日,第 4 版。

② 裘錫圭:《考古發現的秦漢文字資料對於校讀古籍的重要性》,《中國社會科學》1980 年第 5 期;收入《中國出土古文獻十講》,復旦大學出版社,2004,第 128~129 頁。

爲這種誤解不符合學術史研究的“求真”原則 ①，不利於現代學術的正常發展，也有礙於歷代“古今字”訓注材料在當代發揮它應有的價值，所以我們申請了國家社科基金重大項目——“‘古今字’資料庫建設及相關專題研究”②，擬在彙編歷代學者注釋或列舉過的“古今字”字組材料及相關論述的基礎上，嘗試還原“古今字”學術史的實際面貌，進而探討“古今字”的學理和價值。項目名中的“資料”主要指古今學者研究古今字的論著（“古今字”字組材料已另有項目完成，《古代注列“古今字”輯考》單獨出版），“相關專題研究”主要指斷代的“古今字”研究和專家專書的“古今字”研究。本叢書發表的是該重大項目“相關專題研究”方面的成果，包括按時代劃分的 4 種“‘古今字’學術史”專著和按專家專書劃分的 5 種“‘古今字’學術史”專著。現就“古今字”的研究問題做一引言式的概述，權作該叢書之總序。

一　現代人對“古今字”的基本認識

20 世紀以來，研究或涉及“古今字”材料的論著（含教材）在 800 種以上，單篇論文有 300 多篇，内容大都屬概念爭論和字例分析，至今没有對歷代注明和列舉的古今字材料進行全面彙總，也没有對歷代學者有關古今字的學術觀點進行系統梳理，致使現代人在論述“古今字”問題時，或誤解歷史，或無顧歷史，把本來屬於不同時代用字不同的異字同用現象混淆於孳乳造字形成的文字增繁現象。可以説，現代“古今字”的研究還留有許多問題和不足，主要表現在以下幾個方面。

---

① 李運富：《漢語學術史研究的基本原則》，《湖北師範學院學報》（哲學社會科學版）2010年第 4 期。

② 2013 年 11 月正式批准立項，項目編號爲“13&ZD129”。

（一）在理論研究方面，對古今字性質認識不一

"古今字"是中國傳統語言文字學領域的重要概念。20 世紀以來，學界對其性質呈現兩種分歧明顯的理解。

一種以王力 ①、賈延柱 ②、洪成玉 ③ 等學者爲代表，認爲古今字是爲了區別記錄功能而以原來的某個多功能字爲基礎分化出新字的現象，原來的母字叫古字，後來分化的新字叫今字，合稱古今字。由於王力先生主編的《古代漢語》教材被全國高校普遍采用，這種觀點影響極大，被學界普遍接受。賈延柱把這種觀點表述爲："古今字是字形問題，有造字相承的關係。産生在前的稱古字，産生在後的稱今字。在造字時間上，古今字有先後之分，古今之別。古今字除了'時'這種關係外，還有一個重要的特點，就是古字義項多，而今字祇有古字多種意義中的一個，今字或分擔古字的引申義，或取代古字的本義。"④ 他們傾向於將"古今字"看作漢字孳乳的造字問題，認爲"古今字"就是"分化字"或"分別文"，這實際是今人出於誤解而做出的重新定義，其古今字概念已非原態。

另一種以裘錫圭 ⑤、劉又辛 ⑥、楊潤陸 ⑦ 等學者爲代表，主張古今字是歷時文獻中記錄同詞而先後使用了不同形體的一組字，先使用的叫古字，後使用的叫今字，合稱古今字。裘錫圭指出："一個詞的不同書寫形式，通行時間往往有前後，在前者就是在後者的古字，在後者就是在前者的今字。……説某兩個字是古今字，就是説它們是同一個

---

① 參見王力《古代漢語》（校訂重排本）第一册，中華書局，1999，第 170~173 頁。
② 參見賈延柱編著《常用古今字通假字字典》，遼寧人民出版社，1988，第 17 頁。
③ 參見洪成玉《古今字概述》，《北京師範學院學報》（社會科學版）1992 年第 3 期。
④ 賈延柱編著《常用古今字通假字字典》，遼寧人民出版社，1988，第 17 頁。
⑤ 參見裘錫圭《文字學概要》（修訂本），商務印書館，2013。
⑥ 參見劉又辛《談談假借字、異體字、古今字和本字》，《西南師範大學學報》（人文社會科學版）1984 年第 2 期。
⑦ 參見楊潤陸《論古今字》，陸宗達主編《訓詁研究》第 1 輯，北京師範大學出版社，1981；《論古今字的定稱與定義》，《古漢語研究》1999 年第 1 期。

詞的通行時間有先後的兩種書寫形式。……近代講文字學的人，有時從説明文字孳乳情況的角度來使用'古今字'這個名稱，把它主要用來稱呼母字跟分化字。近年來，還有人明確主張把'古今字'這個名稱專用來指有'造字相承關係'的字。他們所説的古今字，跟古人所説的古今字，不但範圍有大小的不同，而且基本概念也是不一致的。古人講古今字是從解釋古書字義出發的。"① 這種觀念和古人相仿，都認爲古今字屬於相同詞語的不同用字問題，記録同詞的古字和今字不一定存在分化關係，所以他們的 "古今字" 範圍較廣，應該包括分化字或者跟分化字交叉，因而不等於分化字。

（二）在古漢語教學實踐中，古今字與其他術語糾纏不清

在觀念歧異的背景下，受古今字等同於分化字觀念的連帶影響，王力將不同形體的字分爲古今字、異體字、繁簡字三類，繼而幾乎所有古代漢語教材都出現辨析古今字與異體字、繁簡字、同源字、假借字等字例的内容。這些術語提出的背景迥異，角度不同，涉及的材料難免交叉，無法區别，正如我們不能把幾個人對立區分爲同學關係、同鄉關係、親戚關係一樣。由於角度和判定標準的不同，概念與概念之間其實是不會混同的，祇是針對具體材料發生交叉，可以做出不同的歸屬。針對記録相同詞語的同組字，着眼於字形與音義關係，可以看作異體字關係，也可以看作本字與借字關係；而着眼於用字時代的先後，本字先用、通假字後起，或者使用有先有後的一組異體字，都可以認爲是古今字關係。學界往往將材料的多屬等同於概念的交叉，於是強行對立進行辨析。對此，劉又辛曾指出古今字問題成因的複雜

---

① 裘錫圭：《文字學概要》（修訂本），商務印書館，2013，第 256~259 頁。

性，呼籲不可將古今字與同源字、異體字、假借字等概念相對立 ①；王寧 ②、蔣紹愚 ③ 主張用別的術語表示漢字中的分化現象，從而避免跟“古今字”糾纏。但實際上，由於歷史問題沒有正本清源，大家不明就裏，祇好順從慣性，忙於辨析區別而難以自拔。

（三）在學術史研究中，以今律古，對傳統古今字研究的評價多與事實不符

歷代文獻中的古今字訓詁材料數量豐富、分布極廣，目前尚無全面彙總歷時古今字材料并展開研究的成果。對個別學者的“古今字”進行舉例式研究的倒是不少，但總體上由於掌握材料不全，又先入爲主地受古今字就是分化字的現代學術觀念影響，常常出現不符合歷史事實的論斷和評價。有人認爲“古今字”的所指範圍是逐步擴大的，這其實是現代學者因對材料掌握不充分而產生的錯覺，我們系統梳理發現，直到清代徐灝，古人的古今字觀念并沒有多大變化；有人認爲段玉裁有時把“古今字”的“古字”稱爲假借字或把“今字”稱爲俗字是判斷失誤，批評段玉裁對古今字的認識不清、概念混亂，其實這祇是段玉裁從不同的角度表述同組材料而已，使用不同術語的目的不盡相同，古今字着眼於用字的先後，假借字、俗字等更多着眼於字形的來源或屬性；有人認爲王筠把“古今字”稱爲“分別文”“累增字”，因而促進了“古今字”的科學研究，其實在王筠的著作中這幾個術語是并存的，角度不同，無法相互取代，祇是現代人將王筠的古今字與分別文混同起來，纔强説王筠對古今字有了新的看法；還有人認爲鄭玄是最早研究“古今字”的學者，

---

①　參見劉又辛《談談假借字、異體字、古今字和本字》，《西南師範大學學報》（人文社會科學版）1984 年第 2 期。

②　王寧等編著《古代漢語通論》，北京師範大學出版社，1996，第 49 頁。

③　蔣紹愚：《古漢語詞彙綱要》，商務印書館，2005，第 209 頁。

其實鄭玄的説法大都來自鄭衆，衹是比鄭衆多舉了些例子而已。凡此種種，都是没有充分占有材料因而缺乏全面比較的結果，經不起歷史事實的檢驗。

可見，"古今字" 的研究并不像我們想象的那麽簡單，要説清楚這些問題，必須考察歷史上 "古今字" 的真實面貌，還原古人的本意，所以有必要全面測查 "古今字" 的學術歷程和實際材料，衹有從事實出發，纔能弄清楚古人的 "古今字" 究竟是什麽，也纔能搞明白現代學者對 "古今字" 發生誤解的根源。

二 "古今字" 的歷史面貌

（一）古人眼中的 "古今字"

"古今字" 是個學術史概念，應在歷史語境中理解它的含義和作用。最早提出這個問題的是古代訓詁家，他們在注釋中用 "古今字" 説明不同時代用不同字符表達同一詞項（文獻中的音義結合體單位）的用字現象。除了典型的 "古今字" 表述，還有許多包含古今用字關係的其他表述方式。有的將 "古" "今" 對舉，如 "某古字，某今字" 等；有的單説 "古" 或 "今"，如 "古（今）作（爲）某" "古（今）某字" "古（今）文（字）某" 等。無論怎麽表述，其中都包含 "古" 或 "今" 的時間概念。最初提出 "古今字" 相關名稱的是漢代學者鄭衆和鄭玄。

（1）【諸侯之繅斿九就。】鄭司農云："'繅' 當爲 '藻'。'繅'，古字也，'藻'，今字也，同物同音。"（漢·鄭玄注《周禮·夏官》）

（2）【凡國之大事，治其禮儀以佐宗伯。】故書"儀"爲"義"。鄭司農云："'義'讀爲'儀'。古者書'儀'但爲'義'，今時所謂'義'爲'誼'。"（漢·鄭玄注《周禮·春官》）

（3）【君天下曰天子，朝諸侯、分職授政任功曰予一人。】《覲禮》曰："伯父實來，余一人嘉之。"余、予古今字。（漢·鄭玄注《禮記·曲禮》）

鄭衆是東漢早期人物，他雖未明確使用"古今字"這個術語，但已用"古字""今字"溝通詞語用字的時代差異，且對古今字的內涵做出基本界定。① 如例（1）闡述記錄｛五彩絲繩｝義的詞語古今分別使用"繅"和"藻"字，更重要的是指出古今字具有"同物同音"的性質，即"同義同音"却使用了不同的字形記錄。例（2）具體分析｛儀態｝義詞語歷史上分別用古字"義"、今字"儀"記錄，表示｛意義｝的詞語曾用古字"誼"、今字"義"記錄。東漢晚期的鄭玄則明確開始使用"古今字"的術語溝通詞語用字的古今差異，例（3）記錄｛自稱代詞｝的"余"和"予"字構成"古今字"關係（研究發現"予""余"實際使用的古今關係是不斷變化的②）。可見他們提出或使用"古今字"概念與文字分化無關，不屬於造字的問題，完全是針對文獻解讀溝通詞語古今用字差異而言的。

我們通過對大量實際材料的調查，發現從漢代到清代的學者對"古今字"性質的認識基本上保持着一致性，都是在訓詁注釋的範疇內溝通歷時同詞異字現象。清代是中國傳統語言文字學研究的巔峰，而段玉裁的成就更是超拔前人。段玉裁對"古今字"的相關問題有着深刻的認識，是學術史上第一位對古今字進行理論闡釋的學者。其著作中有大量關於"古今字"的精闢論述，如：

---

① 參見李運富《早期有關"古今字"的表述用語及材料辨析》，《勵耘學刊（語言卷）》總第6輯，學苑出版社，2008。

② 參見李運富《"余予古今字"考辨》，《古漢語研究》2008年第4期。

（4）【今，是時也。】古今人用字不同，謂之古今字。（清·段玉裁《説文解字注·亼部》）

（5）【余，語之舒也。】余予古今字。凡言古今字者，主謂同音，而古用彼今用此，異字。若《禮經》古文用余一人，《禮記》用予一人。（清·段玉裁《説文解字注·八部》）

（6）【誼，人所宜也。】凡讀經傳者，不可不知古今字。古今無定時，周爲古則漢爲今，漢爲古則晋宋爲今，隨時異用者謂之古今字。（清·段玉裁《説文解字注·言部》）

（7）【姪，厶逸也。】姪之字今多以淫代之，淫行而姪廢矣。（清·段玉裁《説文解字注·女部》）

段玉裁首次對"古今字"進行定義，如上舉例（4）認爲"古今人用字不同，謂之古今字"，例（5）提出"凡言古今字者，主謂同音，而古用彼今用此，異字"。從這些不同表述中可以看出，段玉裁眼中的"古今字"也是立足於詞語用字角度的。他對"古今字"研究的理論貢獻還表現在提出"古今無定時"，如例（6）認爲"古今字"的"古"和"今"并非絶對的時間概念，而是相對的，古今可以轉換，隨時異用；而"凡讀經傳者，不可不知古今字"則更説明"古今字"是釋讀文獻的訓詁學問題。此外，他的貢獻還表現在獨創"某行某廢"的訓詁體式，揭示詞語古今用字演變的結果，如例（7），這無疑也與造字相承無關。[①]

段玉裁在《經韻樓集》卷十一中又説："凡鄭言古今字者，非如《説文解字》謂古文、籀、篆之别，謂古今所用字不同。"其"謂古今所用字不同"固然不錯，但斷言"非如《説文解字》謂古文、籀、篆之别"則可能過於拘泥。因爲對於什麼是"用字不同"，如果對"字"

---

① 參本叢書中劉琳《段玉裁〈説文解字注〉"古今字"研究》第二章。

的看法古今有異，那對具體材料的判斷就難免不同。現代構形學告訴我們，漢字的不同形體有的是異構關係，有的是異寫關係。①所謂"用字不同"通常是指具有異構關係的不同字位或者不同字種，衹是寫法不同的異寫字一般不看作用了不同的字，因而構不成"古今字"關係。但古人没有明確的異寫、異構概念，他們衹看字形差異，字形差異不同的字，就有可能被認定爲"古今字"，所以"古文籀篆之别"也可以屬於"古今所用字不同"。例如：

（8）卜，灼剥龜也，象灸龜之形。一曰象龜兆之從橫也。卜，古文卜。（漢·許慎《説文解字·卜部》）

（9）外，遠也。卜尚平旦，今夕卜，於事外矣。夘，古文外。（漢·許慎《説文解字·夕部》）

按許慎的標注，我們可以認爲，在｛占卜｝詞項上，"卜"爲古文，則"卜"爲今字，"卜、卜"構成"古今字"關係；在｛外面｝詞項上，"夘"是古文，"外"爲今字，則"夘、外"也構成"古今字"關係。但其實"卜"與"卜"的差别衹是寫法不同（對古文字的隸定或轉寫方式不同），構形上都是"象龜兆之從橫也"，并非兩個不同的字位。又如：

（10）旁，溥也。从二，闕；方聲。旁，古文旁。旁，亦古文旁。旁，籀文。（漢·許慎《説文解字·上部》）

（11）【旁㫄㫄㫄雱㫄】《説文》"溥也"。《爾雅》"二達謂之岐旁"。隸作旁。古作㫄、㫄。籀作雱。或作㫄。（宋·丁度《集韻》卷三）

按，在許慎看來，秦漢時期使用的小篆字形"旁"，在"古文"時

---

① 王寧：《漢字構形學講座》，上海教育出版社，2002。

代的文獻裏寫作"𩵋𩵋"，在籀文材料裏寫作"𩵋"，都屬於前代不同的用字。其中有的結構不同，有的祇是寫法不同，由於形體上有差異，都可以看作不同的字。那麼，所謂"古文""籀文"可能不是純字體概念，而主要指字形的來源和出處，所以後世如《集韻》之類往往將《説文》的古文形體轉寫爲當代通行的字形。如把古文"𩵋"與"𩵋"分別轉寫成楷體字形"旁"與"夯"，這并不表明"旁"與"夯"這種字形在文獻中實際用過。之所以把轉寫後失去了"古文"書寫風格的字形仍然稱爲"古作某"，可能因爲古人所説的"古文"原來就不是着眼於字體風格的。當然，對這些由古代的某種古文字形轉寫而來的後出字形，由於文獻裏不一定實際使用過，如果要作爲用字現象來分析，最好回到古文字形的時代按古文原形的功能分析，轉寫字形祇能看作古文原形的代號而已。

我們説許慎的"古文"未必是一個純字體概念，更大程度上是指古代文獻中的用字，大概相當於"古代文字"，具體所指時代和文獻隨相對概念而異，但都是指字形的來源而不是指書寫風格。關於這個問題我已指導桂柳玥寫過一篇碩士學位論文，題爲《〈説文〉"古文"所指及相關"古文"研究》。通過全面考察《説文·叙》中10處"古文"所指和《説文》正文中出現的幾百個"古文"的含義，我們認爲，《説文解字》中的"古文"應泛指秦代小篆和秦隸産生之前除大篆之外的古代文獻用字，它强調的是文字材料在來源和時代上的差異以及字形結構的不同，未必有統一的書寫風格。其中"古文以爲某"的説解體例，正是用來説明古文書籍的用字現象的，即某個字形在古代文獻中用來記録另一個詞，也就是當成另一個字用。正如段玉裁在"屮"下注曰：

　　凡云古文以爲某字者，此明六書之叚借。以，用也。本非某字，古文用之爲某字也。如古文以洒爲灑埽字，以正爲《詩》大雅字，以丂爲巧字，以臤爲賢字，……皆因古時字少，依聲託事。至於古文以屮爲艸字，……以臮爲澤字，此則非屬依聲，或因形近相借。無容後人效尤者也。①

也正如陸宗達先生所説：

　　許慎所謂“古文”，就是漢代所發掘出的古文經典中的字體。但實際上《説文》所説的“古文”，不僅僅限於古文經典，春秋時代秦篆以外群書故籍所使用的文字，都叫“古文”。……此外，許慎還引據很多秦以前的其他古籍，如《逸周書》《山海經》《春秋國語》《老子》《孟子》《楚辭》《司馬法》等等，都可以根據上面所説的道理來推斷爲“古文”。據《説文解字·叙》，許慎還收集了當時出土的鼎彝銘文的字體，也稱爲古文。②

　　陸先生所説的“字體”應該理解爲字形，許慎注列的“古文”“籀文”等與“小篆”不同，主要不是書寫風格類別的對立，而是字形結構和使用功能的差異，是文獻來源的時代不同。這樣理解許慎的“古文”，纔可以跟司馬遷《史記》所説的“古文”③、鄭玄等注釋家注列的“古文”④以及後世字書如《廣韻》中所謂的“古文”統一起來。它們都是指古代文獻中的用字現象，祇是具體來源不同而已。所以我們把這類指稱古代文獻中用過的“古文”當作“古今字”的“古字”，也都納入注列“古今字”的材料提取範圍。

　　總之，古人的“古今字”是個訓詁學概念，屬於文獻用字問題，

---

① （漢）許慎撰、（清）段玉裁注《説文解字注》，上海古籍出版社，2011，第 21 頁。
② 陸宗達：《説文解字通論》，中華書局，2015，第 23 頁。
③ 王國維：《〈史記〉所謂古文説》，《觀堂集林》，中華書局，1961，第 307~312 頁。
④ 參見李玉平《試析鄭玄〈周禮注〉中的“古文”與“故書”》，《古籍整理研究學刊》2005 年第 5 期。

跟造字和文字分化無關。凡是不同時代的文獻記錄同一詞項而使用了不同的字,不管是結構不同的字位字種,還是同一字位字種的不同字形,都可以叫"古今字"。其要點有三:一是"同物同音",即文獻中功能相同,記錄的是相同詞語;二是"文字不同",前後使用不同的字形記錄;三是使用時代有先後。概括起來說,古今字是指不同時代記錄同一詞項所用的不同字,而不同的字是指兩個或兩個以上的一組字,所以古今字是字組概念而不是個體概念。

(二)"古今字"與"分化字""分別文"的關係

既然"古今字"在傳統語言文字學的發展歷程中一直屬於訓詁學領域的問題,是文獻用字問題,那麼現代學者將其等同於"分化字"和"分別文",或者認爲"古今字"包含"分化字""分別文",將其看成文字孳乳的造字問題,無疑都是不符合學術史原貌的。這裏既有對古人學説的無意識誤解,也有故意追求某種學理而强人就己的非學術史研究方法,所以需要從學理和方法上辨明原委,纔能真正消除誤解。

1. 分化字、分別文不是"古今字"

今人把"古今字"等同於"分化字",或者認爲"古今字"包含"分化字",顯然不合古人的實際,更重要的是在學理上也無法講通。所謂"分化字",一般是指原來具有多項功能的字被分化爲各自承擔原來部分功能的幾個字的文字現象。例如"采"字原來曾記錄{采摘}{彩色}{理睬}等多個詞項,"采"字記詞職能過於繁重,於是以"采"作爲聲符分別新增義符,另造新字,分擔各項職能。如增"手"旁造"採"記錄{采摘}、增"彡"旁新造"彩"專記{彩色}、增"目"旁新造"睬"記錄{理睬}等,將"采"稱爲"母字",將"採、彩、睬"看作由母字孳乳出的分化字。值得注意的是,"分化"通常指由舊事物滋生出新事物的過程,所以"分化"是就"字"而言,增多的袛是記録詞語的字形，記詞職能仍是原有的，并未出現新的增項，不宜使用職能"分化"的表述。分化字産生以後，袛是將原有記詞職能進行了重新分工調整，將原來一個字的職能分擔給幾個字。職能分工不袛有字形分化孳乳新字一途，還可以有其他方法，如改換義符、異體分工、借字分擔等，所以字形分化不等於職能分工，更不等於古今字。

那麽分化字是否能够等於"古今字"的概念呢？答案是否定的，我們可以舉出如下理由。首先，"分化字"單指一方，要跟"母字"相對纔成爲指一組字的概念；而"古今字"是包含古字和今字的組概念，"分化字"和"古今字"這兩個概念根本不對稱。其次，"母字"與"分化字"在功能上是總分關係或包含與被包含關係，并不對等，母字一個字承擔多項職能，而分化字袛是承擔原來母字的一項功能，它的功能要比母字少，分化字與母字的功能不對等，所以分化字和母字記録的不是同一個詞；而"古今字"的"古字"和"今字"是同一關係，音義相同。最後，文字分化是漢字字種的孳乳發展現象，屬於"造字"問題；古今字是不同時代詞語用字的不同，屬於"用字"問題。可見"古今字"和"分化字"是不同的現象，性質存在明顯差異。

今人之所以會把"古今字"看成"分化字"，應該與誤解清代王筠的"分別文"有關。他們以爲王筠的"分別文"就是"古今字"，而"分別文"也可以叫"分化字"，所以"古今字"就是"分化字"。其實這三個概念各不相同，不能混淆，王筠的分別文不等於古今字，分別文也不等於分化字，分化字自然也就不等於古今字。

我們先看王筠提出"分別文"的學術背景和研究意圖。[①]"分別文、累增字"是王筠在研究《説文》異部重文時提出的，他在《説文釋例》卷八對"分別文、累增字"做過界定：

---

① 參見李運富、蔣志遠《論王筠"分別文、累增字"的學術背景與研究意圖》，《勵耘學刊（語言卷）》總第 16 輯，學苑出版社，2013。

分別文、累增字（此亦異部重文，以其由一字遞增也，別輯之）：字有不須偏旁而義已足者，則其偏旁爲後人遞加也。其加偏旁而義遂異者，是爲分別文。……其加偏旁而義仍不異者，是謂累增字。[①]

可見王筠提出“分別文、累增字”的學術背景與“古今字”無關，主要是爲研究“重文”現象。《説文》“重文”是指功能基本相同的用字，以異體字居多，但不限於異體字。“分別文”如下文例（1）“然”字包含“然₁”（燃燒）、“然₂”（應答之詞）、“然₃”（代詞）等多個同形詞項，增“口”旁造“嘫”將“然₂”從形體上跟意義不同的“然₁”“然₃”分別開，所以稱爲“分別文”；而“嘫”“然”記録詞項“然₂”屬同功能字，所以屬“重文”現象。“累增字”如下文例（2）“复”字本義指“返回”，後遞增義符“彳”作“復”，二者屬同音同義的異體字關係，也屬於重文。

（1）“嘫”下云“語聲也”，蓋即然否之然。《火部》：“然，燒也。”借爲應詞，又加口爲別耳。《脈經》凡應答之詞，皆以然字代曰字，嘫下祇云然聲。（清·王筠《説文釋例》卷八）

（2）《夊部》复下云：“行故道也。”《彳部》復下云：“往來也。”夫往而復來，則所行者必故道也。《玉篇》曰：“复，今作復。”案：從夊，義已足矣。又加彳，微複也。復下祇云复聲。（清·王筠《説文釋例》卷八）

王筠説“分別文”“累增字”“此亦異部重文”，祇是由於這兩種重文都是“遞增”偏旁造出新字而形成的，所以“別輯”出來另立一

[①] （清）王筠：《説文釋例》，中華書局，1987，第173頁。

卷。新字的記詞功能若與母字的某些義項不同就是"分別文",沒有不同則是"累增字"。這一發明的實質,是把在《說文》中處於平面靜態的一部分"異部重文"從造字的角度進行動態分析,以揭示部分"異部重文"產生的原因,并非字際關係新的分類。這些"重文"以增旁造字的方式產生,遂使"分別文""累增字"可以延伸爲專門探討造字孳乳問題的漢字學理論,它跟形體構造和字種增益密切相關,而跟漢字的使用屬於不同的學術層面,所以跟"古今字"沒有必然聯繫。

我們說"古今字"不等於"分別文""累增字",還可以從下面幾點來說明:第一,"古今字"指稱的字例可以沒有"增偏旁"的形體關係。第二,"分別文""累增字"祇能指稱造字時間在後的字,而"古今字"的"古""今"無定時,所以用字的古今關係跟造字的時間順序有時并不一致。第三,"古今字"的古字和今字"同物同音",判斷的標準是在文獻中音義相同,即記錄同一詞項。累增字是"加偏旁而義仍不異者",而"分別文"是"加偏旁而義遂異者",就是說稱爲"分別文"是因爲它跟原字的意義不再相同(有的音也不同)而記錄了另一個詞項。第四,王筠著作中"古今字"與"分別文、累增字"是兩套共存異用的術語。使用"古今字"術語時,着眼於文獻用字不同而功能相同,常常跟注釋性用語配合,目的是用熟悉的今字解釋不太熟悉的古字;而使用"分別文""累增字"則着眼於文字孳乳關係,目的是說明某個字是以某個字爲基礎產生的,故常有"後作""後起"之類的用語配合。①

所以我們認爲"分別文"與"古今字"性質不同,判斷標準不同,不能相互取代。其實,"分別文"不僅不是"古今字",也不等同於"分化字",因爲分化母字職能的手段多種多樣,不限於"增偏旁",增

---

① 參見李運富、蔣志遠《從"分別文""累增字"與"古今字"的關係看後人對這些術語的誤解》,《蘇州大學學報》(哲學社會科學版) 2013 年第 3 期。

旁分化衹是漢字分化的手段之一，漢字還可以通過改換偏旁、異體分工、借字分化、另造新字等方式來達到分化原字職能的目的。這幾組概念之間的區別如下表所示。

字組概念	概念性質	記詞職能
古字—今字	文獻用字	功能同一
被分別字—分別文	孳乳造字	功能相異
母字—分化字	增形分工	功能合分

　　“古今字”“分別文”“分化字”不僅提出的學術背景與研究意圖各不相同，而且“古今字”是“古字”和“今字”的合稱，屬於字組概念；而“分別文”“分化字”却都是單指一方，要分別與“被分別字”“母字”并舉纔能構成組概念。它們的性質也存在根本不同，古今字是訓詁家就文獻用字的歷時差異而言的，主要爲破解文獻釋讀的障礙，用一個熟悉的今字去解釋陌生的古字；分別文是王筠就孳乳造字提出的概念，强調的是增旁造字的方法；母字和分化字則是當代學者從漢字職能的分工角度提出的，它强調字形的分化和增多，由一個字變成幾個字，目的在於分擔母字的功能。此外，它們的記詞職能也各不相同，古今字要求同音同義，記詞職能必須相同；分別文的功能必須與被分別字相異；而分化字所記詞項是母字原來多項職能中的一項。

　　“古今字”既然可以在不同時代替換使用，則音義相同，是針對某一詞項而言的，即古字與今字的對應範圍是記録同一個詞項的字。離開這個詞項，在不同的音義之間，則無所謂古字和今字。因此所謂“職能分化”，所謂“今字衹承擔古字的某一個職務”，所謂“分擔古字的本義，或引申義，或假借義”等説法都是錯誤的，因爲這樣説的時候，這個“古字”跟“今字”記録的已經不再是“同詞”

關係了。

2."古今字"的"古字"和"今字"可從別的角度另加説明

記録同一詞項的"古今字"之間存在多種複雜關係，有的古今字是異體字關係，有的是本字與借字的關係，有的是借字與本字的關係，有的是借字與借字的關係，有的是源本字與分化本字的關係，等等。這些字際關係可以從不同角度説明某組古今字的成因，却不是跟"古今字"處於同一系統的并列概念，因而拿"古今字"跟"分化字""分別文""異體字""通假字"等相提并論并進行辨析是没有意義的，不過可以用不同概念對"古今字"的"古字"和"今字"從別的角度加以説明。或説明來源，或説明屬性；有的祇説明"古字"或"今字"，有的兩者都説明，從而形成另一種對應關係。如用"分別文"説明"古今字"中"今字"的來源，表面上"分別文"跟"古字"或"古文"相對，實際上是省略了"今字"的名號而直接説明這個今字是怎麽來的。這樣的"分別文""累增字"祇對"今字"起説明作用，不能作爲組概念取代"古今字"或作爲"古今字"包含的類。例如：

（3）《節南山》"維石巖巖"，《傳》："積石貌。"《釋文》："巖本或作嚴。"案：嚴者古字，巖則後作之分別文。（清·王筠《毛詩重言》中篇）

王筠説"嚴者古字，巖則後作之分別文"，意謂在山崖義上"嚴₁"是古字，"巖"是今字。今字"巖"是爲了區別"嚴₂"的{嚴厲}義而產生的一個"分別文"，也就是由"嚴₂"詞項的分別文"巖"充當了"嚴₁"這個"古字"的"今字"。可見這裏的"古今字"是針對{山崖}詞項而言的，"分別文"是針對{嚴厲}詞項而言的，它們不在同一個術語體系中。

還可以用"俗字""專字""借字"甚至後來纔有的"分化字"等

説明"今字"的屬性,有時也説明某個"古字"是"假借字""通借字""借字"等。這種對"古字"或"今字"屬性説明的用語並非混同"古今字",也不跟"古今字"關係矛盾,因爲彼此角度不同。例如:

（4）《玉篇》:"熖,火焰也。"焰即熖之俗字,此以俗字釋古字法也。(清·王筠《説文釋例》卷七)

（5）【作,起也,从人,乍聲。】鐘鼎文以"乍"爲"作",然則"乍"是上古通借字,"作"是中古分別字。(清·王筠《説文解字句讀》第八上)

例（4）記録詞語{火焰},"熖"和"焰"構成古今字關係,今字的來源是俗字,此處用俗字解釋古字,俗字説明的是今字的性質,并非與古字構成組概念。例（5）記録{興起}義先使用古字"乍",後用今字"作",二者構成古今字關係;而又説"乍"是通借字,"作"是"分別字",目的在於從另外的層面説明古字和今字的性質,并不影響"乍—作"是一組古今字的判斷。

這種既從用字時代上擺出"古今字"關係,又儘量從其他角度説明其中"古字"和"今字"的來源或屬性的做法,漢唐訓詁家已發其端,段玉裁、王筠等清代學者做得更多,超過前人。這些用來説明"古字"和"今字"屬性的術語跟"古今字"不在同一個系統,没有并列比較或辨析的邏輯基礎。

但現代許多學者常常批評段玉裁、王筠等人把"古今字"説成"通假字""俗字"等,認爲他們判斷失誤因而造成矛盾,這是今人把"古今字"跟"通假字""異體字"等對立起來辨析的結果,實際不懂古人是從其他角度對古今字用字來源或屬性的説明。正如"夫妻"關係可以再解釋各自的身份或籍貫一樣,古人對"古今字"關係的進一步説明并非將有關概念并列對立。

利用“古今字”材料來研究文字孳乳分化現象應該是可以的，但必須明確這衹是材料的共用，不能據此認爲古人的“古今字”概念就是指文字孳乳分化的造字問題，更不能以今律古、强人就己，用今人重新界定的概念去妄議古人。在研究文字分化現象時，最好不要使用“古今字”這個具有訓詁意義的概念，以免引起誤解歧義，導致相關概念的混亂。

三 “古今字”學術史材料的處理

學術史上的“古今字”不等於文獻中實際存在的古今字，而是指歷代學者注釋過、論述過或列舉過的“古今字”，需要區別時可稱爲“注列‘古今字’”，或者用加引號的“古今字”。“古今字”學術史研究必須建立在“注列‘古今字’”材料基礎上，古人沒有注列過的古今字不在本叢書的考察範圍之內。

“注列‘古今字’”材料需要從歷代的隨文釋義類注疏、纂集類訓詁專書、考釋類訓詁劄記、研究論文和相關教材中提取。我們采用的基本方法是用“古”和“今”作爲關鍵字進行檢索，但遇到的困難有：第一，大量的古籍沒有電子版，需要人工通讀，逐一查檢；第二，檢索得到的有關材料大都是沒有標點的，而且很多屬於現代人的轉錄，存在文字訛誤，所以需要對獲得的材料核實原版原文，并在讀懂弄通的基礎上進行標點；第三，校勘無誤的真實材料也不一定都是有效的，其中許多甚至絕大部分含有“古”或“今”的語料并非討論古今用字不同問題，需要人工排除；第四，對於經過甄別提取出來的近萬條材料，也需要考察彼此之間的關係，經過繫聯、去重、歸類、排序等，纔能形成便於查檢利用的資料集。其中的任何一項工作都十分棘手，不僅需要查找、比對、校勘的耐心，更需要文字學、訓詁學、文獻學等方面的學力和識斷。

（一）檢索材料的核實、校勘和標點

“注列‘古今字’”的材料大都來自“中國基本古籍庫”“瀚堂典藏”和“四庫全書”等電子數據庫，部分來自對古籍紙本或電子圖版的手工查找，都有具體版本依據。通用古籍數據庫中的電子文本存在許多錯訛和標點不當（有的沒有標點）問題，需要核對原版和校正標點。項目組成員手工搜集到材料後自己的移錄或轉錄也容易造成錯訛，更是需要後來的反復校勘。核查原書原圖、校對文字和準確標點的工作非常繁重，但十分必要。如果錄入時發生文字訛誤或標點不當，就可能造成對注列原文理解的困難。例如：

（1）【屮佳楊及栁】古文柳。（明·馮惟訥《古詩紀·古逸第八》）

按，瀚堂典藏數據庫將【 】中的“及栁”錄作“及柳”，據原書圖版發現爲誤錄，需勘正，所以“栁—柳”不是古今字，“栁—柳”纔是古今字。

（2）【罪釁】忻近反。杜注《左傳》云：“釁，瑕隙也，罪也。”賈注《國語》：“兆也。”《説文》作釁，從爨（七亂反）省。釁字象祭器。酉，古酒字也。分，聲也。今俗作釁，略也。《經》作釁，謬也。（唐·慧琳《一切經音義》卷十二）

按，瀚堂典藏數據庫將“今俗作釁”錄爲“今俗作釁”，與原書圖版不符，需勘正，則構成古今字的是“釁—釁”，而不是“釁—釁”。

（3）【敇勅勑】《説文》：誡也。臿地曰敇。从（支）[攴]束聲。古从力。或作勅。本音賚，世以爲敕字，行之久矣。（宋·丁度等《集韻》卷十）

按，以上文字在項目組提供的初稿中録文爲："[宋]丁度等《集韻》卷十：〖敇勅勑〗《説文·言部》：誡也。兩地曰敇。从支束聲。古从力。"這段録文經核查原書，發現存在嚴重問題。一是《集韻》原文引《説文》没有"某部"，應忠實原文體例無需增補"某部"。而且録者的增補也補錯了，要補的話應該是"支部"而不是"言部"。二是原文"臿地曰敇"被誤録成"兩地曰敇"，完全不詞。三是原文的"从支"當爲"从攴"之誤，録文應予校正。四是字頭有"勑"字，而録文没有相應内容。其實原文還有"或作勅。本音賚，世以爲敕字，行之久矣"，録文不當删省。

如果不是電子文本或手工轉録産生的錯訛，而是圖書版本原有的錯訛，更可能導致"古今字"字組判斷的失真，在理據充分的情況下應該校勘，必要時可加校勘説明，以避免出現錯誤的古今字關係。例如：

（4）【疧】古文。陟尼反。今作胑。皮厚也。（遼·行均《龍龕手鑑》入聲卷四·疒部）

按，《説文·肉部》："胑，牛百葉也。从肉，弦省聲。"與"疧"的音義不符。考《龍龕手鑑》入聲卷四肉部："【胆胝胕胝】四俗。【胝胝】二正。丁尼反。皮厚也。六。"可見《龍龕手鑑》"疧"字下"今作胑"的"胑"應爲"胝"字誤刻，當勘正爲"（胑）[胝]"。胝同胝，猶疧同疷。這樣，構成古今字關係的是"胝—疧"而不是"胑—疧"。

（5）【舊垗】下音奥。《説文》云"古文奥字也"。《文字典説》云"土窑也"。又趙、姚二音。《説文》："窑也，燒瓦竈也。"傳作姚，非也。（唐·慧琳《一切經音義》卷九十三）

按，慧琳《音義》引《説文》"古文奥字也"當爲"堥"字之誤。《説文·土部》："堥，四方土可居也。从土奥聲。𡊅，古文堥。"音奥之垗當爲𡊅字隸定，當看作"堥"的古文，與音趙之垗（訓土窑也）、音姚之垗（窑字異構）爲同形關係。"舊垗"之"垗"既"音奥"，則應爲"堥"的古字（楷寫），取"四方土可居"義。後面却引《文字典説》訓"土窑也"，則當音趙。慧琳這條材料音義錯亂，按"堥—垗"作爲一組古今字的話，原文當勘正爲："下音奥。《説文》云'古文（奥）[堥]字也'。又趙、姚二音。《文字典説》云：'土窑也。'《説文》：'窑，燒瓦竈也。'"

（二）"古今字"材料的鑒别

注列"古今字"散見於歷代的古籍注釋和語文工具書中，除了典型的"某某古今字"表述，還有許多包含古今用字關係的其他表述方式，如"某古字，某今字""古（今）作（爲）某""古（今）某字""古（今）文（字）某"等，其中都包含時間名詞"古"或"今"，所以搜集材料時可以用"古""今"作爲檢索詞，但不是所有含"古""今"的材料都是反映用字現象的"古今字"，所以需要爬梳并逐一鑒别，排除大量的非用字性質的"古""今"材料，纔能提取出真正的"古今字"字組來加以研究。

1.與"古今字"表述類似的文獻正文，不是注列"古今字"

古書中的正文通常用大字粗文刻印，與注釋語有明顯區别，即使不看形式，就語意内容而言也是容易辨析的。例如：

（1）由余片言，秦人是憚。日磾效忠，飛聲有漢。桓桓撫軍，古賢作冠。來牧幽都，濟厥塗炭。（晋·盧諶《贈劉琨詩》）

其中的“古賢作冠”不是注釋語，不是“古代的賢字寫作冠字”的意思，因而不是“古今字”材料。此類非注釋語中的“古”“今”材料首先被剔除出去。

2.指稱不同時代的版本異文，目的不在説明用字關係的，不算注列“古今字”

古人常用“古本”“今本”指稱版本異文，比較容易分辨。如果用“古文”“今文”來指稱，就要特別注意了。“版本概念的‘古文’‘今文’既不同於字形概念的‘古文’‘今文’，也不同於字符使用關係的‘古今字’，它們彼此之間祇有異同的關係，沒有源流關係。”[1] 指稱版本異文的“古文”“今文”往往與有校勘意味的“作”或者“爲”組合運用，具體有“古（今）文（或）作某”“古（今）文（或）爲某”“古（今）文皆（作）爲某”等形式；也有直接用“今作某”或“古作某”的，不含“文”和“字”。例如：

（2）【設黍於腊北，其西稷。設涪於醬北。御布對席，贊啟會，卻于敦南，對敦於北。】啟，發也。今文啟作開。古文卻爲綌。（漢·鄭玄注、唐·賈公彥疏《儀禮注疏》卷五）

（3）【若殺，則特豚，載合升，離肺實於鼎，設扃鼏。】今文扃爲鉉，古文鼏爲密。（漢·鄭玄注、唐·賈公彥疏《儀禮注疏》卷三）

（4）【夫坤，妥然示人簡矣。】妥，今作隤。（明·姚士粦輯《陸氏易解》）

---

① 李運富：《早期有關“古今字”的表述用語及材料辨析》，《勵耘學刊（語言卷）》總第6輯，學苑出版社，2008。

例（2）（3）的鄭注，意思是《儀禮》中的"贊啓會""卻于敦南""設肩鼏"在他見到的某個"今文"或者"古文"版本中分別寫作"贊開會""綌于敦南""設鉉鼏""設肩密"。例（4）"妥，今作隋"，是說這句話《周易》古本作"妥"而今本作"隋"。這種版本校勘性質的"古""今"意在說明同一位置的字詞古今版本不同，不一定是同一詞語不同時代的用字不同，即使恰好也屬於用字不同，其實也并不是注家特意要注明的，就是説注家的目的在於説明版本差異而不在於用字差異。當版本異文跟用字差異重合時，收録爲"古今字組"也是可以的，如上文"卻"與"綌"、"鼏"與"密"；但不是用字差異的異文就應該排除，不能算"古今字"，如上文"啓"與"開"、"肩"與"鉉"。

3. 指稱詞語變化或同義詞的"古今語"，不是注列"古今字"

稱呼不同時代同一事物可能使用不同詞語，這種具有時代差異的同義詞語被稱爲"古今語"。如漢揚雄《方言》曰："秦晉之間凡物壯大謂之嘏，或曰夏。秦晉之間凡人之大謂之奘，或謂之壯。燕之北鄙齊楚之郊或曰京，或曰將。皆古今語也。"下面的注釋材料也屬於"古今語"而不是"古今字"。

（5）【凡祭祀，飾其牛牲，設其楅衡，置其絼，共其水稾。】鄭司農云："楅衡，所以楅持牛也。絼，著牛鼻繩，所以牽牛者。今時謂之雉，與古者名同。"（漢·鄭玄注、唐·賈公彦疏《周禮注疏》卷十二）

（6）【絳緹絓紬絲絮綿】絳，赤色也。古謂之纁。（唐·顏師古《急就篇》注）

（7）【服文采。】青赤爲文，色絲爲采。傅奕云：采是古文繡字。（明·焦竑《老子翼》卷五）

　　按，例（5）（6）有"謂之"作標記，很容易判斷是指古今稱謂不同，非古今用字不同。例（7）"采"的本義爲"采取"，也借用指"彩色絲織品"，後來寫作"綵"。清朱駿聲《説文通訓定聲》："采，字亦作綵。""繡"，《説文》訓"五采備也"，則本義指"經繪畫而使五彩具備"，也指"有彩色花紋的絲織品"，後來寫作"綉"。唐傳奕説"采是古文繡字"，實際意思應指在古代"采（綵）"是跟現代的"繡"同義的詞。它們讀音不同，當然不是"古今字"。

　　4. 指稱字符職能變化的"古""今"材料，不是注列"古今字"

　　一個字初創時職能是單一的，而在以後長期的使用中職能會發生變化。古人訓注中遇到這種職能變化而需要説明時，也往往使用"古"或"今"來表述。例如：

　　（8）【雩】案《字林》"越俱反"。今借爲吁，音于句反。（唐·陸德明《經典釋文》卷二十九）

　　（9）【飯】扶晚反。《禮記》："飯黍黃粱稻梠。"……又曰："文王一飯，亦一飯。"野王案，《説文》"飯，食也"，謂食飯也……今亦以爲餅字。（梁·顧野王《原本〈玉篇〉殘卷》卷九）

　　例（8）原文出自《爾雅·釋天》"蝃蝀謂之雩。蝃蝀，虹也"，郭璞注："俗名謂'美人虹'，江東呼'雩'。"可知《爾雅》之"雩"記錄的詞義是 {彩虹}。而《經典釋文》指出"今借爲吁"，即"雩"這個字形在"今"時被借用來記錄和"吁"字相當的意義。因此這則訓條反映了"雩"在後代開始承擔假借義 {吁}，其記錄職能增加了。例（9）顧野王指出"文王一飯，亦一飯"中的"飯"字與《説文》訓釋一致，都表動作義 {吃飯}，而"今亦以爲餅字"，則説明"飯"在"今"時還記錄本由"餅"字記錄的名詞義 {飯食}。可見這兩則訓釋雖然都包含"今"，但它們反映的是"雩""飯"在"今"時的職能變化，而不是針對某個詞義的歷時用字變化，因而不屬於"古今字"問題。

5. 指稱字形或構件的構造功能的"古""今"材料，不算注列"古今字"

古人分析漢字結構時，往往指出某個形體或構件的功能相當於某個"古文"或"今文"的意義，這樣的"古文""今文"不是指同詞的古今用字差異，不屬於"古今字"關係。如：

（10）【大】天大，地大，人亦大焉。象人形，古文人也。凡大之屬皆從大。臣鍇按，《老子》"天大，地大，王亦大也"，古文亦以此爲人字也。（南唐·徐鍇《説文解字繫傳》卷二十）

（11）【不可攫】烏虢反。《考聲》云"以手攫取也"。從手，矍聲。《經》文單作矍亦通。從隹，音完。從又，古文手字。（唐·慧琳《一切經音義》卷七十五）

例（10）説"大"是"古文人"，"古文亦以此爲人字"，意思是"大"在古文字的構形中表示"人"，即"大"字造意爲伸展肢體之人形。清王筠《説文釋例》："此謂天地之大，無由象之以作字，故象人之形以作大字，非謂大字即是人也。"例（11）"從又，古文手字"是説"又"在構字時表示"手"的意義，不是説{手}這個詞古代用"又"而後代用"手"。可見這裏的"古文"是指古文字構造中的形體功能，不是指古文獻中實際使用的字。

6. 指稱字形局部變化的"古""今"材料，不是注列"古今字"

某個字的形體古代寫作什麼樣，後來變成什麼樣，注列者也可能用"古作某""今作某"來説明，這樣的材料意在説明形體書寫的某些變化，不是指同詞所用字種的不同。如：

（12）【亘】求宣也。又姓。从二从囘，囘音回，今作日。與
互字不同，互从二从舟，舟今作月。凡宣垣字从亘。（明·樂韶鳳
《洪武正韻》卷四）

（13）【壽】是酉切。《説文》作𡬠，"久也。从老省，𦔶聲"。𦔶
音疇。隸作壽。上从毛从人，今作𡳿。俗上从士，誤。（元·李文
仲《字鑑》卷三）

例（12）"今作日"是説古文字"亘"的中間部分原來寫作"囘"，
而後來訛變寫作了"日"。"舟今作月"是説"互"字中原來的"舟"
形現在訛變成了"月"形。例（13）"上从毛从人"是指小篆字形的上
部，而"今作𡳿"是指隸變以後的寫法。這些"古""今"跟上條的
"古文"相似，也是就文字形體而言，不是就文獻用字而言。

7. 祇有單方面的"古"或"今"，不構成對舉字組的材料，不算注
列"古今字"

這時"古"或"今"祇指某個時代的字，不是指不同時代的某組
字。如下例（14）的"古字韋、圍、違三字義通"，即泛指古時候的用
字，不是跟某個"今字"相對而言的；例（15）"男、南古字通用"也
不是"古""今"對舉，而是泛指古代這兩個字通用。這些字組都不構
成"古今字"。

（14）【十韋，十圍也。】《漢書·成帝紀》："大風拔甘泉中大木
十韋以上。"師古曰："韋與圍同。"又《墨子·貴義篇》"圍心"即
"違心"。蓋古字韋、圍、違三字義通。（清·吳玉搢《別雅》卷一）

（15）【南，艸木至南方，有枝任也。】按，古南、男二字相假
借。（清·段玉裁《説文解字注》卷六）

【二百里男邦，《史記》云任國〔漢諱邦改爲國〕。】棟案：《白
虎通》引《書》云"侯甸任衛作國伯"，今《酒誥》作男，古男與

27

南通，皆訓爲任……王肅《家語》亦載子産語，云：男、南古字通用。（清·惠棟《九經古義·尚書古義上》）

8. 不屬於認識問題，而是文字訛變、校勘不精所引起的文字關係錯亂，致使古人誤注誤列的，不算注列“古今字”

例如：

（16）【嫷】舊注：“古文班字。”按：班，通作頒、般。《集韻》或作辨、斑。或作辬，《説文》本作辬。《易·賁卦》陸氏釋文：賁，古斑字。今改作嫷，非。（明·張自烈《正字通》卷七）

按，“嫷”本爲“發”字古文，方月切。“月、丹”形近，明刻本《篇海》誤作“方丹切”，《詳校篇海》承《篇海》之誤而補作“音班”，《正字通》又承《詳校篇海》“音班”而定爲“古文班字”，屬誤判。①

（17）【厰】徒到切。古文盜。[宋·陳彭年等《大廣益會玉篇》（澤存堂本）卷二十二）]

按，《説文·次部》：“厥，歡也。从次厂聲。讀若移。”或作歋（《玉篇·次部》：“盜，徒到切。逃也。《説文》：‘私利物也。’歋，弋之切，歡也。”），訛作厰（《五音集韻》卷十一）、厰（上元本與《康熙字典》引《玉篇》）、厰（澤存堂本）。“歋”訛作“厰”，廣益者誤與上字（盜）認同，遂收錄於厂部之末。上元本、和刻本與元刻本但言古文，并無“盜”字。頗疑“盜”字乃明清人所加。②

---

① 參見楊寶忠《疑難字三考》，中華書局，2018，第370頁。
② 參見楊寶忠《疑難字三考》，中華書局，2018，第11~12頁。

（三）"古今字"字組的分合

"古今字"是不同時代記錄同一詞項（在字典中也可能表現爲同一詞位）的不同用字或不同字形。"詞項"指負載一個義項的詞形，屬於音義結合體。故區分不同的"古今字"字組應以表達的音義爲標準，即根據"古字""今字"所記錄的讀音和意義來確定字組的分合。

1. 同音同義的"古字"和"今字"合成一組"古今字"

隨文釋義材料中的"古今字"往往是單音單義的，比較容易處理。但大型字典辭書中提及的"古今字"可能具有多音多義。讀音相同且意義相關的詞項可以歸納爲一個詞位，屬於一個詞位的不同詞項的"古今字"可以合併爲一組處理，即一組"古今字"的音義可以包括幾個相關的義項，多個相關義項通常是可以分別具有古今對應關係的。如：

（1）【生】所京切。産也，進也，起也，出也。【坐】古文。（宋·陳彭年等《大廣益會玉篇》卷二十九）

按，坐、生乃小篆楷化而異者。儘管有"産也，進也，起也，出也"多個義項，但這些義項具有内在關聯，屬於同一個詞位的不同義項，就詞位而言是音義相同的，所以"坐—生"算是一組古今字。

讀音相同當以古音爲準，以大型工具書如《漢語大字典》等爲據。如果某組字在工具書裏并無相同的注音，而古人確實看作"古今字"，那也可以從實際用法出發，"音隨義定"，使它們讀音相同從而確定爲古今字組。例如"哉—才"，字書中未見有相同的注音，但在表{才始}義上被古人多次標注爲"古今字"，那説明它們應該有相同相近的讀音，"哉"本來也是從"才"得聲的，故可根據"才"的"才始"義讀"cái"的事實，把"哉"也認定爲有cái的讀音，這樣"哉—才"作爲一組"古今字"纔能成立。

同音同義的一組"古今字"也可以包含多個異寫字形。就是說，在音義相同的條件下，如果某個"今"字對應多個"古"字，或者某個"古"字對應多個"今"字，或者"古字""今字"各有多個字形，那麼多個"古字"和多個"今字"可以合并爲一組，各取一個字形爲代表標志字組，其餘字形可跟在代表字的後面，以保存字形。例如：

（2）【僻辟薛侵】邪也。或省。亦作薛。古作侵。（宋·丁度等《集韻》卷十）

【辟僻】《爾雅》"邪辟也"。【侵侵】并上同，古文。（金·韓道昭《五音集韻》卷十五）

【僻】《説文》辟也。从人，辟聲。邪也。……《集韻》古作侵。（元·熊忠《古今韻會舉要》卷二十八）

按，這組古今字的"今字"是"僻"，或省寫爲"辟"，還可以借用"薛"，這三個都是邪僻義的今字，而"侵、侵、侵"則都屬於"僻"的"古字"，所以可以組合爲"侵 侵 侵—僻 辟 薛"或"侵（侵侵）—僻（辟薛）"的字組模式。

（3）【克】古作🔲🔲，即"可"字之變文。克與可同義，但轉其聲耳。（清·黃生《字詁》）

按，黃生認爲🔲🔲都是"可"的變文，則"可"與"克"構成古今字關係。這裏雖然出現了兩個古文字形，但没有結構變化，屬於異寫，可當一個字看待，故可以在"可"後面同時列出"🔲🔲"兩個字形，從而形成"可🔲🔲—克"或"可（🔲🔲）—克"的古今字字組形式。

這種一對多、多對一或多對多的古今字組，在列舉具體材料時，如果材料來源不同，字形也不同，也可以在多對的字組下再分别列出單對的字組。

2. 意義無關和讀音不同的"古今字"應分別爲不同的字組

如果一組"古今字"形體相同，但在不同語境中表示不同的音義，這種情況在字典辭書中通常是合在一起的，但注列時是針對不同音義的，爲了反映注列者的真實認識，應該把這種"古今字"分別作爲不同的字組來對待，形式上可用"古$_1$—今$_1$"和"古$_2$—今$_2$"來表示不同的字組。例如：

（4）【勝㑃】識蒸切。《説文》："任也。"古作㑃。又并詩證切，克也。（宋·司馬光《類篇》卷十三）

按，"勝"字楚系簡帛文字作𦟼（郭.老乙.15）、𦝼（郭.成.9），從力，㑃（古文乘）聲，當即㑃字所本。《類篇》注列爲古今字而有平去兩讀，意義也不同，這就可以分爲兩組：

㑃$_1$—勝$_1$：（shēng）能够承受，禁得起。

㑃$_2$—勝$_2$：（shèng）戰勝。

即使音義相同，但同一字或爲古字，或爲今字，并且對應的字不同時，也應該分列不同的字組。如：

（5）【楅盛】上霞巖反。《考聲》云：木㮥也。……或作械，亦作楠，古字也。（唐·慧琳《一切經音義》卷十）

【寶械】音咸。《廣雅》：篋謂之械。形如小匱子，從木，咸聲。經文作函，古字。（唐·慧琳《一切經音義》卷二十九）

其中的"械"相對於"楅"是古字，相對於"函"是今字，於是分爲兩組：械—楅、函—械。

經過前面的校勘、鑒別和分合處理，我們共搜集到"注列'古今字’”近萬組，編輯成《古代注列“古今字”輯考》，作爲“古今字”
學術史研究的基本材料。

四 “古今字”學術史的研究

在全面搜集、整理、彙纂了歷代“古今字”材料後，“古今字”學
術史的研究纔能有所依憑，纔能分析出真相。

（一）學術史研究的基本原則——求真

我們曾提出學術研究的基本原則是“學史求真，學理求通”。[①] 這
需要首先具有“學理”“學史”相區別的觀念。就古今不同的用字現象
而言，如果從用字事實出發，考察甲字和乙字是否在不同時代記録了
同一個詞，記録同一個詞的甲字和乙字是怎麼來的，彼此具有哪些屬
性關係，這些關係在歷史上有没有發展變化，對漢字系統和漢語系統
有没有影響，等等，這些都屬於學理研究。如果從學者認知出發，考
察有哪些學者關注了歷時的同詞異字現象，他們是怎麼標注這些現象
的，指出過哪些字例，有過哪些論述，形成了哪些成果，這些成果解
決了什麼問題，對學術産生了什麼影響，在現代有無價值，等等，這
些屬於學史研究。

“‘古今字’學術史叢書”研究的“古今字”當然是“學史”性的，
是前人通過標注、論述、列舉等方式認知的“古今字”，我們把它們
簡稱爲“注列‘古今字’”。這種“古今字”有的符合事實和學理，有

---

① 李運富：《漢語學術史研究的基本原則》，《湖北師範學院學報》（哲學社會科學版）2010
年第 4 期。

的祇是一家之言，甚至是不符合事實和學理的錯誤認知，因而“注列‘古今字’”不等於文獻中實際存在的古今字，也不等於今人理解的古今字。爲了區別，我們給學史性的“注列‘古今字’”加引號，表示這是帶有古人主觀認識的，祇能評價，不能篡改；文獻中客觀存在的古今字和今人理解的古今字不加引號，可以根據學理和自己的認識指認。區分學史的“古今字”和學理的古今字，纔能針對學史的“古今字”做實事求是的研究，纔能真正理解前人的“古今字”觀念和學術發展的過程。

站在學術史的立場，研究“注列‘古今字’”，必須堅持“求真”原則，包括求真有、求真意和求真評。①

所謂“求真有”，就是前人確實認定過某某是“古今字”，也就是我們搜集的“注列‘古今字’”材料必須真實可靠。上面關於“注列‘古今字’”材料的處理就是確保“真有”的措施。此不贅述。

所謂“求真意”，就是準確理解古人有關材料的原意，避免以今律古，强人就己。要做到這一點不太容易。首先，不宜拘泥於某些表述的字面意思，而要儘量結合材料實例來理解。例如許慎把“古文”跟“籀文”“大篆”“小篆”等概念并提，後人大都理解爲着重書寫風格的“字體”。但我們看許慎使用這些概念時，所舉的字例都是在形體和結構上有差異的，基本不是同一字形的不同書寫風格問題，而且《説文》裏所説的“體”（“改易殊體”）也基本是就形體而言，後來的“或體”“俗體”“獨體”“合體”“繁體”“簡體”等就是繼承形體含義的，所以從實際材料和使用目的看，與其把“古文”等理解爲後世的“字體”概念，不如看作古人指稱字形來源的材料概念更爲真實。其次，不宜囿於局部片面，而要全面綜合考察某個人的學術思想。例如有人認爲清代學者王筠提出的“分別文”“累增字”是要把前人説的“古今

---

① 參見李運富《漢語學術史研究的基本原則》，《湖北師範學院學報》（哲學社會科學版）2010 年第 4 期。

字”限定在有“造字增偏旁”的孳乳字範圍。其實在王筠的著作中，這幾個術語是跟“古今字”并行的。“古今字”指稱用字現象，“分別文”指稱造字現象，彼此内涵不同，用“分別文”取代“古今字”并非王筠本意，而是後人强加給王筠的。最後，準確理解古人原意有時還得結合學術大背景。例如前文提到的《説文》“古文”，一方面可以就許慎論許慎，另一方面也可以聯繫同時代的司馬遷、鄭玄等學者的“古文”，甚至漢代的“今古文經學”來理解許慎的“古文”。任何學術問題都有產生的時代背景，任何學術思想也都會受到時代學術大背景的影響，注意到這一點，纔能避免泛時誤解和隨意解釋。理解“古今字”也有學術背景問題。“古今字”最初由漢代學者提出，一直是訓詁家的注釋用語，指出不同時代記錄同一詞項而分別使用了不同的字符，意在用易知的字（通常是“今字”）解讀難懂的字（通常是“古字”）。因此，“古今字”的性質屬用字問題，而非造字問題。就用字而言，既包括用不同的字種記錄同一個詞項或詞音①，也包括用同一字種的不同字形來記錄同一個詞項或詞音。但 20 世紀以來，大多數學者把“古今字”看作造字現象，認爲“有造字相承的關係”，在造字時間上有先後之分，還有就是古字義項多，而今字祇有古字多種意義中的一個。這種認識忽略了“古今字”的訓詁目的和解讀經書的學術背景，自然難以符合古人的初衷。

所謂“求真評”，就是對古人學術思想和學術成果的評價要符合實際，不拔高，不貶低，客觀公允。對“古今字”學史的評價，也要從學術事實出發，在特定的歷史背景和學術環境中，在準確理解古人原意的基礎上，客觀指出其學術史意義和現代價值。如段玉裁有時會把“古今字”的古字稱爲“假借字”或把今字稱爲“俗字”等，有人從概念對立出發，批評段氏混淆失誤，認爲段玉裁既説某某是“古今

---

① 關於詞項、詞音、詞位等概念請參見李運富《論漢字職用的考察與描寫》，《上海師範大學學報》(哲學社會科學版) 2017 年第 1 期。

字",又説某是"假借字",某是"俗字",自相矛盾。其實段玉裁是從不同角度來分析同組材料而已,説它們是"古今字"乃着眼於用字時代的先後,説某字是"假借字"或"俗字"則是進一步説明這個字的來源或屬性;這些概念所處層面不同,解釋目的不同,根本就不矛盾。又如現代學者在評述"古今字"學術史時,常常拔高王筠的"分別文""累增字"。如洪成玉説:"王筠没有囿於漢人關於古今字的見解,也没有因襲段玉裁的説法。他在分析了古字和今字的關係以後,提出了分別文的説法。……王筠所説的分別字,就是古今字,此外,他還從造字角度提出了累增字這一術語,累增字其實也是古今字。"① 李淑萍也因爲"分別文""累增字"而評價"王筠在古今字研究上的貢獻應當肩負着'概念轉向'的地位"②。其實"分別文""累增字"是王筠發現的兩種形成原因比較特殊的"異部重文",和"古今字"在學術來源上就不相同。所以在王筠的著作中,"古今字"跟"分別文、累增字"是兩套共存而有明顯區别的術語,不是可以相互取代的同一性術語。客觀地説,王筠的"古今字"觀念和漢人及段玉裁的是一致的,并未因"分別文""累增字"術語的發明而改變。

(二)"古今字"學術史的分期研究

前人的"古今字"觀念當然也是會發展變化的,特別是就總體而言,所以纔有"古今字"學術史。要想還原歷史面貌,正確認識"古今字"學術的歷史作用和現實價值,不能滿足於對零散材料的辨析和概念印象上的爭辯,必須全面利用"注列'古今字'"資料庫材料,系統歸納各家的古今字觀念及其傳承脈絡,遵照古人原意

---

① 參見洪成玉《古今字概述》,《北京師範學院學報》(社會科學版)1992年第3期。
② 參見李淑萍《清儒古今字觀念之傳承與嬗變——以段玉裁、王筠、徐灝爲探討對象》,《文與哲》2007年第11期。

考察該問題的產生和發展過程，如此纔能正本清源地描寫古今字學術史，修正學界長期以來因舉例方式而產生的對古今字術語以及前人古今字觀念的有關偏見。因此，縱向的“古今字”學術通史是必須建立的。

通史是連貫的，但往往需要分期分階段來描述，而某一時期或某一階段是共時的、橫向的，所以通史可以表現爲若干斷代史。根據不同時代的“古今字”研究特色，我們把“古今字”學術通史劃分爲四個階段：唐以前“古今字”研究、宋元明“古今字”研究、清代“古今字”研究、近現代“古今字”研究。大致説來，唐代以前的“古今字”，主要目的在於解讀文獻，一般由某個“今字”溝通某個“古字”，以便解讀使用該“古字”的文獻。宋代以後，隨着大型字書的編撰，彙聚“古今字”字形的材料增多，往往出現一個“今字”對應多個“古字”或者相反的情況。這種多組“古今字”的繫聯，目的顯然不是針對某種具體文獻的，而是帶有搜集材料供人查找的工具書性質，既可以爲更廣泛的文獻解讀服務，也可以爲描寫文字現象、總結用字規律的研究工作服務。到了清代，“古今字”研究進入理論探討階段，段玉裁、徐灝等都有一些論述，特別是段玉裁，對“古今字”的概念、性質、範疇等多有界定，同時擴展至用字現象和用字規律的研究，涉及對大量古今字“某行某廢”的分析。徐灝曾試圖給“古今字”分類，認爲“古今字”包括“載籍古今本”和“造字相承增偏旁”兩類，實際上是把段玉裁所論述的“古今字”和王筠所提出的“分別文”“累增字”簡單相加，屬於誤解王筠原意而導致的不合學史也不合邏輯的一種理論框架。進入現代，“古今字”研究走向歧途。既有誤解古人原意的，也有替換古人概念的，主要癥結在於把“學史”研究混同爲“學理”研究，用現代人的學理思想去解讀和要求古人的學史事實。比如現代人把“古今字”誤解爲“分化字”，實際上就是從學理上認爲“古今字”應該是“分化字”，所以把用字性質的“古今字”改造成造字性質的“分化字”。這種思想的源頭可能跟清代徐灝有關。徐灝不僅誤解王筠的“分別文”“累增字”并混同段玉裁的“載籍古今本”，還在舉例分析時基本上衹涉及“分別文”“累增字”，以致後人進一步誤解“古今字”衹有“分別文”和“累增字”，非增偏旁造出新字的其他古今不同用字不算“古今字”，而“分別文”“累增字”又被後人看作“分化字”，於是“古今字”就完全被“分化字”同義替換了。現代人對“古今字”的誤解既有因襲也有發揮，致使現代的“古今字”很多時候已不再是古代的“古今字”，特別是將“古今字”推入“異體字”“通假字”“同源字”等不同系統概念辨析的泥潭，使得現代的“古今字”研究紛繁複雜，亟須疏清源流，撥亂反正。

根據以上思路，我們對“古今字”學術通史的研究，共產生4種斷代史研究專著。它們是蔣志遠《唐以前“古今字”學術史研究》、張燕《宋元明“古今字”學術史研究》、鍾韻《清代“古今字”學術史研究》、温敏《近現代“古今字”學術史研究》。這4部“古今字”斷代學術史專著首次對古今學者的古今字研究史進行全面梳理和總結，以兩千多年的歷史視野對“古今字”學術傳承脈絡進行溯源探流，全景式展現古今字研究如何從訓詁學領域演變到文字學領域的整個過程，澄清了今人的許多錯誤認識，引發對系列相關概念的重新定位。

（三）“古今字”學術史的專題研究

“古今字”學術通史的研究是粗綫條的、總括式的。其中會碰到許多材料辨析、具體問題的討論和代表性專家專著的詳細評介，這些內容如果都放到通史和斷代史中展開，可能使“古今字”學術通史變得繁雜枝蔓。因此，我們把一些需要重點研究和詳細評介的代表性專家和專著單獨提出來作爲“專題”，同時平列地納入“‘古今字’學術史叢書",以便從某些特殊角度和視點來反映"古今字"學術史。這些專題性專著有:蘇天運《張揖〈古今字詁〉輯佚與研究》;張青松、關玲《顏師古"古今字"研究》;張志麗《韓道昭〈五音集韻〉"古今字"研究》;劉琳《段玉裁〈説文解字注〉"古今字"研究》;蔣志遠《王筠"古今字"研究》。這5種著作除了全面搜集考辨特定學者和有關著作的"古今字"材料外,重點評析相關學者在"古今字"學術史上的特點和貢獻,以及跟別的學者的關係。

作爲專題性研究,項目組成員還正式發表了40餘篇相關論文。其中標題中含有"古今字"關鍵詞的就有:

李運富《早期有關"古今字"的表述用語及材料辨析》,《勵耘學刊(語言卷)》總第6輯,學苑出版社,2008。

李運富《"余予古今字"考辨》,《古漢語研究》2008年第4期。

李運富、蔣志遠《論王筠"分別文、累增字"的學術背景與研究意圖》,《勵耘學刊(語言卷)》總第16輯,學苑出版社,2013。

李運富、蔣志遠《從"分別文""累增字"與"古今字"的關係看後人對這些術語的誤解》,《蘇州大學學報》(哲學社會科學版)2013年第3期。

蘇天運《〈古今字詁〉文獻性質研究》,《學術交流》2013年第5期。

關玲《顏師古和鄭玄、段玉裁的古今字觀念比較》,《漢字學微刊》2017年8月3日。

李玉平《論"古今字"觀念的產生時代》,《天津大學學報》(社會科學版)2015年第5期。

蔣志遠《魏晉南北朝"古今字"訓詁論略》,《勵耘語言學刊》2015年第2期。

鍾韻《〈段注〉"古今字"的字用學思想淺析》,《勵耘語言學刊》2015年第2期。

溫敏《黄侃的“古今字”和“後出字”》，《勵耘語言學刊》2016 年第 2 期。

李運富《“古今字”研究需釐清概念》，《中國社會科學報》2017 年 9 月 5 日第 3 版。

俞紹宏《古今字考辨叢札》，《漢字漢語研究》2018 年第 3 期。

李運富《異時用字的變化與“古今字”研究》，《中國社會科學報》2019 年 1 月 15 日第 5 版。

溫敏《“古今字”的現代研究價值探析》，《中國文字學報》，商務印書館，2019。

張青松《顏師古〈漢書注〉古今字研究與辭書編纂》，《阜陽師範大學學報》（社會科學版）2020 年第 3 期。

李運富、溫敏《古代注列“古今字”的材料鑒別與學術價值》，《西南交通大學學報》（社會科學版）2020 年第 5 期。

張青松《古今字研究應該重視出土文獻——以顏師古〈漢書注〉古今字研究爲例》，《漢字漢語研究》2021 年第 1 期；人大複印報刊資料《語言文字學》2021 年第 8 期全文轉載。

張青松、關玲《顏師古〈漢書注〉“古今字”字際關係略論》，《阜陽師範大學學報》2022 年第 5 期。

這些論文雖然沒有作爲獨立表現形式收録於叢書中，但其作爲專題研究的材料和觀點是融匯在了叢書的著作裏的。

五 “古今字”研究的學術價值

“古今字”是古代訓詁家注釋説明不同時代記録同一詞項而使用了不同字符或字形的現象。這種現象涉及漢字的演變、語言的演變和字詞關係的變化，所以我們搜集甄別歷代注列"古今字"材料，其價值應該是多方面的。既可以考察"古今字"在訓詁學領域的意義，也可以考察其給文字學、語言學帶來的影響；既可以從理論角度探討"古今字"的學術史，也可以從材料角度探討"古今字"的現實利用。

（一）注列"古今字"的學術史價值

"古今字"概念自漢代提出，一直沿用至今，但人們對"古今字"性質的認識并不一致。特別是 20 世紀以來，各種現代思想被強塞進歷史長河，致使歷史面貌越來越模糊。要改變這種研究狀況，唯有正本清源，先抛開現有的一切成見，從搜集第一手材料開始，重新梳理"古今字"提出、應用、變化、誤解的過程，這樣纔能重現歷史上"古今字"的真實面貌，還原古人的本意。古人的本意在學理上并不一定都正確，但我們對它的展示和理解必須正確，否則就不是學術的歷史。不容易理解的地方寧可多做推測，全面考慮，也不要無視、簡單否定或用現代人的思想替代。例如《説文》"尗，豆也"，段玉裁注："尗豆古今語，亦古今字，此以漢時語釋古語也。《戰國策》'韓地五穀所生，非麥而豆。民之所食，大抵豆飯藿羹'，《史記》豆作尗。"從學理上看，説"尗—菽"爲"古今字"理所當然，可"尗"與"豆"既然是"古今語"，就不應該"亦古今字"，因爲古今語是指義同而音不同的兩個詞，而古今字記錄的必須是音義全同的一個詞，它們屬於對立關係。但段玉裁明明説"尗豆古今語，亦古今字"，你就不能不承認他有把同一組字既看作"古今語"又看作"古今字"的事實，而且這種事實還不是孤立的。如《説文·邑部》："郃，炎帝之後，姜姓所封，周棄外家國。从邑，台聲。右扶風斄縣是也。"段注："見《地理志》。周人作郃，漢人作斄，古今語小異，故古今字不同。"

又《説文·穴部》：“竇，空也。”段注：“空孔，古今語。”《説文·穴部》：“窾，空也。”段注：“空孔，古今字。”對這種學術歷史的事實，我們不能忽略掩蓋，更不能篡改更換，祇能解釋和批評。最簡單的辦法當然是按照現代人的觀念直接否定段玉裁，説他“自相矛盾”，是錯誤的，但這并没有解釋段玉裁爲什麽認爲“古今語”和“古今字”可以共存，這麽明顯的“自相矛盾”他會看不出來嗎？那就祇能認爲他有時把某組字既看作“古今語”又看作“古今字”是有他的某種道理的。先看有關的一條材料。《説文》“荅，豆屬”，段注：“許言尗，豆也。象豆生之形也。荅，小豆也。萁，豆莖也。藿，尗之少也。豉，配鹽幽尗也。然則尗與古食肉器同名，故荅、豋二字入豆部。按豆即尗，一語之轉。周人之文皆言尗，少言豆者。惟《戰國策》張儀云韓地五穀所生，非麥而豆。《史記》作菽。吳氏師道云：古語祇稱菽，漢以後方呼豆。若然，則荅、豋字蓋出漢制乎。”這裏包含尗豆的音義關係及其變化原因，大致能解釋段玉裁爲什麽説“尗豆古今語，亦古今字”。就音而言，“尗與古食肉器（豆$_1$）同名”，故可借“豆”記録“尗（豆$_2$）”。就義而言，“豆$_2$即尗”，都是指菽。但“周人之文皆言尗，少言豆$_2$者”，“古語祇稱菽（尗），漢以後方呼豆$_2$”。可見“尗（菽）”與“豆$_2$”在漢代可能同音同義，而歷時看雖然同詞但并不同音，由周人之“尗”音變爲漢後之“豆$_2$”音，乃屬“一語之轉”。“一語之轉”本質上是“一語”的“音轉”。雖然讀音略有變化，用字不同，但從淵源關係上講，段玉裁認爲轉前與轉後是“一語”（同一個詞）。這裏的同詞，是基於語言發展特別是語音的方俗和古今變轉而進行的歷時認同。大概正是因爲這樣的特殊性，着眼於古今讀音的變化，段玉裁認爲“尗豆古今語”，而着眼於古今仍屬一詞，段玉裁認爲尗豆“亦古今字”。“豆”無論就音（語）言還是就字言，都晚於“尗”，因而二者具有“古今”關係。以此檢驗“邰—斄”“空—孔”兩組，也符合歷時性“一語之轉”而用字不同的情況，即段所謂

“古今語小異，故古今字不同”。① 如果我們對段玉裁的這些表述文字的理解不誤，那就得重新認識段玉裁的“古今字”觀念，即在段玉裁看來，“古今字”雖然“主謂同音”，但對於“一語之轉”而讀音略有變化的“古今語”的不同用字，也可以將它們算作“古今字”。可見段玉裁一方面把“古籀篆隸”字體方面的古今差異排除在“古今字”之外，同時又把“一語之轉”的古今語納入“古今字”，這兩點跟他以前的學者是不同的，而對以後的學者如朱駿聲却是有影響的。如果不從第一手材料出發，不站在古人的角度想問題，就難以發現段玉裁“古今字”思想的特殊性。所以研究“注列‘古今字’”首先是建立真實“古今字”學術史的需要，這方面的價值在前述“古今字”學術史研究中也有充分體現，不再贅述。

（二）注列“古今字”的訓詁學價值

“古今字”原本是訓詁家提出用來幫助讀者解讀文獻的注釋術語，通過對這些材料的全面清理，可以溝通文獻中的字際關係和字詞關係，從而正確理解每個漢字在文獻中的實際功能。這不僅有利於準確解讀文獻字詞含義，而且對現代字典辭書的編撰和修訂也有重要參考價值。“古今字”作爲訓詁用語主要有兩個作用：一是用“今字”訓“古字”，從功能上達到古今溝通的目的；二是以“今”帶“古”，類聚同功能所用字，從認讀上達到增廣見聞的目的。

正是由於漢語言文字隨着時代在不斷發展變化，文獻中出現大量歷時同詞異字現象，成爲釋讀文獻、溝通文意的障礙，注釋家這纔發明“古今字”的訓詁體式，從東漢鄭衆始創至今近兩千年沿用不絕。

---

① 對段玉裁“一語之轉”的“古今語”和“古今字”關係的理解，中山大學吳吉煌、天津師範大學李玉平、遼寧師範大學王虎、合肥師範學院張道升、湖南師範大學蔣志遠及鄭州大學張青松參與了討論，互有啓發，特此致謝。

古人對“古今字”的注列和分析，往往溝通了字詞關係，指明了某字是某詞的古字，用人所共知的今字解釋生僻的古字，因而也可以成爲今天我們釋讀文獻、疏通詞義文意的重要借鑒。例如：

（1）【故人不耐無樂，樂不耐無形，形而不爲道，不耐無亂。】形，聲音動靜也。耐，古書能字也。後世變之，此獨存焉。（漢·鄭玄注、唐·孔穎達疏《禮記正義》卷三十九）

（2）【適足以曳君自損也。】晋灼曰：“曳，古貶字也。”（唐·李善注《文選》卷八）

例（1）指明“耐”是“能”的古字，二者構成古今字關係，文獻傳抄刊刻過程中，古字“耐”多數被改成今字“能”，祇有《禮記》保留古代的用字習慣，倘若没有訓釋者的溝通，我們便很難建立借字“耐”字與{能够}之間的關聯。例（2）中，讀者見到“曳”很難捕捉字形所指的音義，李善引用晋灼的注釋認爲“曳”是“貶”的古字，意思就很清晰準確了，詞語用字的古今差異不溝通，句子根本就無法講通。

“古今字”的訓詁價值還表現在通過以今字類聚幾組古字，將相同詞語的不同時代用字繫聯到一起，起到增廣讀者見聞的功效，爲其他文獻的釋讀提供參考。例如：

（3）【及】逮也。从又、从人。乀，古文及，秦刻石及如此。弓，亦古文及。蓮，亦古文及。（漢·許慎《説文解字》卷三）

（4）【勇喆】古文矗，《字書》作喆，今作哲，同。知列反。《爾雅》：“哲，智也。”《尚書》：“知人則哲。”（唐·慧琳《一切經音義》卷四十三）

例（3）除訓釋詞義外，繫聯了相關的三組古今字：“乁—及”“弓—及”“遪—及”，這種繫聯工作已經不僅僅是在解釋詞義，主要用意更是爲讀者類聚詞義｛追上｝的古今用字習慣，增廣讀者見聞，爲今後文獻閱讀溝通相關字詞關係積纍素材，所以它的最終目的仍是爲解讀文獻提供便利。例（4）溝通“喆”與“哲”的古今異體關係，其義已明，但訓釋者仍繫聯出古字“嚞”，也是出於增廣見聞的目的，以便讀者遇到“嚞”字時好聯繫到“哲”來釋讀。

對“古今字”的訓詁功能，古人多有揭示，如王筠著作中的下列材料：

《蒼頡篇》：“啁，嘲也。”……以嘲釋啁，乃以今字釋古字之法，漢人多有之。（《説文解字句讀》卷二上）

《漢書·儒林傳》：“魯徐生善爲頌。”此頌貌之本義也。借爲雅頌。《詩序》曰：“頌者，美盛德之形容。”以容説頌，以今字解古字也。（《説文解字句讀》卷九上）

【厠，清也。】《廣韻》引作“圊也”，此以今字代古字，使人易曉也。（《説文解字句讀》卷九下）

《毛傳》：“威，滅也。”……案毛以今字釋古字。（《説文解字句讀》卷十上）

“爈，火燥車網絶也。”燥一引作燥，亦通。網一引作輞，則以今字改之，取易曉也。（《説文解字句讀》卷十上）

《荀子·臣道》：“邊境之臣處，則疆垂不喪。”注：“垂與陲同。”按，此以今字釋古字也。（《説文釋例》卷十三）

“籤”下云“麩也”……説解中以今字説古字亦時有之。（《説文釋例》卷十六）

“髟”下云“長髮猋猋”，《玉篇》“長髮髟髟也”，兩書皆是，不可互改也。許君用猋者，發明假借；……顧氏用髟者，直解之

也,正如《史記》《漢書》之同文者,此用古字,彼用今字,對勘之而自明。(《説文釋例》卷十八)

上述各例皆注明爲"古今字",講的都是文獻用字和典籍解讀(釋義)問題,目的在於"以今字釋古字","使人易曉也"。

(三)注列"古今字"的文字學價值

漢字學具有形體、結構、職用三個平面,漢字職用學是其中重要的一個平面。漢字職用學主要研究漢字的職能和實際用法,需要通過對不同文字材料的系統考察,描寫用字現象,總結用字特點,解釋用字成因,揭示用字規律,反映用字歷史。雖然"古今字"是從訓詁的實用角度提出的,但它描述的正好是文獻用字的時代差異,反映的實質正好是字詞關係的變化,所以"古今字"與"字用學"天然契合;而且注列"古今字"是古人針對他們親見的文獻實際用字的説明,往往保存了古籍用字的原貌,比起今人依據可能屢經改竄的傳世文獻來考察文獻用字情況,可能更爲可靠。因此,歷代注列的"古今字"材料是"字用學"考察用字現象和探討用字理論不可多得的資源庫。

1.利用注列"古今字"考察字詞關係和字際關係

字用學對用字現象的考察有兩個角度,一是從字符出發,考察漢字的記錄職能,即某個字記錄了哪些詞;二是從語符出發,考察語符的用字情況,即某一語符用了哪些字記錄。無論哪個角度,實際上都是考察字詞關係。漢語的字詞關係不是一一對應的,也不是一成不變的。注列"古今字"材料爲我們提供了許多這方面的典型實例。如:

(1)【何,儋也。从人,可聲。】臣鉉等曰:儋何即負何也。

借爲誰何之何，今俗別作擔荷，非是。（宋·徐鉉校定《説文解字》卷八）

（2）【呵，苛也。】苛者，訶之假借字。漢人多用荷爲訶，亦用苛爲訶。（清·段玉裁《説文解字注》卷二）

【苛人受錢。】按訶責字……俗作呵，古多以苛字、荷字代之。（清·段玉裁《説文解字·叙》注）

（3）【勝奊】識蒸切。《説文》："任也。"古作奊。又并詩證切，克也。（宋·司馬光《類篇》卷十三）

例（1）中"何"記録｛擔荷｝和｛疑問詞何｝，前者屬本來用法，後者是借用，這屬於一字多用，或者同字異詞。從詞語用字角度看，記録｛擔荷｝義古用"何"，今借"荷"字記録，這屬於多字同用，或者同詞異字。例（2）中"苛"的本用表示｛小草｝，而借用記録｛訶責｝義；"荷"本用表示｛荷花｝，也借用記録｛訶責｝。這都是一字多用。而記録｛訶責｝義的詞項，却可以先後使用"荷""苛""訶""呵"等，真實反映了古籍中的多字同用現象。例（3）注列的古今字字組中，奊是古字，勝爲今字，但有平去兩讀，應該分爲兩組：奊$_1$—勝$_1$（shēng），能够承受，禁得起；奊$_2$—勝$_2$（shèng），戰勝。勝，楚系簡帛文字作𦧦（郭.老乙.15）、𢅶（郭.成.9），從力，夌（古文乘）聲，當即奊字所本。這也是同字異詞現象。

多字同用（同詞異字）時，包含不同的字際關係。字際關係是漢字職用學的重要内容，注列"古今字"爲研究同職用字際關係提供了豐富的素材。如：

【犇—奔】（本字—本字）《漢書·禮樂志》："樂官師瞽抱其器而犇散，或適諸侯，或入河海。"顏師古注："犇，古奔字。"在表｛奔跑｝詞項時，古代用"犇"字，後來用"奔"字，形成古今字。這組"古今字"是因造字方法不同而形成的異體字，反映了異體本字關係。《説文》："奔，走也。從夭，賁省聲。與走同意，俱从夭。""奔"的本義即｛奔跑｝，《詩經·小雅·小弁》："鹿斯之奔，維足伎伎。""犇"字不見於《説文》，從三牛會意，構意爲群牛奔跑，本義也是｛奔跑｝。《荀子·大略》："故吉行五十，犇喪百里，賵贈及事，禮之大也。"

【牙—芽】（借字—本字）《説文解字·竹部》："管，如篪，六孔。十二月之音。物開地牙，故謂之管。"段玉裁注："物開地牙四字有脱誤，當作物貫地而牙。貫、管同音，牙、芽古今字。古書多云十一月物萌，十二月物牙，正月物見也。"就是説，在表達｛萌芽｝詞項上，古代用"牙"，後代用"芽"，形成古今字。"牙"的本義是｛大牙｝，假借爲｛萌芽｝義，後來以"牙"爲聲符，以"艸"爲義符取意草木萌芽，造出"芽"字專門記録｛萌芽｝義。所以，"牙"和"芽"反映了假借字和後補本字的關係。

【霸—魄】（本字—借字）《漢書·律曆志》引《尚書·武成》："惟一月壬辰，旁死霸。"顏師古注："霸，古魄字，同。"句中的"霸"表｛月初月光｝。顏注指出，在這個意義上"霸"是古字，"魄"是今字。《説文解字·月部》："霸，月始生霸然也。承大月，二日；承小月，三日。從月，䨣聲。《周書》曰：哉生霸。"從構形和《尚書》用例看，｛月初月光｝是"霸"字本義。"魄"在《説文》中訓作"陰神也。從鬼，白聲"，本義爲｛陰神｝，《左傳·昭公七年》"人生始化爲魄"的"魄"是其本用。而"魄"和"霸"古音相同，所以"魄"可借用爲"霸"。因而在｛月初月光｝義上，今字"魄"是古字"霸"的通假字。

【率—帥】（借字—借字）《説文解字·㫃部》"旗"段注："《樂師》注曰：故書帥爲率。然則許作率都者故書，鄭作帥都者今書也。《聘禮》注曰：古文帥皆作率。"又《率部》"率，捕鳥畢也。"段注："畢者，田网也。所以捕鳥。亦名率。按此篆本義不行。凡衛訓將衛也，達訓先導也，皆不用本字而用率，又或用帥。"又《辵部》"達，先道也"段注:"道,今之導字。達,經典假率字爲之。……大鄭以漢人帥領字通用帥,與周時用率不同故也。此所謂古今字。"《巾部》"帥,佩巾也"段注:"率導、將帥字在許書作達、作衛,而不作帥與率。"《行部》"衛,將衛也"段注:"衛也,今本作衛也。誤。……衛,導也,循也。今之率字。率行而衛廢矣。率者,捕鳥畢也。將帥字古祇作將衛。帥行而衛又廢矣。帥者,佩巾也。衛與辵部達音義同。"段注是說,就{率領}這個詞項而言,"率"爲秦代以前使用的古字,"帥"爲漢代以後使用的今字。但這組古字和今字都是借字,因爲"率"的本義訓{捕鳥網},記錄{率領}義是假借用法;"帥"的本義是{佩巾},記錄{率領}義也是假借用法。"衛""達"的本義訓{先導},當是{率領}義的本字。

2. 利用注列"古今字"考察用字歷史

如果把同一字詞的注列"古今字"材料按照時代串聯起來,往往可以清晰地梳理某個字的職能演變情況或某個詞的用字歷史面貌,這是研究漢字職用史的基礎工作。如詞語{地}的歷時用字可從注列"古今字"材料中找到如下綫索。

《說文·土部》:"地,元氣初分……墜,籀文地从隊。"可見先秦籀文時代記錄{地}多用"墜"字,漢代通行的今字應該是"地",所以《說文》纔會注出它的古字(籀文)"墜"。考西漢《楊量買山刻石》作▩,西晋《臨辟雍碑》作▩[1],都是"地"字而形體稍有不同,說明"地"字前承秦代,至漢魏六朝已經是社會習用字。但注列"古今字"材料反映,漢代文獻中仍然有用古字"墜"的,《漢書》中就多見。

(1)【參天墜而施化,豈云人事之厚薄哉。】師古曰:"墜,古地字。"(唐·顏師古《漢書注》卷一百)

---

① 毛遠明:《漢魏六朝碑刻異體字字典》,中華書局,2014,第160頁。

（2）【《周官》：“天墬之祀。”】師古曰：“墬，古地字也。”（唐·顏師古《漢書注》卷二十五）

漢代文人有崇古的個人用字習慣，故當時文獻有用古文字的現象并不奇怪，所以王觀國《學林·古文》說：“司馬遷、班固作史，亦或用古文字。……墬，乃古文地也。”《汗簡》卷下收錄有《碧落》文的三個“地”字古文“墬𡏖墬”，其中“𡏖”可能是聲符“彖”的省變形式，屬於形體訛變造成的古字。

到了唐代，{地}的用字發生重大變化，這在注列“古今字”材料中也有所體現。如唐代出現的武周新字，其中記錄{地}的系列會意字就被此後的學者作爲“古字”注列：

（3）【委坔】古地字也，則天后所制字也。（唐·慧琳《一切經音義》卷五十四）

（4）【坔嵳】二。古文，音地。（遼·行均《龍龕手鑑》卷一·山部第五）

（5）【坔墬埊】三。古文，音地。【坔堖】二。古文地字。【坔】古文地字。（遼·行均《龍龕手鑑》卷二·土部第五）

（6）【地陛】題利切，下地，重濁陰爲地。【坔墬堖埊】古文。（朝鮮本《龍龕手鑑》上卷第四·土部第五）

（7）【不如盡歸中山之新地。】元作坔，武后時字耳。今并從古。此謂中山之新地（元作扶柳）。正曰：姚云：實苹《唐史釋音》云：“坔，〔古〕地字。見《戰國策》。”今策中間作坔，安知非自武后時傳寫相承，如臣作惡之類？然古文乃作埊。又《鶡冠子》《亢倉子》皆有坔字，恐有自來。愚按鄭氏《書略》：“籕文地作坔。”武后蓋有所本。意本書坔，而後轉從坔歟？後多此字，以義通，不復出。（宋·鮑彪原注、元·吳師道補正《戰國策校注·

49

趙卷第六》)

《龍龕手鑑》中指認的"古字"包括形聲"墜"類字和武后時期"坔"類字。"坔""壂""坕""坔"都屬會意字,是基本部件"山""水""土"的不同組合形式,構形理據清晰。"嶅""陸"屬形聲系列古字,意符爲"山""土""阜","豕聲"爲"象聲"的聲旁簡省字。{地}的用字還有更複雜的情況:

(8)【陸陸】二。古文地字。(遼·行均《龍龕手鑑》卷二·阜部第十一)

(9)【墜】同防。舊本阜部陸注:"古文防。"此重出,分爲二,誤。《古文奇字》朱謀㙔曰:"墜爲大篆地字。"又云:"古地字。"本作墜,故旦上二字從墜。俗作坔。按籀文地篆作墜。今闕墜不載,以墜爲墜,變墜爲古文地,亦非。(明·張自烈《正字通》卷二·土部)

【陸】同防。《説文》"防"重文作陸。舊注"古防字",《古文奇字》以陸爲古地字,并非。舊本土部墜重出。(明·張自烈《正字通》卷十一·阜部)

釋行均、朱謀㙔都指認"墜(陸)"爲"古地字",而張自烈認爲"防"有重文作"陸",并非"地"字。《説文·𨸏部》:"防,隄也。從𨸏方聲。陸,防或從土。"今考《汗簡》也曾收録𤰝的古文字形,我們認爲可能是"象"聲符輪廓的省變形式,與"方"字近似,和"防"重文"陸"屬於偶然同形。注家還提到"墜"也能記録{地},如:

(10)【地】徒二切。釋土地。又天地。《漢》"參天墜而施化",注:"古地字。"(宋·歐陽德、郭守正《增修校正押韻釋疑》卷四)

（11）【墬】直類反。落也。又古文音地。（遼·行均《龍龕手鑑》卷二·土部第五）

"墬"被指認爲古字，所引《漢書》用例應該是音近而訛寫的字形。宋張有《復古編》："【墬墜】墬从土隊，直類切。陊也。下古地字。""墜"記錄﹛墜落﹜和"墬"記錄﹛地﹜意義完全不同，由於形近音近，容易誤寫誤用。這種由於字形錯訛或由於形體演變而形成的古文跟用字的古文性質是不同的。

綜上可見，武后政權被推翻後，新造會意字由於和當時形聲造字的主導方式不合①，故被廢棄，社會習用字最終又重新回歸"地"。經過歷時纍積，記錄﹛地﹜的字符有了形聲和會意兩個"古字"系列：形聲字類如"墬、陸、墜、陸"，會意字類如"坔、墬、坔、坔"等。其中許多字形是訛寫變異的結果，并非都是不同的字種。

注列"古今字"材料，可以和文獻實際用字互證，包括出土文獻。如《説文》説"地"的籀文作"墬"，出土先秦文字確實多見"墬"字，限於篇幅，例略。

可見，注列"古今字"不僅可以爲閱讀古書掃除障礙，而且可以勾勒詞語異時用字變化的綫索，反映不同時代的用字背景和用字習慣，以及字符形體的演變情況，因而對研究漢字發展史很有價值。

3. 利用注列"古今字"分析用字變化原因和規律

記錄某個詞項已有"古字"，爲何要另用"今字"？換用今字又該換用什麼樣的今字？這都是漢字職用學需要解決的問題。歷代注列"古今字"材料有的已經藴含這方面的分析，例如王筠常常指出某組"古今字"的古字是"借字"，而今字是後作"分別文"，那就是説，之

① 據齊元濤考察，"形聲字是隋唐五代楷書的主導構形方式，此時的會意字主要是歷史字形的傳承，造新字的能量不高"。參見《武周新字的構形學考察》，《陝西師範大學學報》（哲學社會科學版）2005 年第 6 期。

所以要用這個今字取代那個古字，是因爲那個古字有本義、借義，閱讀時不太容易辨析，所以後作并換用了具有“分別”作用的今字。從諸如此類的注列“古今字”材料中，我們可以揭示古今用字變化的大致動因和選字的基本規則。

首先，我們發現今字的理據性總體來説要比古字强，這説明用字的理據性是推動今字取代古字的動力之一。例如：

（1）灸，當爲豕之古文。（黄侃《説文同文·互部》）

（2）囡者，古文席字。《説文》席之古文作囥。（王國維《定本觀堂集林·釋甾》）

例（1）古文“灸”爲象形字。《説文》：“灸，豕也。從互，下象其足。”後由於形體演變，象形表義的理據已經不顯，遂以形聲結構的今字“豕”代之。例（2）的“囡”作爲古字也是象形性的，隨着形體演變，形貌弱化，遂采用了理據更清晰的形聲字“席”（從巾石聲）。這説明構形理據清晰的今字更容易被選擇以取代古字。

同理，有些今字增加或改換表義構件，其實也是爲了理據更明顯或更切合。如：

（3）《木部》：“櫼，弋也。”段注：“《釋宫》曰：‘櫼謂之杙。’……弋、杙古今字。”（清·段玉裁《説文解字注·木部》）

（4）醬，盬也。從肉、從酉，酒以和醬也。爿聲。𤖕，古文。（《説文解字·酉部》）

（5）【怟】去業切。多畏也。今作怯。（宋·陳彭年等《大廣益會玉篇》卷二十三）

例（3）的古字“弋”爲象形字。宋陳彭年等《大廣益會玉篇》、元熊忠《古今韻會舉要》都曾指認"弋、杙"是古今字。《説文·厂部》:"弋,橜也。象折木衺鋭著形。从厂,象物挂之也。"從字形看,金文作"✝",小篆作Ϙ,都已看不出象形意味,遂增"木"旁,構成形聲字。原來的象形字降格爲表音構件。例(4)"牆—醬"古今字中,古字"牆"本已"從酉",今字又增"月(肉)"旁,則"酒以和醬"的信息更完整。例(5)的古字"狚"從"犬",不管是表{怯}的主體還是原因都嫌迂曲拘泥;今字"怯"從心,更能體現畏怯的心理範疇。

其次,如果理據或其他條件差不多,通常是書寫便利者占優,所以某些"古今字"的今字會比古字更簡便。例如:

(6)【𥂐】音巨,黑黍也。今作秬。(宋·陳彭年等《大廣益會玉篇》卷十五)

古字"𥂐"從𠥓,矩聲。《説文·𠥓部》:"𠥓,……从匚,凵,器也;中象米;匕所以扱之。"理據清晰,但構件多,筆畫繁,使用時書寫不便利,所以今字選用同樣是形聲字但筆畫簡單的"秬"。其他如"籭—麶""蠭—蜂""齩—咬"都屬於今字選擇的字形簡單的情況。

再次,根據字詞關係調整需要而換用區別度大的今字可能也是一個選項。因爲漢字使用時不能祇管某個特定的字詞,還得關注相關的字詞,避免所用字跟其他字在形體上或職用上混同或失衡。例如:

(7)【骭節】又作垸,同。胡灌反。《通俗文》:"燒骨以桼曰垸。"《蒼頡訓詁》:"垸,以桼和之。"……桼,古漆字。(唐·慧琳《一切經音義》卷七十三)

古字"桼"其實是記録{漆汁}義的本字,筆畫也不多,可後來{漆汁}義却捨本字“桼”而借用{水名}的“漆”，除了職用的區別性調整恐怕很難做出其他合理解釋。因爲秦漢以後，“桼”被大量借用表數詞{七}，使用頻率高，文獻中“桼”是記錄{七}還是{漆}容易模糊；而表示{水名}的“漆”使用頻率很低，爲了平衡職用以增強“桼”的表詞清晰度，就借用頻率較低的同音字“漆”來記錄“桼”原來承擔的{漆汁}義。經過這樣的調整，“桼”專門記錄使用頻率高的數詞義{七}，“漆”則記錄使用頻率都較低的{水名}義和{漆汁}義，直到後來又用“柒”取代“桼”，這大概也是因爲“桼”跟“黍”在形體上區分度較小。

（8）【厭，笮也。】段注：《竹部》曰：“笮者，迫也。”此義今人字作壓，乃古今字之殊。《土部》壓訓壞也，窀也。無笮義。……按厭之本義笮也，合也。與“壓”義尚近，於“猒，飽也”義則遠。而各書皆假厭爲猒足、猒憎字。猒足、猒憎失其正字，而厭之本義罜知之矣。（清·段玉裁《說文解字注》卷九）

段注指認“厭—壓”在記錄{壓迫}義上的“古今字”關係，并指出今字行用的原因是由借字導致的職能轉移：{滿足、厭憎}等義失其本字“猒”，多借用“厭”記錄，故{壓迫}義又轉借“壓”字記錄，形成“猒—厭”“厭—壓”字詞關係的系列調整。

最後，錯訛也是造成用字變化的原因之一，但這不應該是主觀追求的結果，而往往是無意識造成的客觀存在。例如：

（9）【第】此字亦不當增。古止作弟，形誤作𠂤，𠂤又誤作弟，弟復誤作第。（黃侃《說文段注小箋》五上）

“弟—弟—第—第”客觀上形成多組“古今字”關係，但後面的今字都是由於形體訛變造成的，不是用字者主觀的構造和選用。

　　古今用字變化還有出於詞義變化、語音變化、個人喜惡、社會習慣等原因的，歷代注列"古今字"材料中均有表述，值得深入發掘和系統整理。

（四）注列"古今字"的語言學價值

　　注列"古今字"在語言學領域的價值包括語義、語音、語法三個層面。

1. 語義層面

　　語義跟"古今字"的關係是通過詞語來體現的。某個詞語意義發生變化，如果變化到了需要成爲一個新詞的時候，往往會用改變原來用字的手段使新詞得以顯現和固定，原來的用字和爲了分化新詞而換用的字也是形成"古今字"的途徑，因而通過"古今字"材料可以考察詞語意義的變化情況。例如：

　　（1）【停】止也。古作亭。（宋·毛晃等《增修互注禮部韻略》卷二）

　　【停】止也。从人，亭聲。特丁切。按《説文》："亭，民所安定也。"本實字，因安定得亭止義。故"竫"訓"亭安也"。《文選》謝靈運《初去郡》詩注云："《蒼頡篇》：'亭，定也。''亭''停'古字通。"《釋名》："含，合也，合口亭之也。"并古止作"亭"之證。……知同謹按：《釋名》："停，定也，定於所在也。"知漢時已別出"停"字。《漢·高帝紀》"亭長"，小顏注"亭"謂"停留宿食之處"，此不本古説，因漢制自解名義。亦可見古"停"止作"亭"。（清·鄭珍、鄭知同《説文新附考》卷三）

　　"亭"本義爲供人停留休息或食宿的建築物，因其功用在供人停留，故引申出停留、停止義。當停留、停止義仍然用"亭"記錄的時候，亭閣義與停止義還可以説是一詞多義，而另造分化字“停”專門記錄停止義，與原來記錄停止義的“亭”構成“亭—停”古今字關係，則停止義的“亭（停）”就應該被看作派生了新詞，今字“停”就是這個新詞的標志。所以通過這組“古今字”材料，我們可以了解“亭閣—停止”的派生綫索，同時根據今字“停”的出現時代推知派生詞﹛停止﹜産生的時代。

類似的材料很多，凡是具有職能分化作用的“今字”都可以提供詞義變化和詞語派生的綫索。具有職能分化作用的“今字”不限於形體上增換義符的“分化字”，形體上沒有聯繫的新造字，甚至借用或轉用某個現成字，祇要它專門分擔了原字的某個義項，都有可能提供原字記錄的詞語産生派生詞的證據，如“備—犕”“畏—威”“葉（箂）—頁”“介（个）—箇（個）”等“古今字”。

2. 語音層面

“音同或音近”是“古今字”的基本特徵。但“古今字”的“音同音近”是建立在“記錄同一詞項”的理論基礎上的，實際上由於時代差異和語音變化，古字和今字的讀音未必完全相同。甚至可以説，有些詞語正是因爲有了語音的變化，纔造成異時用字的變化。例如當語音發生古今變化時，古字如果是形聲字，其聲符標音度會漸弱，不能準確提示字音，那麼就可能會換用聲符表音性更强的字。由此“古字”與“今字”之間就會留下語音演變的印痕，所以“古今字”材料就可以爲考察歷史性語音演變軌迹提供綫索。例如：

（2）【矜，矛柄也。】《方言》曰：“矛，其柄謂之矜。”……字从令聲，令聲古音在真部，故古叚矜爲憐。《毛詩·鴻雁》傳曰“矜，憐也”，言段借也。……【从矛，令聲】各本篆作矜，解云“今聲”，今依漢石經《論語》、溧水《校官碑》、魏《受禪表》皆作矜正之。《毛詩》與天、臻、民、旬、填等字韻，讀如鄰，古音也。漢韋玄成《戒子孫詩》始韻心，晋張華《女史箴》、潘岳《哀永逝文》始入蒸韻。由是巨巾一反，僅見《方言》注、《過秦論》李注、《廣韻·十七真》，而他義則皆入蒸韻，今音之大變於古也。矛柄之字，改而爲𥎊，云“古作矜”。他義字亦皆作矜，从今聲，又古今字形之大變也。（清·段玉裁《説文解字注·矛部》）

段玉裁指認“矜—憐”記録｛憐憫｝、“矜—𥎊”記録｛矛柄｝是兩組“古今字”。其中“矜”從“令”聲，古音“讀如鄰”，故可借爲“憐”。但漢代開始與“心”相韻，晋代入蒸韻，故“从令聲，古音在真部”的“矜”字記録｛憐憫｝詞標音度不足，今字遂采用古“真部”的“憐”字。古字“矜”改用今字“憐”，反映的正是這種語音的變化。

（3）【樝】山查本作樝。今借柤字爲之，變作查，因誤爲查。（黄侃《説文段注小箋·木部》）

【沮】渣滓之渣，《説文》所無。《手部》“揟”下云“取水沮也”。沮即今之渣字，知渣古作沮。（黄侃《説文段注小箋·水部》）

黄侃指認“樝—柤—查”爲古今字關係。《説文·木部》：“樝，果似梨而酢。”段注：“按即今梨之肉粗味酸者也。張揖注《子虛賦》云：‘樝似梨而甘。’古音在《五部》。”《説文·虍部》：“虘，虎不柔不信也。从虍，且聲。讀若鄌縣。”段注：“按邑部曰：鄌，沛國縣也。……然則古音本在《五部》。沛人言鄌，若昨何切。此方言之異。而虘讀同之。”“樝柤”同聲符字，古音皆屬魚部。“柤”形體變爲上下結構作查，訛爲“查”，累增“木”旁作“楂”。《廣韻》“查”，側加切，假開二平麻莊，已入麻韻。“柤查”反映了上古魚部字向中古“虞魚麻”演變的過程。

（4）【胜】《説文》：“犬膏臭也。从肉，生聲。一曰不熟。”徐引《禮記》：“飲胜而苴熟。”今文通作腥。（元·熊忠《古今韻會舉要》卷九）

【胜，犬膏臭也。】《庖人》《内則》：“秋行犢麛，膳膏腥。”杜子春云：“膏腥，豕膏也。”後鄭云：“膏腥，雞膏也。”……《論語》：“君賜腥，必孰而薦之。”字當作胜，今經典膏胜、胜肉字通用腥爲之而胜廢矣，而腥之本義廢矣。（清·段玉裁《説文解字注》卷四）

熊忠、段玉裁都指認“胜—腥”爲“古今字”，記録｛腥氣｝義，其中“胜”爲古字，“腥”爲今字。從今字聲符的改換可以考察語音演變的過程，二字的聲符古音相近，“生”“星”同是耕部平聲字，“生”爲生紐，“星”爲心紐。但《説文》反切音，“胜”爲桑徑切，而“生”爲所庚切，韻部已不太一致。《廣韻》“生”，梗開二平庚生，而“星”，梗開四平青心。今字選擇“星”作爲聲符記録｛腥氣｝，正是反映了語音的古今變化。

（5）癲，今作癲。（黄侃《説文段注小箋·疒部》）
　　　縢，今作袋。（黄侃《説文段注小箋·巾部》）
　　　洮，今作淘。（黄侃《説文段注小箋·水部》）

“瘨—癲”古今字中古字與今字古音同。而聲符“真”，古章母，屬照三組字。“照三歸端”，“真”從上古端母舌音發展爲舌上音，記録｛癲狂｝語音上標音不太協調，故改換聲符以“顛”爲今字聲符。“縢袋”“洮淘”也反映了“古無舌上音”的語音演變過程。

可見“古今字”材料，特別是其中“聲符替換”類，的確可以反映“古字”和“今字”之間的語音聯繫和演變，應該成爲漢語語音史研究的寶貴資料。“古今字”的注列是大量的，指認者時代明確，如果全面考察注列“古今字”的語音關係，輔之以文獻分時用字調查，那麼上古、中古、近古語音的發展演變應該在不同時代的“古今字”材料中都有所反映，這是值得今後深入拓展的課題。

3. 語法層面

語法屬性跟文字不是太密切，所以正常的古今用字不同往往很難反映語法問題。但如果把某些“古今字”放到實際語言中檢驗，也可能發現被掩蓋的某些語法現象。例如：

（6）【娶】七句切。取女爲娶。古亦單作取。（宋·戴侗《六書故》卷九）

“取—娶”作爲一組“古今字”是被公認的，但這組古今字有兩個問題需要考證：一是“娶”出現於何時，二是有了“娶”後娶妻語境中還用不用“取”。如果“娶”“取”同時使用，它們的功能真的完全相同嗎？

考出土文獻，秦代前娶妻義都用“取”字，罕見用“娶”者。甲骨文已有“娶”字（菁7.1），但用爲人名，可能跟娶妻義的“娶”屬同形字。傳世先秦文獻則“取”“娶”并用，似乎不屬於用後起的“娶”替換原先的“取”的情況，也就是跟一般所説的“古今字”此消彼長的用字差異不完全相同。這種同時并用現象當然也是可以解釋的，比如“古”字在“今”字出現後仍然習慣性沿用，或者先秦文獻本來都是用“取”而傳抄過程中不斷被後人篡改爲“娶”了。如果“取”“娶”的使用真的毫無區別，那這些解釋是能夠成立的。可我們發現，先秦文獻中“取”“娶”的用法事實上是有區別的，即在表述娶妻事件時，“取”後面一定帶表示女性的賓語（女性通稱或某個具體的女人），至少前後有女性或婚嫁方面的詞語；而“娶”可以單用，前後可以不出現女性或婚嫁方面的詞語。請看用例：

取妻如之何？匪媒不得。(《詩經·齊風·南山》)

取妻不取同姓，故買妾不知其姓則卜之。(《禮記·曲禮》)

余取女。(《楚帛書丙篇·四》)

這個語法限制到漢代及以後仍然保持：

如秦爲太子建取婦。(《史記·楚世家》)

勿取齊女，淫而迷國。(《漢書·五行志》)

爲子彭祖取魯女。(《三國志·魏志》)

《説文解字·又部》：“取，捕取也。从又从耳。”引申爲没有特定對象的一般“取得、拿到”。“取”表述娶妻事件時之所以後面一定要出現女性，大概是因爲這種用法的“取”仍然是一般意義的“取得、獲得”，并没有獨立的“取女人爲妻”這類義項。這個推測從下面的例子中可以看得更清楚：

兄弟死，皆取其妻妻之。(《史記·匈奴列傳》)

後鈞取掖庭出女李嬈爲小妻。(《後漢書·陳敬王羨傳》)

其中的“取”衹有“取得”“拿”之類的意義，結爲夫妻的意思是用“妻之”“爲小妻”來表示的。如果“取”具有獨立的“取女人爲妻”義，那句中的“妻之”“爲小妻”就屬多餘。可見字書詞典中給“取”設立“娶妻”義項而等同於“娶”并不符合上古語言事實。

《説文解字·女部》：“娶，取婦也。从女从取，取亦聲。”段注：“取彼之女爲我之婦也。”“娶”字本身含有“取”的對象“女”和目的“爲婦”義，因而用“娶”字表示娶妻事件，後面可以出現女性名詞，也可以不再出現女性名詞作賓語，還可以用“於”介紹出地方或所屬人作補語。用例如：

> 鄭武公娶于申。(《左傳·隱公元年》)
>
> 椒舉娶於申公子牟。(《左傳·襄公二十六年》)
>
> 君娶於吴。(《論語·述而》)
>
> 萬章問曰："《詩》云：'娶妻如之何？必告父母。'信斯言也，宜莫如舜。舜之不告而娶，何也？"孟子曰："告則不得娶。……是以不告也。"(《孟子·萬章上》)

這説明至少在先秦"取"和"娶"是有區别的兩個詞，不能互相取代，因而不具備"古今字"的條件，把它們看作"古今字"是不準確的，因爲忽略了它們語法上的差異。這種差異的消除，以及最終在娶妻意義上衹用"娶"不再用"取"，應該是在漢代以後了。

六　項目完成情況説明

"'古今字'學術史叢書"一共9種，是國家社科基金重大項目"'古今字'資料庫建設及相關專題研究"的主要成果，分别由蔣志遠（湖南師範大學）、張艷（湘潭大學）、鍾韻（生活·讀書·新知三聯書店）、温敏（鄭州大學）、蘇天運（齊齊哈爾大學）、張青松（貴州師範大學）、關玲（北京師範大學碩士畢業）、張志麗（天津師範大學碩士畢業）、劉琳（陝西師範大學）等人承擔和完成。作爲學術史叢書研究基礎的是"古今字"資料庫的建設和《古代注列"古今字"輯考》的編撰，實際上就是材料的搜集與整理。材料的搜集與整理工作實際上在項目批准之前就開始了，前後經歷逾十年，參與的人員衆多。具體

操作流程大致是:

第一階段,制訂體例,確定實施方法,試做樣條,分工布置。主要參與人員有李運富、蔣志遠、鍾韻等。

第二階段,從歷代古籍注釋、小學專書(字詞典)、學術筆記等著作中搜集原始材料,録入電腦,形成電子資料。按書籍分工,參與人員多爲在校碩士研究生和博士研究生,也有博士後、訪問學者和校外人員,如陳安琪、何余華、黄甜甜、姜雯潔、蔣志遠、李娟、劉瓊、牛振、時玲玲、韋良玉、温敏、武媛媛、徐多懿、張浩、張燕、張喆、鍾韻、周易(按音序,下同)等。

第三階段,核實原書(影印圖片),校對文字,標點原文,按"古今字"性質排除非古今字,標注"古今字"字際關係,撰寫"説明",建立參數完整的"古今字"數據庫。按"古今字"的"今字"音節分工,參與人員主要是在校博士研究生和校外高校教師,有高淑燕、何余華、黄甜甜、蔣志遠、李建清、李娟、李玉平、劉琳、牛振、蘇天運、王海平、王虎、温敏、吳國昇、吳吉煌、張道升、張青松、張素鳳、張喆、鍾韻等。

第四階段,初步統稿,針對問題集中討論,重點核對和修改。按"今字"音節分工,參與人員有何余華、蔣志遠、李玉平、李運富、劉琳、牛振、蘇天運、王虎、温敏、吳國昇、吳吉煌、張道升、張青松、張素鳳、張喆等。

第五階段,再次剪切圖片,全面復查,核實版本,校對原文,解決疑難,修改表述,調整版式,重新分合排序,統稿編目,整理參考文獻,等等。參與人員有蔡宏煒、程慧、程婕、馮曉瑞、何余華、蔣志遠、李玉平、李運富、劉正印、牛振、任健行、孫倩、王虎、王勝華、王瑜、王雲、韋良玉、温敏、吳國昇、吳吉煌、尉侯凱、張道升、張青松、張曉玲、張陽、周天閣、朱芳等。

第六階段,統稿加工,組裝合成,列印成册,申請結項,等等。

參與人員主要是何余華、李運富、張青松。

第七階段，最後通讀，逐條修改，提交出版稿。主要由李運富、季旭昇承擔。

第八階段，排版後的校對、修訂。主要由李運富、張青松負責。

以上主要就基礎材料的搜集、整理、彙校而言（其成果《古代注列“古今字”輯考》因性質不同未收入該叢書）。該叢書的斷代史和專題史研究則基本上是在李運富指導下，作爲博士學位論文或碩士學位論文，由各書作者獨立完成的。收入叢書時做了一定的修改，但由於各書撰寫的時間不同，面對的研究素材不同，碩博士研究生的要求不同，内容或有輕重，體例并不統一，而且爲了保持各書的相對獨立，緒論部分多有重複。凡此遺憾，頗出無奈，祈讀者諒宥。

李建廷在編撰體例、版本目録、校對等方面多有貢獻，何清、李晶在項目的統稿會上負責了接待服務工作。

謝謝所有參與項目工作的人員。

目　録

緒　論

第一節　從“古今之爭”與“古今之變”談起

在 1688 年的巴黎，曾寫下《小紅帽》《睡美人》等作品的童話奠基人夏爾·佩羅（Charles Perrault）發表了名爲《古人與今人的對比》（*Parallèle des Anciens et des Modernes*）的對話録。在這本書中，佩羅攻擊并貶低了荷馬以及其他古代詩人的作品，由此引發了 17~18 世紀歐洲文明史上著名的文化争論——“古今之争”。“古今之争”從文學蔓延席捲至其他領域，而這場争論的出現，其實標志着西方古典主義的衰落，也預示了 18 世紀啓蒙思潮的降臨。

“古今之争”并没有在 18 世紀迎來終結，19 世紀 40 年代，列奥·施特劳斯（Leo Strauss）通過對現代性的反思重新提出了“古典政治哲學”，似乎又一次“點燃”了古今之争。“古今之争”的説法一直延續至今天，在 20 世紀的中國，從新文化運動、“五四”到八九十年代的文化争鳴，“古今”和“中西”一起，一并成爲“争”的對象。這一表述暗含着對“古今”的一種理解模式，即“古”與“今”是二元的、對立的、衝突的、割裂的。

在古代與現代的問題上，“古今之争”這種不可調和的對立化理解模式，本源在於西方。然而若從中國本土資源尋找相應的“古今”態度，則會有另一種截然不同的表述——"古今之變"。

"究天人之際，通古今之變，成一家之言"①，司馬遷代表了中國傳統史家對於歷史、對於"古今"的態度——"古""今"并非完全對反，而是可以相互接續的；"古""今"確實是變化的，但這種變化的痕迹、過程都是可循的，就好像"殷因于夏禮，所損益，可知也；周因于殷禮，所損益，可知也；其或繼周者，雖百世，可知也"（《論語·爲政》）。《周易·繫辭上》曰："化而裁之謂之變，推而行之謂之通。"②在中國傳統語境中，"變"和"通"成爲理解"古""今"背後的理路，古今雖然存在變化、更易，但也是可接續的、非斷裂的，因此纔有"通"的可能。"古今之變"中的古代與現代，不再是一刀切而産生的判然割裂，而是同一個傳統中的不同階段。

"延續"和"割裂"、"古今之變"與"古今之争"，這是兩種不同的古今論，甚至可以説是兩種理解歷史的模式。那麼，什麼是我們現代人眼中的"古"與"今"？古代和現代是接續的還是斷裂的？這是一個看似不用探討，實際上有必要加以反思的命題。

"五四"和新文化運動是我們貫熟的歷史節點，如果説傳統中國的古今觀念一直是以"古今之變"爲主的，那麼"五四"和新文化運動或許顛覆了這一點。新文化運動以"新"爲名，背後的立場則是"崇今"，在這場運動中，我們對舊文化進行了充分的否定，反傳統、反孔教、反文言——這一切都指向了中國曾經的"古"。雖然開啓了中國的現代化進程，但也不得不説，新文化運動在面對古今問題上，充分吸收了西方的態度，對於"古"，呈現出一種一刀切式的反對。之後這種一刀切"古今"的態度便開始深深嵌入整個中國人文學術的發展之中，其間也伴隨着西方理論對于中國本土學問的"侵蝕"。

① 《漢書》卷六十二，中華書局，1962，第 2735 頁。
② 《周易正義》卷七，藝文印書館，2013，第 158 頁。

我們把視綫轉回語言學，這種從“古今之變”到“古今之爭”的演進方式也同樣存在。

章太炎先生倡導了中國語言文字之學的獨立，使其不再是經學的附庸之物，這是中國語言文字之學發展壯大的起點。在揚棄經學的同時，我們擁抱蘇聯、西方等外來語言學理論，這些理論的進入，幫助中國建立了相對完善的語言學學科框架，但也逐漸改變了我們思考語言學問題的方式和向度。像是現代漢語的研究，現在幾乎無法拋棄西方語言學理論，我們討論的對象材料仍是中文，但構成這些討論的思維方式已完全現代、西化了；更有甚者，現代漢語研究與古代漢語研究的整體性分離，仿佛不在一個體系裏一般，現代漢語研究更像純粹的科學研究。這些狀況無疑代表了對“古”的排斥。外來理論并沒有錯誤，祇是它們帶來的相對斷裂的古今思維，改造、塑造着我們，我們不再傾向於討論“古今”是如何演變、傳承的，而更願意用“以今律古”的目光去審視傳統。

第二節　如何看待“古今字”的“古”與“今”

訓詁學中有一個術語與古今觀念密切相關，那就是“古今字”。

“古今字”是中國古代注釋家常用的訓詁表述之一，它起源於漢代，經過數千年的使用，從鄭玄、顏師古、孔穎達、段玉裁、王筠到王力先生，一直沿用到今天，“古今字”的生命力似乎特別強。

但實際上，被冠以“古今”之名，“古今字”這一小小表述的内部討論卻充滿了紛爭和矛盾，恰能反映出“古今之爭”與“古今之變”這兩種不同的古今觀念，甚至可以說，它折射出中國傳統語言學邁向現代化過程中難以避免的問題：傳統訓詁表述在現代化、術語化的過程中，内涵逐漸發生改變。這種改變對訓詁學的理論化自然有所裨益，但也有一些用語的改變偏離了舊有的歷史規律，“古今字”就是一例。

“古今字”在今天的討論中，擁有兩種完全不同的身份。①

其一，是傳統“古今字”觀念。不同時期的人在記録同一個詞時往往會有不同的用字習慣，隨着歷史演進和語言文字的發展，前代的用字習慣不再適用於後人，可能造成理解上的困難，爲解決這種理解困難，訓詁學家便利用了“古今字”這一術語，用“今字”來訓解“古字”，所以“古今字”是古代訓詁家用來注釋不同時代用不同字符表達同一詞項之用字現象的訓詁用語，一般來説，先使用的是古字，後使用的是今字。其要點有三：（1）音近義同，即文獻中功能要一致；（2）文字不同；（3）使用時代有先後。最爲典型的就是鄭玄的“余、予古今字”。除“古今字”這一表述外，還有“古某字”“古文”“古作”“今作”等多種表達方式。自漢代以來，歷代訓詁家通過“古今字”等相關用語，指認了大批材料，也有不少學者對“古今字”的問題進行了理論探討，這些成果便保存在相關字詞訓詁材料中。

　　《禮記·曲禮下》：“君天下曰天子，朝諸侯、分職授政任功曰予一人。”鄭玄注：“《覲禮》曰：‘伯父實來，余一人嘉之。’余、予古今字。”

　　《周禮·夏官·弁師》：“諸侯之繅斿九就，瑉玉三采，其餘如王之事，繅斿皆就，玉瑱玉笄。”鄭玄注：“……繅斿皆就，皆三采也。每繅九成，則九旒也。公之冕用玉百六十二。玉瑱，塞耳者。

---

① 李運富提出，“關於‘古今字’，學術界主要呈現兩種看法，一種認爲是歷時文獻中記録同詞同義而先後使用了不同形體的一組字，先使用的叫古字，後使用的叫今字，合稱古今字；另一種認爲是爲了區别記録功能以原來的某個多功能字爲基礎分化出新字的現象，原來的母字叫古字，後來分化的新字叫今字，合稱‘古今字’”。參見李運富《早期有關“古今字”的表述用語及材料辨析》，《勵耘學刊》（語言卷）第6輯，學苑出版社，2008。

故書瑁作璑。鄭司農云：繰當爲藻。繰，古字也，藻，今字也，同物同音。璑，惡玉也。"

《漢書·陳勝項籍傳》："今君起江東，楚蠭起之將皆爭附君者，以君世世楚將，爲能復立楚之後也。"師古曰："蠭，古蜂字也。"

《說文·言部》："詧，徒歌。从言肉聲。"段注："詧、謠古今字也，謠行而詧廢矣。凡經傳多經改竄。"

這些漢唐以來的"古今字"實踐和清代段玉裁等人關於"古今字"的論述，在解釋時偏重以"歷時"的角度觀察古字與今字在記錄詞項上的一致性，這些"古今字"強調的是用字的不同，其原因千差萬別，假借、分化、簡化都有可能造成用字的變化；同時，在這種"古今字"觀中，"古"與"今"不是絕對固化的，而是隨時而變、隨用而變，今天的今字可能就是明日的古字。在現在的學者中，不少人都持此類觀念，比如蔣禮鴻、任銘善、裘錫圭、楊潤陸、李運富等。

其二，則是近代以來興起的另一種"古今字"觀念，這種觀念把"古今字"當成文字孳乳現象，即從共時的字際關係角度去處理"古今字"。他們在收集"古今字"材料時發現，大部分古字與今字往往具有今天所謂"母字—分化字"的字際關係，分化字必然後於母字出現，所以存在"古"就是古、"今"就是今的絕對古今關係。影響深遠的王力先生的《古代漢語》在講解字際關係時專門設"古今字、異體字、繁簡字"一節，雖然沒有爲"古今字"下明確定義，但所舉例證全部是母字加偏旁孳乳爲分化字的案例，比如"辟—譬/僻""責—債"等①，之後洪成玉先生的《古今字概述》《古今字》《古今字字典》②等作品，則明確把"古今字"界定爲前後具有分化關係的漢字孳乳現象。

---

① 王力：《古代漢語》第一册，中華書局，1999，第170~173頁。
② 參見洪成玉《古今字概述》，《北京師範學院學報》（社會科學版）1992年第3期；洪成玉《古今字》，語文出版社，1995；洪成玉《古今字字典》，商務印書館，2013。

在今人的研究中，"古今字"不斷游離在這兩種身份之間。可是，忠臣不事二主，"古今字"這一種表述的兩種身份，不僅導致它與相關概念（通假字、異體字等）的混淆，也影響到了古代漢語教學和辭書修訂的科學性。這背後固然有"古今字"材料較爲複雜的原因——它是各種歷時文字現象在共時層面上的積澱，裏面經今古文的問題、歷時字用的問題、漢字分化的問題、假借的問題等，再加上字體演變、後人改字、隸定楷化、版本差異等情況的影響，給"古今字"材料分析和學理研究都帶來很大的困難，但也存在上述提到的古今觀念、理解古今的框架問題。

後一種觀點，建立在"古今"的絕對判分上，"今字"取代"古字"成爲一種不可逆轉的潮流，這背後正是古與今的絕對二元對反，是西方"古今之爭"思維方式。而前一種觀點，我們之所以名之爲"傳統的古今字觀"，乃是因其背後呈現了古人對於古今變化的一種態度："古""今"是同一傳統中的古與今，古今的界限不是絕對的，而是可以相通的、是在同一延續體中的不同的發展階段。這正應和了段玉裁講"古今字"時的著名論斷——"古今無定時"，即要把"古今字"的"古今"放在一種歷史延續的狀態中去理解。我們認爲後一種"古今字"觀背後的古今傳統，是在漢字這種超穩定的系統中顯示出來的，漢字的歷史、古今不是用一種標準一刀切開的，而是在一種不斷變化、傳承、重疊、交錯甚至往復的綜合運動中向前流淌、演進。

第三節　重新界定"古今字"：方法與意義

王寧先生在《談訓詁學術語的定稱與定義》一文中指出，訓詁學術語的定稱、界說非常重要，定稱和界說不明，容易引起對這個現象的誤解，或是與相關概念的混同，"訓詁學術語的確定既要充分繼承傳統訓詁學的成果，又要有現代語言學理論和現代思維科學作指導"。①那麽，要去追溯"古今字"的具體内涵，在現代的知識框架中給予這一表述一個恰當的位置，也應遵循這樣的理念，不能祇從現代人的角度出發，更應該繼承傳統訓詁學的成果，以學史的研究爲基礎，以歷史主義的態度，來面對漢字的歷史與漢字學史。總結"古今字"的歷史，在此基礎上，辯證地理解文字研究中共時、歷時的關係，科學分析複雜的字際關係與用字現象，纔能準確理解"古今字"的性質。因此開展"古今字"歷史的研究是弄清"古今字"性質的必由之路。

　　目前已有的關於"古今字"發展歷史的研究大都比較簡略，比如洪成玉先生的《古今字概述》②，初步介紹了漢代、魏晋，再到清代和現當代"古今字"的使用與觀念的發展，着重介紹了清代段玉裁、徐灝等人的"古今字"觀念，并關聯這些清代學者與王力先生"古今字"觀之間的聯繫。但是該文局限於自身已有的"古今字"態度，對歷史上有些學者的認識略顯偏頗，有以今律古之嫌。孫雍長先生的《"古今字"研究平議——兼談字典詞書中對"古今字"的處理》也對"古今字"發展的歷史脈絡進行了介紹，較之洪先生《古今字概述》而言，孫先生的文章對各時代的具體内容介紹得更詳細一些，同時也着重介紹了清代段玉裁、王筠、徐灝的"古今字"觀念，并總結了今人關於"古今字"的兩種看法。③這些文章限於篇幅之礙，祇能"綜述"，故而也就有所局限：占有材料不夠全面，僅憑零散典型材料定性，多半祇以鄭玄、顔師古、段玉裁、徐灝等人爲主，既不能展現"古今字"材料的整體情況，在提煉"古今字"觀念上也存在問題，缺少更充分的

---

① 王寧:《談訓詁學術語的定稱與定義》,《訓詁學原理》, 中國國際廣播出版社, 1996, 第24頁。
② 洪成玉:《古今字概述》,《北京師範學院學報》(社會科學版) 1992 年第 3 期。
③ 孫雍長:《"古今字"研究平議——兼談字典詞書中對"古今字"的處理》,《五邑大學學報》(社會科學版) 1994 年第 5 期。

歸納和對比。

因此，再討論"古今字"的發展，就必須占有相對更多、更豐富、更全面的材料。在這一方面，蔣志遠的博士學位論文《唐以前"古今字"學術史研究》①是一個好的案例——通過古籍數據庫，全面搜集整理唐以前的"古今字"材料，展現了唐以前"古今字"出現、發展、演變的全部歷史過程，分析了各家"古今字"在觀念上和材料上或繼承或發展的相互關係，考察和總結了唐以前學者對"古今字"性質的認識以及對"古今字"成因的理解。

在蔣志遠研究的基礎上，我們決定進行清代"古今字"學術史的研究。這是因爲，在"古今字"研究的發展中，清代是至爲重要的一環，也是"古今字"理論化的重要階段，可以説，幾種當下的"古今字"觀點，都脱胎於清代學者的論述。據考察，自從漢代產生"古今字"概念以後，訓詁學家利用"古今字"及相關表述指論了數萬條"古今字"材料，材料的數量雖龐大，但是其中對"古今字"性質的闡述和"古今字"理論的總結却不多，祇有若干對"古今字"成因的討論。直到清代樸學之風的興起，帶動了語言文字之學的發展，很多方法和理論都進入了"總結期"，"古今字"的研究有了不小的突破，出現了"古今字"理論研究的高峰，清代學者除了利用"古今字"進行注釋、溝通文獻用字外，開始從傳統小學的角度，對這些材料進行總結提煉，因此有了對"古今字"成因、規律、性質方面的研究。可以説清代的"古今字"研究在語言文字學框架下發展出自身鮮明的特色，也正因如此，在學術理論和學術實踐上，清代的"古今字"研究均超越了以往學者的"古今字"研究，爲後世各種"古今字"説提供了根據。

清代學者關於"古今字"理論或條例的探討，多散見於各類著作與文獻之中，湮没在衆多材料裏，挖掘難度大，還没有人對清代近

---

① 蔣志遠:《唐以前"古今字"學術史研究》，博士學位論文，北京師範大學，2014。

三百年的"古今字"材料進行過匯總和整理，也没有出現過清代"古今字"與漢代至明代"古今字"的對比研究，故而難以看出處於"總結期"的清代，其"古今字"材料到底包括哪些内容、到底如何發展和繼承前人成果，對清代的"古今字"研究也就難以進行評價。這些都導致今人在引用清人"古今字"觀念論述問題時，祇能拿着零散挑選出來的例子當佐證，多有誤解古人、偏離歷史的情況出現，不利於人們充分認識前人"古今字"訓詁工作的價值及其所揭示的語言文字問題。綜上所述，對清代"古今字"開展全面、客觀的梳理和總結是十分必要的。

有鑒於此，我們將利用古籍數據庫對清代的"古今字"材料進行大範圍的檢索和彙纂①，充分吸收當前已有的關於"古今字"的討論，在此基礎上通過分析考察，力求客觀展現清代"古今字"研究發展的全貌，分析清人"古今字"研究的突破點，以及這些研究對後來語言文字之學發展的影響——"用字"與"職能"研究的興起。

①　搜集而來的"古今字"字組材料，因數量較多，不便——附於文後。但這批材料已盡數收入李運富主編《古代注列"古今字"輯考》，社會科學文獻出版社，2023 年。有需要的讀者可參考該書。

第一章　清代學者的"古今字"材料

第一節　清代"古今字"材料提取

一　收集範圍

本書以清代的"古今字"①訓釋爲材料，所收集材料的時間範圍限定在 1636~1912 年，因此跨明清兩朝，如黄生、方以智的部分著作也算在内。書目的選擇，以"瀚堂典藏數據庫"（以下簡稱"瀚堂"）和"中國基本古籍庫"（以下簡稱"古籍庫"）這兩個數據庫爲基礎進行。由於"古今字"研究關係到用字現象，對於"字"的真實性要求比較高，因此所有工作都在影印本基礎上進行。"古籍庫"雖然收書量和檢索性能優於"瀚堂"，但是電子版和書影的對照功能却不如"瀚堂"，鑒於這兩個數據庫各有優缺點，我們所選的清代的書目是"古籍庫"和"瀚堂"均收的書，以便檢索和核查影印本用字。另外，一些"瀚堂"未收，但是"古籍庫"有，同時又屬清代比較重要的文獻資料，

---

① 本書以古代學者注釋的"古今字"爲研究對象。古人的"古今字"訓釋、"古今字"材料，與文獻中存在的古今字事實或者今人按照某種理念認可的古今字有所不同。爲區别，在指論古人"古今字"材料時，使用加引號的"古今字"；而在泛指古今字或今人認可的古今字現象時，則直用古今字。

會通過核查實體書的方式，補充録入材料彙編中，比如部分清人十三經注疏。最終確定收集的文獻共計 53 種。

二　提取方式

在限定的內容範圍內，我們利用古人使用的“術語”來進行“古今字”材料的提取。

（一）“術語”提取的可行性

古人在注釋文獻時使用了大量的“術語”，比如“言”“曰”“假借”“讀如”“讀若”等。這些“術語”跟今天所講的依據一定語言學原理而固定使用的科學術語是不一樣的，所以表述爲“用語”似更加合適。雖然訓詁用語并不是依據科學的原理而創造出來的，但是這些用語本身還是能够體現訓釋條例和訓釋目的的，尤其是一些經過長時間使用而被衆人認可的訓詁用語，這種訓詁用語的程式化意味着大量訓詁經驗和語言事實的積累。

清代學者已經發覺可以利用不同的訓詁用語去分辨和提取不同語言事實，比如在挖掘漢人的注經義例時，段玉裁《周禮漢讀考序》就辨析了“讀如”“讀爲”等訓詁用語的區別：

　　漢人作注，於字發疑正讀，其例有三：一曰讀如、讀若，二曰讀爲、讀曰，三曰當爲。讀如、讀若者，擬其音也，古無反語，故爲比方之詞。讀爲、讀曰者，易其字也，易之以音相近之字，故爲變化之詞。比方主乎同，音同而義可推也；變化主乎異，字異而義憭然也。比方主乎音，變化主乎義。比方不易字，故下文仍舉經之本字；變化字已易，故下文輒舉所易之字。注經必兼兹二者，故有讀如，有讀爲。字書不言變化，故有讀如，無讀爲，有言讀如某、讀爲某，而某仍本字者。“如”，以別其音；“爲”，以別其義。

當爲者，定爲字之誤、聲之誤，而改其字也，"爲"，救正之詞。形
近而訛，謂之字之誤；聲近而訛，謂之聲之誤。字誤、聲誤而正
之，皆謂之 "當爲"。①

這段話雖然是解釋漢人注經的體例，但通過分辨 "讀如、讀若"
與 "讀爲、讀曰" 這兩種用語的不同，實際上就把假借等現象從單純
的注音中區別出來。段玉裁還對漢人的訓釋用語 "猶" 做過解釋，他
在《説文解字注》"䜞" 字下云：

凡漢人作注云 "猶" 者，皆義隔而通之，如《公》《穀》皆云：
"孫猶孫也。" 謂此 "子孫" 字同 "孫遁" 之 "孫"。《鄭風》傳 "漂
猶吹也"，謂 "漂" 本訓 "浮"，因吹而 "浮"，故同首章之 "吹"。
凡鄭君、高誘等每言 "猶" 者，皆同此。

今人對古人訓詁用語也進行了詳細的分析，比如蕭璋先生針對
《毛詩》的訓詁材料，辨析了 "言" 和 "猶" 在《毛詩》中的不同，即
"言" 是解釋句子、點明含義用，而 "猶" 則用在單字釋單字、疊字訓
疊字上，或用爲 "義隔相訓"。②

這些研究都足以證明，古人的訓詁用語雖然没有科學的理論作
爲支持，但通過傳承和沿襲，一直廣泛被訓詁學家使用的 "用語" 不
僅能體現相關的訓詁條例，還能幫助提取這些訓詁條例背後的語言
現象。

"古今字" 等相關的 "古" "今" 訓釋用語自漢代以後投入使用，
一直沿用到今天，其所記録和説明的語言事實具有一貫性，雖然使
用者和使用對象的不同會造成一定含義上的偏差，但這是由 "古今

---

① 段玉裁：《經韻樓集》，上海古籍出版社，2008，第 24 頁。

② 蕭璋：《文字訓詁論集》，語文出版社，1994，第 34~36 頁。

字”所涉及的語言現象比較複雜造成的。所以我們認爲，提取“古今字”材料最有效的方法，就是“形式提取”，即利用與“古今字”現象相關的“古”“今”訓詁用語進行文獻檢索，以避免從既定的“定義”出發去尋找材料的主觀性，更能體現古人心中“古今字”的真正所指。

（二）“古今”相關表述用語

“古”“今”等表述用語常用來溝通古今不同的語言文字現象，其中包括古今演變造成的“字”的區別，而古今詞語的變化情況、古書的古代版本和當時的流行今本，還有漢代今古文經本的區別，也常會使用“古今”這樣的用語表述。在收集材料時，這樣的問題難免會遇到，有些訓釋中這幾種現象交纏在一起，難以完全剝離；不同人、不同書使用的表述用語，在側重和内容上都不盡相同。爲避免疏漏，也爲探求古人“古今字”相關訓釋的真正内容，祇要有表露“古今時代差異”的情況，暫且全部收集起來。但是“古今字”首先是“字”的問題，不屬“字”範圍的材料會排除在外，比如表示“古今語”或古今文經問題的材料。

通過梳理文獻，我們整理出古人自覺使用的、表述“古今字”現象的各種用語，謹分爲四類，詳見表1-1。

表1-1 “古今字”相關表述用語

甲類：普通的表述用語	乙類：甲類基礎上提示使用範圍	丙類：甲類基礎上增加定性詞	丁類：非專指用語
古今字/今古字	古/今或作	古/今借作	古本作/今本作
古字/今字	古/今亦作	古/今訛作	古文/今文
古作/今作	古/今但作	古/今僞作	古之某，今之某
古爲/今爲	古/今皆作	古/今假作	古/今以爲某某字
古用/今用	古/今通作	古/今俗作	古/今某某字

甲類：普通的表述用語	乙類：甲類基礎上提示使用範圍	丙類：甲類基礎上增加定性詞	丁類：非專指用語
古書 / 故書	古 / 今多作	古 / 今省作	行、廢*
古從 / 今從	古 / 今經典作	古 / 今誤作	
後作*		古 / 今當作	

　　* 在收集材料的過程中，發現“後作”“行、廢”這樣的表述雖然不含“古、今”字樣，但常與“古、今”等表述結合使用，用來指稱“古今字”，因此也納入用語表。

1. 甲類

　　甲類屬於一般性表述“古今字”現象的用語，其中最常見的有“古字 / 今字”、“古作 / 今作”和“某某古今字 / 今古字”等形式，這些用語從很早就可用來表述“古今字”，是傳承最久、使用最廣、訓釋數量最多的一類。

　　　　黃生《義府》卷上“兑”：兑，古悦字。《禮》引《尚書·説命》作“兑”是也。

　　　　吳大澂《説文古籀補》：ꙮ，古伯字，白字重文。

　　　　毛奇齡《古今通韻》卷一：枚乘“蔓草芳苓”，李善注《文選》皆讀作蓮。苓，即古蓮字。

　　　　張玉書《佩文韻府》卷四十六：繭，古典切，蠶繭，古作䌇。

　　　　惠棟《惠氏讀説文記》第二“趴，趣越貌”：今作赴。

　　　　段玉裁《説文解字注》第一“蔞，食牛也。从艸委聲”：於僞切，十六部。今字作餧，見《月令》。

　　　　段玉裁《説文解字注》第七“帬，繞領也”：《方言》“繞衿領謂之帬”，《廣雅》本之，曰“繞領、帔，帬也”。衿、領今古字。

　　　　王筠《説文解字句讀》卷十八“厠，清也”：《廣韻》引作“圊也”，此以今字代古字，使人易曉也。

14

王引之《經義述聞》卷十二"汦水":……"氏産青陽"之"氏"讀爲"是",古書"是"字多作"氏"。

2. 乙類

乙類是在甲類各種形式的基礎上,添加一些附加修飾性條件,比如"或作""通作""多作"等。這些限定性的修飾能體現出古字或今字的使用範圍和頻率,比如:"古通作""古皆作""古但作"表示相對應的今字可能在該文獻的時代範圍内還未産生,"或作"則指稱有這樣使用的情況,"多作"則是對使用頻率的提示。

王念孫《廣雅疏證》卷一"聆、聽、自、言、仍,從也":聆,古通作令。《吕氏春秋·爲欲篇》:"古之聖王,審順其天而以行欲,則民無不令矣,功無不立矣。"令,謂聽從也。

汪榮寶《法言義疏》:"劍可以愛身"者,"愛"讀爲"薆"。《説文》:"薆,蔽不見也。"《廣雅·釋詁》云:"薆,鄣也,字亦作薆。"……古通作愛,《詩·静女》"愛而不見",《方言》郭注引作"薆而不見"。《廣雅》云:"㜯,愛也。"

王引之《經義述聞》卷十五"父師":……父師,大師也。("大"後人或作"太",音泰。古但作大,《白虎通義·十二月律》謂之大吕何? 大者大也。《正月律》謂之大蔟何? 大亦大也。)

孫詒讓《周禮正義》卷十七"廛人中士二人,下士四人,府二人,史四人,胥二人,徒二十人":注云"故書廛爲壇,杜子春讀壇爲廛"者,《載師》注同。惠棟云:"《管子·五輔篇》曰:'辟田疇,利壇宅。'《荀子·王制篇》曰:'定廛宅。'是古廛字皆作壇也。"

段玉裁《説文解字注》第七"晐,兼晐也":《吴語》"一介嫡女,執箕帚以晐姓於王宫",韋云:"晐,備也。姓,庶姓。"引《曲禮》:"納女於天子曰備百姓。"《廣雅》:"晐、皆,咸也。"按此晐備正字，今字則該、賅行而晐廢矣。《莊子》《淮南》作賅，今多作該。

段玉裁《説文解字注》第八"傾，反也"：《反部》曰"反，傾也"，二字互訓。古多用頃爲之。

3. 丙類

丙類也是在甲類基礎上添加一些修飾，但這些修飾用語實際上都帶有一定的分析性，有的是對古字、今字性質或屬性的説明，有的是對"古今字"成因的説明。比如"今俗作"即把今字歸爲俗字，屬於對屬性的判定；而"省作""誤作"等則是對變化原因進行的説明；"古今借／假作"這種既可説是對字屬性的判定，也可以説是對成因的説明。

段玉裁《説文解字注》第一"薶，瘞也"：《土部》曰："瘞，幽薶也。"……《周禮》假借貍字爲之，今俗作埋。

段玉裁《詩經小學》卷一"昔育恐育鞠"：顧亭林曰："唐石經凡《詩》中'鞠'字，自《采芑》《節南山》《蓼莪》之外，并作鞫。今但《公劉》《瞻卬》二詩從之，餘多俗作鞠。"……或作䩗，今俗作鞠。

段玉裁《説文解字注》第七"稃，䅺也"：……《甫田》箋曰："方，房也，謂孚甲始生而未合時也。"古借孚爲稃。

段玉裁《説文解字注》第十二"捦，急持衣裣也"：此篆古假借作禽，俗作擒、作捦。走獸總名曰禽者，以其爲人所捦也。

段玉裁《説文解字注》第十二"娛，樂也"：古多借虞爲之。

段玉裁《説文解字注》第二"逆，迎也"：逆、迎雙聲，二字通用。如《禹貢》"逆河"，今文《尚書》作"迎河"是也。今人假以爲順屰之屰，逆行而屰廢矣。

段玉裁《説文解字注》第九"礦，石磑也"：礦，今字省作磨，引伸之義爲研磨。

王引之《經義述聞》卷十七"不可以貳、不能苟貳、臣不敢貳、好學而不貳、不貳其命"：……古貳字多誤爲貳，互見《詩》"士貳其行"。

4. 丁類

丁類屬於可以表述"古今字"現象，但同時也能用來表示其他現象的用語，雖總體形式上跟前幾種用語衹有細微差別，但丁類用語具體針對的是哪種情況，需要結合語境去判定。比如"古文作某"，可能説的是某字在古時寫作某，也可能是説古文字體、某本書的古文版本的異文；"古本作"，可以理解爲"古本＋作"，也可以是"古＋本＋作"，既能用來表述"古今字"，也可以用來表述文獻版本問題；"古之某""今之某"，既可指稱"古今字"，也可用來指稱"古今語"；"古／今以爲某某字"，既可指稱用字變化，也可用來説明某字詞義的古今變化；"行、廢"則既可以指稱字的行廢，也可以説明意義的行廢。

朱駿聲《説文通訓定聲》第十二"㸚"：二爻也。按，象交文麗爾之形，實即古文爾字。

孫詒讓《周禮正義》卷八十一：……賈疏云："觶字爲觚是字之誤，斗字爲豆是聲之誤。"又疏及《燕禮》疏、《禮器》孔疏引《五經異義·爵制篇》云："今《韓詩》説：一升曰爵，二升曰觚，三升曰觶，四升曰角……"《儀禮》古文多作"觶"，今文多作"觚"。鄭參校古今文，以義言之，義當作觶者，從古文，則云"今文作觚"；義當作觚者，從今文，則云"古文作觶"。

朱駿聲的"實即古文爾字"指的是"爾字的古代寫法爲㸚"，"古文"指稱的是古今用字問題。而孫詒讓的"古文""今文"均指經今古文的版本問題，而非 "古今字"。《儀禮》古文多作 '觶'，今文多作 '觗'，鄭參校古今文"，是講鄭玄以《禮儀》的古文和今文版本進行參校，"觶" 與 "觗" 屬用詞的不同，不是用字的問題。

　　馬瑞辰《毛詩傳箋通釋》卷二十一 "舟人之子，熊羆是裘"：箋 "舟當作周，裘當作求，聲相近故也"。瑞辰按，……裘，古本作求，後人始加衣作裘，以别於求乞之求。

　　王引之《經義述聞》第十二 "業功"："業功不伐，貴位不善"，家大人曰："業功" 當依《家語》作 "美功"，字之誤也（……《漢書·賈誼傳》"一動而五美附"，今本美字并訛作業）。

　　以上兩條使用 "古本作""今本" 的表述。馬瑞辰的訓釋 "裘，古本作求"，是 "裘" 原來寫作 "求"，屬於對用字問題的說明，"後人始加衣作裘，以别於求乞之求" 更說明了這一點，因此 "裘，古本作求" 指稱的是 "古今字" 問題。王引之 "今本" 的所指，則爲後來的版本，而非字之古今變化，"美—業" 爲版本校勘問題，與 "古今字" 無關。

　　段玉裁《說文解字注》第二 "逡，遷也"：此字古音同循，遷延之意。凡逡遁字如此，今之逡巡也。《儀禮》鄭注用 "逡遁" 十有一。

　　段玉裁《說文解字注》第一 "莠，禾粟下揚生莠也"："禾粟下" 猶言禾粟間也。禾粟者，今之小米。莠，今之狗尾草。

　　以上兩條都使用 "今之某" 的表述。前一條中段玉裁講到 "凡逡遁字如此，今之逡巡也"，說明今字作 "逡巡"，古字作 "逡遁"，是在對比之中說明 "遁" 與 "巡" 的 "古今字" 關係；後一條 "禾粟者，今之小米。莠，今之狗尾草"的表述，指的是名稱的變化，原先叫"禾粟"的現在稱"小米"，而原叫"莠"的如今則叫"狗尾草"，屬古今語訓釋，不屬"古今字"。

王引之《經義述聞》卷十三"不學而性辨"：……《荀子·性惡篇》曰："性質美而心辯知。"《東周策》曰："兩周辯知之士。"是辨與智慧同義，下文"無辨而自慎"（孔曰"慎，古通以爲順字。自順，謂順非也"），亦謂無智慧也。

段玉裁《説文解字注》第十一"沽，沽水出漁陽塞外，東入海。从水古聲"：古胡切，五部。今字以爲沽買字。

此二條都以"古/今以爲"進行表述，王引之引孔廣森的"慎，古通以爲順字"，是"順"古時可寫作"慎"，是利用"古今字"關係説明《大戴禮記》中"無辨而自慎"中"慎"的意義，屬"古今字"的範疇。段玉裁在"沽"字下講"今字以爲沽買字"，是説明"沽"字所記録的詞義古今有所不同，古時"沽"用作水名，表"沽水"之義，而之後"沽"多用爲"沽買"之義，不屬"古今字"問題。

段玉裁《説文解字注》第八"覝，察視也"：密察之視也……按《史》所謂"廉察"皆當作"覝"，廉行而覝廢矣。

段玉裁《説文解字注》第八"倍，反也"：此倍之本義……又引伸之爲加倍之倍。以反者，覆也，覆之則有二面，故二之曰倍。俗人鈹析，乃謂此專爲加倍字，而倍上、倍文則皆用背。餘義行而本義廢矣。

"廉行而覝廢"指在"察視"義上"廉"字通行而"覝"被廢棄，則"覝""廉"是構成古今用字關係的；而"餘義行而本義廢矣"講的

19

則是“倍”字所記録的諸多意義的行廢，因爲引申義多，其本義“反”漸不再用“倍”字來記録，講的是詞義變化，不屬“古今字”的問題。

（三）非“古今字”材料的排除

由於“丁類”表述用語的複雜性，利用“術語提取”難免會摻入一些説明其他問題的材料，這些材料并不涉及“古今字”，應當排除。上面已經作爲反例提出來的情況就是要排除的對象，具體來說有如下幾種類型。①

1. 指論版本異文的“古、今”訓釋

指論版本異文的“古、今”訓釋，主要表現在部分“古文”“今文”“古本作”“今本作”表述用語上，這些“古、今”相關訓釋，或是從文獻校勘的角度説明漢代今文經和古文經的版本異文，或是説明某書在古、今不同時代的不同版本中的異文，其訓釋對象爲異文，而異文一般不單獨指字體和字符，有的時候甚至爲不同的用詞，因此需排除在“古今字”材料之外。例如：

> 阮元《揅經室集》卷一“釋且”：……又案《小雅》“夜如何其？夜未央”，《毛傳》：“央，且也。”《釋文》：“七也反。”（今訛作旦也。又《夏小正》傅崧卿本“十二月隕麋角”，《傳》曰：“蓋陽氣且覲也。”“且覲”即“始覲”也，餘本皆訛爲“旦覲”矣。）

阮元這裏的“今訛作旦也”，針對的是《毛傳》“央，且也”中的“且”字，今本訛作“旦”字。又傅崧卿本《夏小正》傳文中的“且覲”，其他版本均訛爲“旦覲”，是其證也。“且”和“旦”字形較爲相似，因此“且”易訛爲“旦”，“且”和“旦”的關係屬於訛誤造成的異文，非古今字。

---

① 參考蔣志遠《唐以前“古今字”學術史研究》，博士學位論文，北京師範大學，2014。

2. 指論詞語變化的"古、今"訓釋

指論詞語變化的"古、今"訓釋，主要表現在部分以"古之某""今之某"進行表述的訓條上。同一事物在不同時代的稱呼可能會使用不同的詞語，具有時代前後差異的同義詞一般稱爲"古今語"，"古今語"中變化的對象是詞語而不是用字，因此也要排除在外。例如：

> 段玉裁《説文解字注》第十三"螽，蚣也"：《蚰部》曰："蚣，螽也。"是爲轉注。《漢書·五行傳》曰："介蟲之孽者，謂小蟲有甲飛揚之類。陽氣所生也，於《春秋》爲蚣，今謂之螽。"按蚣、螽，古今語也。

根據《漢書》的"《春秋》爲蚣，今謂之螽"，可知"蚣"與"螽"屬古今異詞，因此段玉裁以"古今語"訓之。

3. 指論字符職能變化的"古、今"訓釋

指論字符職能變化的"古、今"訓釋，主要體現在"古/今以爲某某字"這個表述用語上，其説明的對象是"詞"而不是"字"，是某一個字詞義的古今變化，屬於同字異義的情況。例如：

> 段玉裁《説文解字注》第十一"泥，泥水，出北地郁郅北蠻中。从水尼聲"：奴低切，十五部。按，今字皆用爲塗泥字。

"泥"《説文》訓爲"泥水，出北地郁郅北蠻中"，則是説"泥"之本義爲水名。段玉裁講"今字皆用爲塗泥字"，是對"泥"字詞義變化進行的説明，即"泥"不再記錄"水名"，而是主要用來記錄"塗泥""泥土"之義。

（四）提取結果

經過材料的提取、篩選和排除，我們總計獲得了 5053 組"古今字"材料。這 5053 組"古今字"材料分布在清代不同時期不同學者的作品之中，具體的分布情況，我們將在下一節從多個角度進行介紹。

第二節　清代"古今字"材料分布

學術風氣并不是一成不變的，在清代近三百年的時間裹，時代分期和學術流派一直是構架清代學術史的兩條綫索。我們進行"古今字"研究也可以利用這兩條綫索來對"古今字"材料的分布進行説明，從而觀察"古今字"在各個時期和學派可能達到的不同研究程度。另外，不同載體可能會影響"古今字"的訓釋目的，能够體現出"古今字"研究發展的不同方向。綜合上述想法，我們打算從時期、學派、載體這三方面介紹"古今字"材料的分布狀況，以便後期進行更爲深入的分析和研究。

一　時期分布

清代學術分期長期以來以"三階段"説爲主流。王國維在《沈乙庵先生七十壽序》中指出，"我朝三百年間，學術三變：國初一變也，乾嘉一變也，道咸以降一變也"①，是以清初、乾嘉、道咸爲三期。而"四階段"的主張，則道咸至光緒爲一期，光緒之後又可爲一期。我們這裹以"三時期"爲準，分清初、乾嘉、清末三期，主要是因爲道咸到光緒年間，以"新學"和"樸學"對峙下的"漢宋之争"爲主，學術風氣上基本保持了一致。

---

① 王國維：《沈乙庵先生七十壽序》，載《王國維遺書·觀堂集林》卷二十三，上海古籍出版社，1983。

清代各時期學者"古今字"材料數量説明見表1–2。

表1-2 清代各時期學者"古今字"材料數量説明*

單位：條，%

時期	學者	訓釋數量	占比
清初	方以智（1611~1671）	254	5.03
	顧炎武（1613~1682）	9	0.18
	黄 生（1622~？）	71	1.41
	毛奇齡（1623~1716）	16	0.32
	張玉書（1642~1711）	158	3.13
	惠士奇（1671~1741）	45	0.89
	惠 棟（1697~1758）	156	3.09
	吳玉搢（1698~1773）	42	0.83
乾嘉	戴 震（1724~1777）	14	0.28
	紀 昀（1724~1805）	37	0.73
	段玉裁（1735~1815）	1332	26.36
	王念孫（1744~1832）	202	4.00
	洪亮吉（1746~1809）	2	0.04
	倪 模（1750~1825）	21	0.42
	郝懿行（1757~1825）	60	1.19
	鈕樹玉（1760~1827）	108	2.14
	阮 元（1764~1849）	13	0.26
	王引之（1766~1834）	98	1.94
	沈欽韓（1775~1831）	47	0.93
	胡承珙（1776~1832）	11	0.22
	宋翔鳳（1779~1860）	29	0.57
	馬瑞辰（1782~1853）	190	3.76
	王 筠（1784~1854）	423	8.37
	朱駿聲（1788~1858）	290	5.74
	席世昌（乾隆年間人）	92	1.82
	王聘珍（乾隆年間人）	8	0.16

時期	學者	訓釋數量	占比
清末	多隆阿（1794~1853）	12	0.24
	鄭 珍（1806~1864）	229	4.53
	徐 灝（1809~1879）	492	9.74
	徐 鼒（1810~1862）	68	1.35
	俞 樾（1821~1907）	16	0.32
	孫詒讓（1848~1908）	408	8.07
	葉昌熾（1849~1917）	29	0.57
	程先甲（1871~1932）	4	0.08
	蘇 輿（1874~1914）	15	0.30
	汪榮寶（1878~1933）	52	1.03

　*清代學術階段的三時期是比較籠統的概念，一般没有確定的年限。我們這裏以學者的生卒年代爲劃分依據，以戴震（1724~1777）爲清初與乾嘉的分野，是因戴震屬乾嘉學術的開山人；而以多隆阿（1794~1853）爲乾嘉和清末的分野，則因爲自他以後學者的主要學術活動時間均在道光以後。

　　由表 1-2 可知，"古今字"訓釋分布在清代學術發展的各個階段，"古今字"訓釋和研究并没有中斷過，但具體各階段的訓釋數量則有所差別，見表 1-3。

表 1-3　清代各階段"古今字"材料占比

清初	乾嘉	清末
751 條	2977 條	1325 條
14.86%	58.92%	26.22%

　　從數量上來看，明顯乾嘉這一階段"古今字"訓釋最多，根據我們的統計，乾嘉的"古今字"材料數量約占清代"古今字"材料總數的 58.92%；其次爲清末，約占 26.22%；而清初的"古今字"材料最少，祇占近 14.86%。

這種數量的不均可能受到不同階段年限差異的影響，但更多還是因爲治學風氣的差異。清初雖有不少大家，但他們的研究方向較爲多樣化，如像顧炎武這樣的大學者涉獵非常廣泛，雖然也關注經史的內容，但其研究不限於小學，多半是綜合性的；乾嘉時期，主流學者都專攻小學，對語言文字這方面的討論自然就會多一些；到了清末，今文經學派又漸興起，這種背景下"古今字"的熱度稍微退散也符合當時的情形。我們對清代各個時期"古今字"研究不同狀態的分析，詳見第三章的內容。

二　學派分布

簡單來説，清代學術的主要流派，從地域上來説有吳派、皖派以及揚州學派、永嘉學派，晚期有常州學派。不同學派在研究目標和特點上有所不同，吳派復古崇漢，皖派重實證和方法，常州學派則是晚清今文經學的代表。清代各學派學者的"古今字"材料數量見表1-4。

表1-4　清代各學派學者的"古今字"材料數量

學派		典型學者	材料數量
古文經學派	吳派	惠士奇、惠棟	200條左右
	皖派	戴震、段玉裁、俞樾等	2200條以上
	揚州	王念孫、王引之、阮元	13條
今文經學派	常州	宋翔鳳	29條
其他	桐城	—	0條
	永嘉	孫詒讓	408條

從學派上來説，崇尚樸學的乾嘉學派（吳派和皖派）資料中"古今字"，訓釋數量最多，其所訓"古今字"數量占總量的半數以上，後起的常州學派、桐城派基本上不涉及小學和考證的內容，"古今字"的

訓釋自然也就罕見了。

需要注意的是，雖然學派不同、個體不同，但是清代學者所使用的"古今字"，在表述、呈現形式以及具體功用上是基本一致的，我們也就很難從"古今字"這一角度去分析這些學派之間在學術上或觀念上的差異。相比於皖派，其他學派對於"古今字"的使用零散而隨意，從材料上看，這些學派學者對"古今字"的研究并不突出，由此我們認爲，對清代"古今字"的研究應當把重點放在以皖派爲主的乾嘉學派上。

三　載體分布

分期與學派這兩個傳統清代學術的研究維度可以提供清代"古今字"材料分布的大觀，却都不能明顯地區分清代"古今字"研究内部的差異和特點。爲了區别清代"古今字"在功能或特點上的差異，需要從其他角度對"古今字"材料進行分類考察，因此這裏對"古今字"材料在不同載體上的分布進行了統計。

我們發現，雖然"古今字"的呈現形式基本一致，但由於作品的體裁、目的等有所不同，不同類型作品中的"古今字"材料在功能上也就有所不同。

"古今字"的材料多半集中在經典注釋以及訓詁專書之中，蔣志遠曾區分過隨文釋義中的"古今字"注釋和訓詁專書中的"古今字"注釋①，以分别有語境下的"古今字"訓釋和無具體語境的"古今字"訓釋。清代的作品也可以按此大體分成兩類，我們稱爲注釋考證類材料和語言文字專書類材料，但是包含内容上與蔣志遠的"隨文釋義"和"訓詁專書"有所不同。

---

① 見蔣志遠《唐以前"古今字"學術史研究》，博士學位論文，北京師範大學，2014。

　　清代的多數隨文釋義材料，不再僅僅針對難以理解的文字或句義進行訓釋，而是利用小學的各種方法來發揮闡釋。相比解釋文獻大意，對字詞進行考證、對文獻進行校勘纔是這些作品真正的目的。因此我們把清代新出的各種注疏、札記隨筆以及其他結合文獻進行的訓釋和考證材料歸爲一類，通稱注釋考證類材料。

　　另一類材料是語言文字專書類材料，主要包括《説文》學相關的作品等，也包括《廣雅疏證》等以"注疏"爲名，實則以探求語言文字規律爲目標的作品。清代小學專書的研究對象多半是脫離具體語境的字義、詞義，即把語言文字本身作爲研究對象，這樣一來就擺脫了對經學的附庸。

　　這兩種類型材料中"古今字"訓釋的具體占比情況見表 1-5。

表 1-5　注釋考證類與語言文字專書類"古今字"訓釋具體占比

占比	注釋考證類	語言文字專書類
作品數量占比	60%	40%
字組數量占比	28%	72%

　　在測查的著作中，注釋考證類材料的數量較多，占 60%，語言文字專書類則占 40%。但這兩類材料所包含的"古今字"訓條的數量分別占 28% 和 72%，可見雖然專書、字書以及《説文》學作品相對較少，但指論的"古今字"條目更爲豐富。

　　下面就具體介紹一下這兩類材料中的"古今字"在功能、特點上的差異。

　　（一）注釋考證類材料中的"古今字"

　　在這裏，我們把清代新出的各種隨文釋義的注疏、札記隨筆以及其他結合文獻進行的訓釋和考證歸爲一類，統稱注釋考證類材料。

　　清代的"隨文釋義"不同於漢代的"隨文釋義"。漢代"隨文釋義”是針對具體語境來講的，基本上就是簡單的釋義，而且多半是對使用義的説明，尤其是《毛傳》一類。清代的“隨文釋義”雖然也有對使用義的説明和對文意的解釋，但其訓釋重點則是連綴在“釋義”之後的、對相關内容的考證説明，這些考證牽涉面很廣，或就相關的字詞進行溝通，或是對文獻進行校勘和考證，有很多已經超越了單純的訓詁目的，與漢代傳統的“隨文釋義”有明顯的區别。

惠棟的《周易述》、孫詒讓的《周禮正義》和《墨子間詁》、王聘珍的《大戴禮記解詁》等隨文獻開展的注疏都屬這一類型；也有專門挑出有新解或疑問之處作箋語的，比如馬瑞辰《毛詩傳箋通釋》、段玉裁《周禮漢讀考》等。札記、隨筆、文集中零散的考證在形式上與清代注疏中隨文考證一致，雖然這些考釋并不依附於某部完整的文獻，但在提出問題時也都關聯着相關作品中的具體段落，札記、隨筆、文集中的考證相比於隨文的注疏，可能關聯的問題更廣，涉及的方面更寬，如黄生的《字詁》《義府》、顧炎武的《日知録》、高郵二王的《讀書雜志》《經義述聞》、郝懿行的《證俗文》、段玉裁的《經韻樓集》中的部分内容都屬於此類。

在注釋考證類材料中，清人不僅利用了大量的文獻材料，更是把語言文字之間的相互關係和發展規律運用到文獻考證之中，即把語言文字相關的現象和規律作爲注釋考證的材料，以解決文獻中的各種問題。“古今字”作爲一種反映語言文字規律的現象，在這類材料中主要作爲論據，用來解決文獻注釋與字詞考證等問題。

注釋考證類材料多半是針對經典中具體語句進行的，因此其“古今字”訓釋多數出現在有具體語境的情況下，與文獻緊密結合在一起，可以説是針對單一意義進行的訓釋。比如下面兩例中，“古字丕通作不”，是爲了解釋“不戢不難”等《詩經》中“不”的用法；“慊爲古嫌字”，則是爲了説明《禮記》“貴不慊於上”中“慊”字之義。在這些具體的文獻中，“古今字”對應的詞義必然是具體的。

戴震《毛鄭詩考正》卷二:《桑扈》三章"不戢不難,受福不那",傳:"不戢,戢也;不難,難也;那,多也;不多,多也。"按,古字丕通作不,大也。

王引之《經義述聞》卷十六"貴不慊於上":……《燕義》:"不以公卿爲賓而以大夫爲賓,爲疑也,明嫌之義也。"鄭注曰:"疑,自下上至之辭也。公卿尊矣,復以爲賓,則尊與君大相近。"亦聖人制禮不使貴嫌於上之一端矣。慊爲古嫌字。

(二)語言文字專書類材料中的"古今字"

相比於宋元時期,清代單純的字書比較少,祇有張玉書的《佩文韻府》、毛奇齡的《古今通韻》等幾種作品,這些作品與宋元時期韻書的形式比較相似,多數語言文字專書是在《説文解字》基礎上發展而來的《説文》學著作。比如段玉裁的《汲古閣説文訂》《説文解字注》、王筠的《説文釋例》《説文解字句讀》、徐灝的《説文解字注箋》、惠棟的《惠氏讀説文記》、鄭珍的《説文新附考》等,這些作品有的主要對《説文》的體例進行發明,有的主要對其訓釋進行補充論證,更兼有對漢字理論的相關闡釋。除了《説文》學作品外,還有清初方以智的《通雅》、吳玉搢的《別雅》、乾嘉時王念孫的《廣雅疏證》等以"雅"冠名的作品,雖形式上近於雅書或注疏,但在內容上則包含了對語言詞彙理論的探討。

語言文字類專書也有考釋證明的內容,但相比於文獻考證類材料,語言文字專書中的考證都是不依附於文本的,其說明的對象是語言文字本身的規律,具有樸素的理論性。尤其是《説文》學作品中,大量學術命題和概念的提出,對後世語言文字學的形成與發展都有深遠的影響。

清代《説文》學著作中對"古今字"問題的討論最爲豐富,這些材料中的"古今字"不僅用以溝通字際關係,還關聯到《説文》用字和文獻用字、時代用字的比對，在這種分析和比對中，清人開始以系統發展的觀點去對“古今字”進行理論上的綜合討論，脫離了具體文獻語境的束縛，“古今字”現象的挖掘範圍更大，材料的數量也就更爲豐富，因此這類材料中的“古今字”訓釋量大大超過了注釋考證類材料，也使得《説文》學背景下的“古今字”更偏向於“研究”，更有理論化的趨勢。因此《説文》類作品中的“古今字”往往更靠近現代文字學所研究的内容。

這類材料中還有些特殊情況，在清初的一些作品中，零散出現了對應多個意義的“古今字”訓釋。比如《佩文韻府》類作品，以收集訓釋和字形爲主，其體例要求相關的訓釋簡潔而概括，所以多半没有提供具體的文獻語境。在這種形式下進行的“古今字”訓釋便不是針對某一文獻中的某一詞義，而是對應一個字的多個意義。然而這種情況雖然有，但也屬於極個別，總計 20 條左右。比如《佩文韻府》中的“服，古作䩗”，對應的詞義有“衣服”“行也”“習也”“用也”“整也”；《古今通韻》中“祇，古作示”，則對應“地神”“安也”“大也”三個意義。

　　張玉書《佩文韻府》卷九十：服，房六切。服事。亦衣服。又行也。習也。用也。整也。亦姓。古作䩗。

　　毛奇齡《古今通韻》卷二：祇，巨移切。地神。又安也。大也。古作示。

第三節　清代“古今字”材料分析

我們對清代“古今字”材料的分析主要從三個方面進行：一

是總結和分析古人爲何要使用"古今字",即説明他們進行"古今字"訓釋的目的;二是歸納清代學者所訓"古今字"的所指,以現代文字學的字際關係體系説明古人"古今字"的具體内容;三是整理古人對"古今字"這一現象的解釋,主要是其對"古今字"成因的認識。

選擇這三個方面對"古今字"進行分析的原因如下:首先,"古今字"的使用者是訓詁學家,他們使用的"古今字"與經過今人改造的古今字概念不同,通過對古人訓詁目的的分析,我們可以看出人們對"古今字"認識的發展過程,了解"古今字"是如何從訓詁表述演化爲語言文字現象的。其次,今人在認識古人的"古今字"時存在一定誤解,要爲古人"古今字"做出合理的解釋,就需要判定古人的"古今字"到底包括哪些類型,需要我們客觀分析古人的"古今字"具有哪些屬性關係,與哪些概念的材料相關。當然,這并不是要把某些概念整個包括到"古今字"裏,而是説明"古今字"有與這些概念相關的材料,爲我們理解古人"古今字"的性質服務。最後,對於"古今字"的形成和産生古人曾經有論述,各時代學者在這一問題上得到的結果、達到的水平、關注的方面都不同,通過分析他們對成因的解釋,也能够看出古人如何認識"古今字"形成的原因及其發展與差異。

這三個方面,都是圍繞"古今字"最爲重要的問題,需要集中起來進行總體的分析。

一 "古今字"訓釋目的分析

前文講到不同載體中的"古今字"可能在訓釋目的上有差别,訓釋目的的差異最能體現清代"古今字"研究的發展與内部差異。根據我們的總結,清代學者使用"古今字"的不同目的,基本上可以概括爲三點：一是利用“古今字”解釋文獻詞義；二是利用“古今字”説明用字問題；三是利用“古今字”推證相關字詞。

（一）解釋文獻詞義

解釋文獻詞義，即用“古今字”的一方解釋另一方，通常情況下是以今字解釋古字，這樣做的目的在於“明義”。

惠棟《周易述》卷一：“六三，即鹿無虞，惟入於林中”，注：虞，山虞也。艮爲山，山足曰鹿。鹿，林也。疏：……鹿，王肅本作麓，故云“山足曰鹿”。鹿、麓古今字，山足有林，故云鹿林也。

惠棟《周易述》卷二：“九四，乘其庸，弗克攻，吉”，疏：……墙謂之庸……庸，今作墉。《尚書·梓材》曰：“既勤垣墉。”馬融注云：“卑曰垣，高曰墉。”《釋宫》曰：“墙謂之墉。”義并同也。

顧炎武《日知録》卷二十七“後漢書注”：《鍾離意傳》“光武得奏以見霸”。見當作視，古示字作視，謂以意奏示霸也。

惠棟指出“鹿、麓古今字”，是爲了解釋“鹿”字的含義，一般認爲“即鹿無虞”的“鹿”指的就是鹿這種動物，而惠棟却依據王肅本作“麓”，把“鹿”解釋爲“山林”，更用“鹿、麓古今字”來證實“鹿，林也”的解釋。

惠棟關聯“庸、墉”的“古今字”關係，意在解釋“乘其庸”的“庸”字，“庸”在清代多表“平庸”之義，在古書中却常表示“城墙”之義，因此惠棟通過“古今字”訓釋來解釋《周易》中“庸”的“城墉”義。

顧炎武這條筆記既有解釋文獻詞義的用意，也帶有一定校勘性質，他認爲“見霸”之“見”字不妥，“見”爲“看見”“見到”之義，於文意不合，此處當爲"示"之義，而古示字正好作視，所以顧炎武推斷這裏的"見"爲訛誤，當爲"視"，表達的是"示意"這個意思。

王筠《説文釋例》卷八："像"下云"象也，從人象，象亦聲"。小徐祇云"象聲"，《易》曰"象也者，像也"。乃以中古分別字釋上古假借字也。

王筠《説文解字句讀》卷十七"頌，貌也"：《漢書·儒林傳》"魯徐生善爲頌"，此頌貌之本義也，借爲雅頌。《詩序》曰"頌者，美盛德之形容"，以容説頌，以今字解古字也。

對於古人這種以今字解古字的方式，很多學者也有發明，比如這裏王筠列舉了《易》和《詩序》中的訓詁現象，認爲注釋家正是利用了"象"和"像"、"頌"和"容"所具有的"古今字"關係，來進行文獻的訓釋。

（二）説明文獻用字

"古今字"關係還可以用來説明文獻用字問題，比如判定文獻中出現的訛字、誤字，解釋經注不同時代層次的文本用字規律，論述漢字在使用上的發展變化，等等。

1. 明文獻用字規律

段玉裁《周禮漢讀考》卷二："軍事共其犒牛"，注鄭司農云"犒師之牛"。案，此經文作犒，注作犒，與《序官·槀人》同。唐石經經文作犒是也，《釋文》及各本經文作犒，非也，宋本注作"犒師"，亦非也。漢人注經之例，經用古字，注用今字，如經瀘注法，經眂注視，經示注祇，經犒注犒，經釁注釁，經媺注美，經匴注柩，經于注於，其大較也，學者以此求之，思過半矣。

孫詒讓《周禮正義》卷四十五："眂瞭掌凡樂事播鼗，擊頌磬，

笙磬。"疏:……注云"視瞭播鼗又擊磬"者,此亦注用今字作
視也。

這兩條案例中的"古今字"訓釋針對的不僅僅是原經文中的某
個字,還就經文和注文兩個部分,甚至不同版本之間的用字情況而
言的。

段玉裁對《周禮》文獻中注文用字與經文用字的不同進行了説明,
認爲這并不是經文或注文出現錯訛,而是"漢人注經之例",就是利用
"古今字"關係,以今字訓古字,所以鄭注所用都是當時的今字,而經
文所用則是對應的古字。孫詒讓解釋經文作"眡瞭"、注文爲"視瞭"
的情況,同樣也是依據經注用字習慣和"古今字"關係。

2.證文獻用字訛誤

黄生《義府》卷上"臧":《左傳》(文十八)"毁則爲賊,掩
賊爲臧,竊賄爲盜,盜器爲姦,主臧之名,賴姦之用,爲大凶德,
有常無赦",又云"盜賊臧姦爲凶德"。"臧"字杜不注,疏主爲臧
匿罪人之名。按臧乃臧之誤也,古臧、贓字皆作臧,後人傳寫誤加
草耳。

王念孫《讀書雜志》荀子補遺"不息":"多其功而不息",劉
云:"不息,《韓詩外傳》《春秋繁露·山川頌》《説苑·臣術篇》并
作'不言'。"引之曰:言與息形聲皆不相近,若本是言字,無緣誤
爲息。息當爲悳,悳古德字,《繫辭》傳曰"有功而不德"是也,
《韓詩外傳》《春秋繁露》《説苑》作"不言",意與"不德"同。俗
書悳字作惪,形與息相似而誤。

《左傳》"掩賊爲臧",黄生以"臧"字有疑,而杜預不注,疏認
爲是臧匿罪人之名,因此斷定"臧"有校勘問題,遂舉古臧、贓字皆

作臧，而此處"掩賊爲藏"，當用古字作"臧"，作"藏"是後人傳寫誤加草。王念孫發現"多其功而不息"中的"不息"，其他文獻中多作"不言"，而"言"與"息"音義并不相近，而"不言"與"不德"意同，德的古字又爲"悳"，由此推斷"息"當爲"悳"字，蓋形近而致誤。這兩例都是依據"古今字"以及相關的字形關係來推斷文獻用字的訛誤。

　　　孫詒讓《周禮正義》卷五十七："賓客共其灋羊。"疏：注云"法羊，飧饔積膳之羊"者，法舊本作灋，非，今依注疏本正，凡注例用今字作法，詳《大宰》疏。

　　　孫詒讓《周禮正義》卷五十八："凡軍事，縣壺以序聚橐；凡喪，縣壺以代哭者，皆以水火守之，分以日夜。"疏："凡軍事，縣壺以序聚橐"者，序，經例用古字，當作叙，石經及各本并誤。

　　孫詒讓則是把"古今字"關係與經注用字規律相結合，用來判定版本和經注用字中的誤字，即一定要符合"經用古字、注用今字"的規律。他指出"法羊，飧饔積膳之羊"這條注文中的"法"字，舊本作"灋"，他依據"灋"和"法"的"古今字"關係，以及經用古字、注用今字的規律，判定舊本作"灋"是錯誤的，應當依從注疏本作"法"。又《周禮》石經和各本都作"凡軍事，縣壺以序聚橐"，"叙""序"爲"古今字"，那麼經例當用古字作"叙"，由此孫詒讓推斷各本的"序聚橐"的"序"爲誤字。

3.講用字變化現象

　　　鄭珍《説文新附考》卷四"馱"：負物也，从馬大聲。此俗語也。唐佐切。按《説文》："佗，負何也。"即"馱"古字。《前漢·

趙充國傳》“以一馬自佗負”，《方言》“凡以驢馬馲駝負物者，謂之負佗”，皆是。

段玉裁《説文解字注》第十四“酢，醶也。从酉乍聲”：倉故切，五部。今俗皆用醋，以此爲酬酢字。

段玉裁《説文解字注》第三“叉，手足甲也”：叉、爪古今字。古作叉，今用爪。《禮經》假借作“蚤”。《士喪禮》“蚤揃如他日”，《士虞禮》：“浴沐櫛搔揃。”

鈕樹玉《説文新附考》卷四“䰚通作耆”：《玉篇》“䰚，渠祇切，䰚䰞也”，按《士喪禮》“進䰚三列”，鄭注“䰚，脊也，古文䰚爲耆”。《士虞禮》注同。《漢書·楊雄傳》“究鋌瘢耆”，注“孟康曰：瘢者，馬脊創瘢處也。服虔曰：耆，鬐傷者”。据此知古通作耆。《説文》“鼀”訓“龍耆脊上鼀”，亦其證。

鄭珍是做新附字考證的，因此他對“古今字”的説明和討論着眼於新附字與《説文》字之間或古或今的關係。段玉裁則是從語詞用字變化的角度去進行“古今字”説明，反映了他“古今字是用字問題”這一看法，從他的分析中可以看出，他指論的“古今字”都建立在不同時代材料的確實用字上。鈕樹玉同樣是對新附字的考察，則偏重核實新附字在文獻中的實際使用情況。

王筠《説文解字句讀》卷二十六“劈”：强者，古假借字，劈則後起之專字也。

徐灝《説文解字注箋》卷十三“墊”：箋曰：……此當從段説，古作埶，後加土爲是。

徐灝《説文解字注箋》卷一“蘜”：箋曰：……愚謂《夏小正》“九月榮鞠”，《月令》“鞠有黄華”，祇作“鞠”，而“蘜”相承加艸，此古今字之通例。

　　王筠和徐灝在進行“古今字”訓釋的同時，還闡釋了這種用字變化發生的方式或原因，尤其説明了“古字”和“今字”在字形變化上所具有的相承關係。

（三）推證相關字詞

　　清人的注疏在内容上不限於文獻解讀，更包含很多額外的説明工作，這種説明或是具有考證性質的。在這些作品中的“古今字”訓釋，有很多是爲了牽連或證明其他字詞關係，以服務於文獻考證。

　　（1）黄生《字詁》“汃”：汃，普八切。《爾雅》“邠國”，《説文》作“汃國”，則知此即古邠字。从水从八聲，八，古分字，其讀爲頒，汃从此得聲。又按公，古別字，从二八，則八爲古分字無疑也。

　　（2）馬瑞辰《毛詩傳箋通釋》卷十三：“有蒲與荷”，傳：“荷，芙蕖也。”箋：“芙蕖之莖曰荷。”瑞辰按：《爾雅》“荷，芙蕖，其莖茄”……是茄爲荷莖之定名。……據《正義》引《爾雅》樊光注引《詩》“有蒲與茄”，疑《三家詩》本有作茄者，鄭君因以《毛詩》荷爲茄之假借，故直以茄釋之，而不易其字……《漢書·揚雄傳》“衿芰茄之綠衣兮”，師古注“茄亦荷字也，見張揖《古今字詁》”。以茄、荷爲古今字，蓋謂古茄、荷字同音通用。彼借茄爲荷，猶此《詩》借荷爲茄也。……故知箋訓莖者，以荷爲茄之借字也。

　　（3）馬瑞辰《毛詩傳箋通釋》卷十一：“自我人居居”，傳：“自，用也。居居，懷惡不相親比之貌。”二章傳：“究究，猶居居也。”瑞辰按：《爾雅》“居居、究究，惡也”，惡讀如愛惡之惡……古居處之居作尻，居爲古踞字。

　　這幾例中的“古今字”都是用來幫助溝通或證明字際關係的。

例（1）中的“古今字”是爲了解決《爾雅》“邠國”與《説文》“汃國”之間的矛盾，而證“汃”字與“邠”的關係。黄生以汃爲古邠字，因此舉“八，古分字”證明“八”與“分”之間存在“古今字”關係，由此可以用於“汃”字中“八”構件的替换，又舉“仌，古別字”，再次試圖從字義上證明“八”與“分”的關係。例（2）馬瑞辰“以茄、荷爲古今字”，是因傳與箋就“荷”字的訓釋有所不同，馬瑞辰先利用《爾雅》之訓，説明了“荷莖”的定名應爲“茄”，又以“茄、荷古今字”之説表明古時“荷”“茄”關係密切，可以通用，有用“荷”表“茄”，也可用“茄”表示“荷”，因此鄭箋訓“荷”爲“荷莖”，是指出“荷”爲借字。這裏的“茄、荷爲古今字”是證明鄭箋可靠性的證據。再比如例（3）中，“居居”與“究究”表“惡”之義本就比較明確了，馬瑞辰又專門就“居居”的“居”字進行了額外的擴展性的説明，通過“古今字”的訓釋，梳理了“居”與“尻”、“居”與“踞”之間的相互關係，這些説明屬於補充性的，與《毛詩》本身的關聯不大。

二 “古今字”屬性關係分析

清代“古今字”材料的實質關係非常複雜，目前來看，對應了不同範疇下的多種現代語言文字學概念，不僅涉及文字學方面的分化字、異體字、正俗字，還有訓詁學方面的同源字等。由於這些現行常見的字際關係和學術概念是從不同角度出發的，并不互相排斥，因此很多概念實際上對應的材料有交叉，比如同源字和分化字，如果以這些概念對清代的“古今字”材料進行分析，并不能夠實現完善的類屬劃分，反而容易引起類似“分化字屬於古今字”這樣的誤解。

我們此處參考劉琳、蔣志遠等人的研究成果，以李運富歸納的體系化字際關係系統爲標準，對清代“古今字”材料的屬性關係進行分析。①

（一）本字與本字

本字與本字關係指的是兩字都是爲記録某一意義而造的字。這一關係下包括異形字、異構字、源本字—分化本字、古本字—重造本字等四種關係，其中異形字之間的差異主要集中在書寫層面上，異構字等則在構件、構形上有所不同。

1. 異形字

古字與今字僅具有字形上的區別，即屬異形字關係。清人"古今字"訓釋中，常有一些學者利用"古今字"等表述説明字的古今形體演變，這種"古今字"的古字與今字没有構形、構意上的區別，也没有職能表述上的區別，祇在若干點畫、寫法上有所不同，多出現在清初學者的作品中。

  方以智《通雅》卷二：匚爲古筐，方爲古匚，口爲古方……智按：匚，古作匚，象形，即筐字，後人加竹从匡耳。

  黄生《字詁》"克"：克，古作亯，即可字之變文。克與可同義，但轉其聲耳。

  王筠《説文釋例》卷六：案卓之形，直其曲者，即是今卓字。是今字不由小篆變而由古文變之也。

  徐灝《説文解字注箋》卷七"卡"：箋曰：古蓋作朿，象形。

方以智《通雅》中的"匚，古作匚"，"匚"爲《説文》籀文的形體；黄生的"克，古作亯"，"亯"爲《説文》小篆的字形；王筠的"卓"是"卓"的《説文》古文的形體。這幾種情況的"古今字"訓釋，實際上都屬古今字體的演變，而且字形選取的也都是古文字的寫法。徐

---

① "字際關係系統"請參考李運富《漢字學新論》（北京師範大學出版社，2012，第235頁）。

灝的“古蓋作”中的“”則與“朩”本身衹有筆畫置向的差别，也可以説是屬於同一個字位的。

2. 異構字

相比於異形字，異構字關係中的字與字具有明顯的構形差異，或是構件擺放置向不同，或是構件選擇、構形方式有差異。

王筠《説文解字句讀》卷六“尃，布也”：尃，今字作旉。

“尃，布也”，是“布施”“散布”之義，此字從寸甫聲，“寸”爲法度之義，段玉裁：“凡敷㪷必有法度而後行，故从寸。”後换“寸”爲“方”，“方”本身也有“法則”之義，《詩·大雅·皇矣》“萬邦之方，下民之王”，《毛傳》“方，則也”。則“尃”“旉”屬於異體字和異體字的關係，更换了不同的義符。《三國志·華佗傳》裴松之注“古敷字與專相似，寫書者多不能别，尋佗字元化，其名宜爲旉也”，是其證也。

段玉裁《説文解字注》第八“僊，長生僊去”：……按上文“偓佺，仙人也”，字作仙，蓋後人改之。《釋名》曰“老而不死曰仙。仙，遷也，遷入山也，故其制字人旁作山也。”成國字體與許不同，用此知漢末字體不一，許擇善而從也。漢碑或从䙴，或从山。《漢·郊祀志》“僊人羡門”，師古曰“古以僊爲仙”。《聲類》曰“仙，今僊字”。蓋仙行而僊廢矣。

“仙”“僊”爲一組異體字，“仙”從人從山，“僊”從人从䙴，䙴亦聲，兩字都是爲“神仙”義所造的本字，衹是在造字時選取的聲符不同。

孫詒讓《周禮正義》卷四十二：“大司樂掌成均之灋，以治建國之學政，而合國之子弟焉。"注："……玄謂董仲舒云：'成均，五帝之學'，成均之法者，其遺禮可法者……"疏：云"成均之法者，其遺禮可法者"者，此亦注用今字作法也。

"灋""法"都是"法律"義的本字，"法"是"灋"的省形。

3. 源本字—分化本字

王筠《説文解字句讀》卷十六"覼，拘覼未致密也"：言粗疏也。致即今緻字。

王筠以"致""緻"爲"古今字"，"致"《説文》訓"送詣也"，段注："送詣者，送而必至其處也，引伸爲召致之致，又爲精致之致。《月令》'必工致爲上'是也。精致，漢人祇作致。《糸部》緻字，徐鉉所增。"則是"致"由"送詣"而有"周到""周密"之義，進而引申有"精密""精緻"之義，後人造從糸的"緻"來專門記録由"致"分化出的"周密"義，則"致""緻"爲源本字和分化本字的關係。

4. 古本字—重造本字

段玉裁《説文解字注》第七"氣，饋客之芻米也。从米气聲"：……今字假氣爲雲氣字，而饔餼乃無作氣者。

孫詒讓《周禮正義》卷八十："璋邸射，素功，以祀山川，以致稍餼。"疏：（注）云"餼或作氣，杜子春云：當爲餼"者，段玉裁云："《説文·米部》曰：'氣，饋客芻米也，從米气聲。'引《春秋傳》曰'齊人來氣諸侯'，又曰'或從既作槩'，又曰'或從食作餼'。"然則氣正字，餼或字，不當云"氣當爲餼"也，蓋漢時已用气爲气假字，氣爲雲气字，而餼爲饔餼字，略如今人。子春以今字釋古，往往讀古字爲今字，於此可得其例。

"氣""餼"是在"饗餼""饋贈"意義上的一組"古今字","氣"爲本字,因被假借爲"雲氣"字,所以又增加偏旁造了"餼"表原"氣"的本義,"氣""餼"是古本字和重造本字的關係。

> 王筠《說文解字句讀》卷九"醶,酸也。作醶以鬻以酒":……《酉部》收酒字,而兩字說解大同,則酉、酒是古今字,與《豆部》桓字同。

《說文》"酉,就也。八月黍成,可爲酎酒。象古文酉之形","酒,就也,所以就人性之善惡。从水从酉,酉亦聲"。兩字所訓大體相同。"酉"爲象形字,象酒器之形,因而是"酒"的古本字,後來因"酉"又被借爲干支字,因此加"水"造"酒"字,則"酒"是重造本字。

> 王筠《說文解字句讀》卷十九"烕,滅也……《詩》曰:赫赫宗周,褒似烕之":……《毛傳》"烕,滅也",《釋文》"烕本或作滅"……案:毛以今字釋古字。

"烕"本就從火,表示"熄滅""滅亡"之義,許慎以爲"火死於戌,陽气至戌而盡",故字從火從戌,後又加"水"作"滅",其義不變,仍表示"消滅""盡"等義,加"水"旁是爲增加表義性。則"烕""滅"屬於古本字和重造本字的關係,實際上即王筠所謂"累增字"一類。

(二)本字與借字

1.本字—通假字

> 王筠《說文解字句讀》卷十六"昳,詮詞也……《詩》曰:

欨求厥寧”:《大雅·文王有聲》文。今作遹，亦借字。

“欨”本爲語詞，古字“從欠、曰”，多用在句首爲發語詞，《説文》所引《文王有聲》中用“欨”字，又《廣雅·釋詁四》：“欨，詞也。”《漢書·叙傳上》：“欨中鯀爲庶幾兮。”而今本的《大雅·文王有聲》“欨”字作“遹”，又《段注》：“班固《幽通賦》‘欨中鯀爲庶幾兮’，《文選》作‘聿’。”可見“欨”已不復使用。王筠以爲“欨”字“今作遹，亦借字”，“遹”《説文》訓“迴避也”，字從“辵”，與語詞義不相涉，“欨”與“遹”音近，均爲古質部字，則是後人假“遹”爲“欨”，故“欨”“遹”爲本字和通假字關係。

段玉裁《説文解字注》第一“气，雲气也”：气、氣古今字，自以氣爲雲气字，乃又作餼爲廩氣字矣。

段玉裁《説文解字注》第七“氣，饋客之芻米也。从米气聲”：……今字假氣爲雲氣字，而饔餼乃無作氣者。

“气”“氣”是在“氣體”義上的“古今字”，“氣”本義爲“贈送他人糧食”，與“氣體”義無關，因音同被借用作“氣體”字，則“气”“氣”在“氣體”義上屬於本字和通假字的關係。

2.假借字—後起本字

王筠《説文解字句讀》卷六“埶，種也。从坴丮，持而種之”：……勢字古亦作埶，《禮運》“在埶者去”。

“埶”本義爲“種植”，魚祭切，古爲月部字，“勢”字爲《説文新附》字，“盛力，權也，从力，埶聲”，鄭珍云：“勢，經典本皆借作埶，古無勢字，今例皆從俗書，《史》《漢》尚多作埶。”可見古本無“勢”

字，故借音近的“埶”表“權勢”之義，而後又造從力的“勢”，則“埶”“勢”爲假借字和後起本字的關係。

（三）借字與借字

1.通假字—通假字

> 段玉裁《説文解字注》第六“郮，地名”:《廣韻》曰“鄭，地名，《説文》作郮”……今俗以爲鄉黨字。

“黨”“郮”在“鄉黨”義上構成“古今字”關係，“黨”《説文》本義爲“不鮮也”，“郮”則爲地名，都與“鄉黨”義無涉。而《説文·手部》又收“攩”訓“朋群也”，段玉裁以之爲“鄉黨”“黨與”的本字。那麼“黨”“郮”兩字表“鄉黨”義就是有本字又借用他字，“黨”“郮”屬於通假字和通假字的關係。

2.假借字—假借字

> 王筠《説文解字句讀》卷七“烏，孝鳥也。象形。孔子曰:烏，盱呼也。取其助气，故以爲烏呼”:……《匡謬正俗》曰“今文《尚書》悉爲‘於戲’字，古文《尚書》悉爲‘烏呼’字。而《詩》皆云‘於乎’，中古以來文籍皆爲‘烏呼’字”。按小顔所云，古文《尚書》謂枚頤本也，今文《尚書》謂漢石經也。《隸釋》載石經《尚書》殘碑“於戲”字尚四見，可證也。今《匡謬正俗》古今字互訛。

王筠認爲在記録感嘆詞“嗚呼”義上“烏”與“於”爲“古今字”，而《説文》“烏，孝鳥也。於，象古文烏省”。則兩字本義均爲“烏鴉”，與感嘆之詞無關，當是被借來表示本無其字的“感嘆”之義，屬於假借字和假借字的關係。後人又造從口的“嗚”，則爲“嗚呼”義的後造本字。

王筠《説文釋例》卷四：備禦之義，古第用御，漢初則借禦，故許君説禦曰"祀也"，所以存古訓也。如《邶風·谷風》"亦以御冬""以我御窮"，此古借御之證也。《毛傳》："御，禦也。"此以漢時借字釋古借字之法也。《釋文》一本下句即作禦字，此後人以今字改古字也。

《説文》"御，使馬也。从彳从卸。馭，古文御，从又馬"，"禦，祀也。从示，御聲"。禦爲祈求免灾的祭祀，漸漸引申有"防禦"之義，而"防禦"與"祭祀"意義差距較大，因而王筠視爲兩詞，所以言"以漢時借字釋古借字"，則"御""禦"表示"防備"之義，王筠都看作"借用"，屬假借字與假借字的關係。

三　"古今字"形成原因分析

清人對"古今字"成因的論述和前人對"古今字"成因論述的形式一樣，都零散存在於訓釋之中，但在内容上相對於前人有所豐富。不同學者在講解"古今字"成因時的角度并不一致，我們認爲文字借用、詞義變化以及語音變化是從語言與文字的對應關係來進行説明，而偏旁變化、訛變、省減，這三點是單純從文字自身發展變化或使用的角度提出的。

（一）文字借用

文字的假借或通假是"古今字"産生的主要原因之一。或是古字少，借用他字，後又造本字；或是已有本字而不用，另用其他音近之字。

毛奇齡《古今通韻》卷一：囪，竈突，與匆同。今借爲匆遽之匆。

朱駿聲《說文通訓定聲》弟九"旟"：《左·僖廿八傳》"旟弓矢千"，疏引《說文》有旟字。按，當爲驢之俗體，姑附于此，古借旅爲之，《史記》誤作旟耳。

王聘珍《大戴禮記解詁》卷七"幼而慧齊"：《史記》"慧"作"徇"……《索隱》云："……又案《孔子家語》及《大戴禮》并作'叡齊'，一本作'慧齊'，叡、慧，皆智也。太史公采《大戴禮》而爲此紀，今彼文無作'徇'者，《史記》舊本亦有作'濬齊'，蓋古字假借'徇'爲'濬'，濬，深也，義亦并通。"

馬瑞辰《毛詩傳箋通釋》卷八："襢裼暴虎"，……瑞辰按：……據《說文》"但，裼也""裼，但也"，又曰"贏者，但也""裎者，但也"，是去裼衣之袒當作但，《說文》"膻，肉膻也"，引《詩》"膻裼暴虎"，是肉袒之袒當作膻。今作襢、袒，皆假借字。《說文》"袒，衣縫解也"，段玉裁謂即綻之本字。

（二）詞義變化

古今詞義的發展變化也會導致相關字的古今變動。詞義引申發展，一字多義現象產生，爲了滿足表義的需求，後人造專字來承擔分化的詞義，就會產生"古今字"。

段玉裁《說文解字注》第七"穅，穀之皮也"：云穀者，咳黍、稷、稻、粱、麥而言，穀猶粟也。今人謂已脫於米者爲穅，古人不爾。穅之言空也，空其中以含米也。凡康寧、康樂皆本義空中之引伸。今字分別乃以本義从禾，引伸義不从禾。

黃生《字詁》"冎"：古名字作冎，从卩从口，疑與命字爲一字。命字从亼从卩从口，因名字義專，故加亼以別之，古命字本祇作册耳，以聲相命曰名，故有所指而名之。

（三）語音變化

上古音與中古音差别巨大，爲了適應語音的變化，用字也常隨之而變化，换用聲音更接近今音的聲符，也會産生"古今字"。

段玉裁《説文解字注》第四"鵐，鵐鵐也。从鳥母聲"：《曲禮》釋文"嫛本或作鵐，母本或作鵡，同音武，諸葛恪茂后反"，按裴松之引《江表傳》曰"恪呼殿前鳥爲白頭翁，張昭欲使恪復求白頭母，恪亦以鳥名鵐母，未有鵐父相難"。此陸氏所謂茂后反也。據此知彼時作母、作鵐，不作鵡。至唐武后時，狄仁傑對云："鵡者，陛下之姓，起二子則兩翼振矣。"其字其音皆與三國時不同，此古今語言文字變移之證也。

（四）變更或增加偏旁

古字演變爲今字，也有通過變更、增加偏旁而形成的。

段玉裁《説文解字注》第一"珑，珑瑣，玉也"：《廣雅·玉類》有"珑瑣"。按説解有瑣，而無篆文瑣者，蓋古祇用賣，後人加偏旁。

段玉裁《説文解字注》第三"謬，狂者之妄言也"：古差繆多用從糸之字，與此謬義别。

鄭珍《説文新附考》卷六"塾，門側堂也。从土孰聲，殊六切"：按今經典通作塾。段氏云：古止作孰，謂之孰者，《白虎通》曰"所以必有孰何？欲以飾門，因以爲名，明臣下當見於君，必孰思其事"，是知其字古作孰而已，後乃加土。

（五）字形訛變、誤寫

還有一些今字的形成是由訛變、誤寫造成的，這種訛誤一開始多由於字形相近導致，有的可能就此固定成新用法，也有的作爲普遍性錯誤，在文獻中長期使用，遂也構成了"古今字"關係。一本書中零散、偶然的錯別字，并不算入"古今字"。

　　段玉裁《説文解字注》第一"萑，藋也"：藋之已秀者也。藋已見前，此以篆籀分別異處。……今人多作萑者，蓋其始假雌屬之萑爲之，後又誤爲艸多貌之萑。

　　王引之《經義述聞》卷十七"不可以貳、不能苟貳、臣不敢貳、好學而不貳、不貳其命"：……又《昭・十三年傳》"好學而不貳"，貳亦當爲貮，言好學始終不變也。《射義》曰"好學不倦，好禮不變"是也。二十六年《傳》"天道不諂，不貳其命"，貳亦當爲貮。《廣雅》"忒，差也""不貮其命"者，言其命不差也。《説苑・權謀篇》引《詩》云"皇皇上帝，其命不忒"是也。古貮字多誤爲貳，互見《詩》"士貮其行"、《禮記》"宿離不忒下"。

（六）省減、省變

　　文字的省減、省變也會形成"古今字"，即已有本字，但是却棄本字不用，而使用字形上相對簡單的借字。

　　馬瑞辰《毛詩傳箋通釋》卷二十四："在洽之陽"，傳："洽，水也。"瑞辰按：……漢郃陽縣蓋因《詩》"在郃之陽"而立名，郃古省作合，《魏世家》文侯時"西攻秦，築雒陰、合陽"，字作合。

　　王引之《經義述聞》卷二十二"魯顏何字冉"：古聃字或省作冉，秦冉字開是也。聃與儋通，《史記・老聃傳》"或曰儋即老子"

是也。《説文》"何，儋也""儋，何也"，故名何字儋。

　　朱駿聲《説文通訓定聲》弟六"島"：海中往往有山可依止，曰島。从山，鳥聲。讀若《詩》曰"蔦與女蘿"。字亦作隝、作隯。今字省作島。

第二章　清代學者對“古今字”的研究與利用

第一節　概述

一　個案學者的選取

在這一章我們將以個案的形式對清代幾位學者的“古今字”進行專門研究。采取這樣的形式是因爲以下幾點。首先，“古今字”問題具有普遍性，多數清代學者都進行過“古今字”訓釋，若逐一進行説明，不免囉嗦，在論述上也難免重複。其次，“古今字”能反映出的内容涉及面廣，不同研究方向可以展現出不同的現象和觀念，通過個案研究，方便我們對某一個方向的“古今字”研究進行深入的探討。最後，希望能以個案帶動整體，用典型人物的典型觀念，反映時代的學術風氣和特點。

在個案選擇上，我們的主要依據是“古今字”訓釋數量的多寡①、其“古今字”説是否具有特色，同時也會參考材料類型和所處時代。

---

① 有些學者的“古今字”訓釋量雖大，但多爲引用前人已有之訓釋，少有自己的創見。這種情況下，我們則優先考慮自主“古今字”訓釋内容更豐富的學者。

表 2-1 所列便是本章選擇作爲個案對象的學者。他們的"古今字"訓釋數量都比較多,其中段玉裁有一千余條"古今字"訓釋;時期上,黃生最早,乾嘉時段則選取了《説文》學的代表學者段玉裁、王筠,以及以訓詁考證爲長的高郵王氏父子,清末階段則選擇了孫詒讓和"古今字"研究特點突出的徐灝。

表 2-1　本章研究所選個案學者

類　型	文獻注釋考證類	《説文》學專書
清初	黃生	
乾嘉	高郵王氏父子	段玉裁、王筠
道咸	孫詒讓	徐灝

二　對個案學者的分析原則

選出典型學者之後,我們將逐一對他們的"古今字"認識進行分析和歸納,説明他們對"古今字"是如何進行研究和利用的。多數學者沒有專門對"古今字"進行界定,因此我們要通過他們的"古今字"訓釋來分析其對"古今字"的認識,分析的要點與上一章的總體分析原則基本一致,即包括訓注"古今字"的目的、對"古今字"屬性的認識、對"古今字"形成原因的探討等内容。但落實到學者個案,除了一般性的介紹和普通内容的概述外,應根據材料有所側重和取捨:若某位學者對某個問題有比較特別的關注和比較集中的論述,祇要對認識"古今字"有幫助,我們就會提出來做重點專項的討論分析。總之,學者個案的分析原則是實事求是、突出特點,不强求一律。

第二節　黄生的“古今字”

　　黄生（1622~？），安徽歙縣人，字扶孟，别號白山，生於明天啓年間，卒於清初。黄生稍微晚於同時代的顧炎武、方以智等人，也是明末清初專門致力於漢學、文字訓詁的學者。黄生早年并不出名，其所作《字詁》《義府》成書於入清之後，但是流傳不甚廣，直至被收入《四庫全書》，後其族孫黄承吉以《字詁》《義府》合并加按語而成《字詁義府合按》，黄生的書纔漸漸流傳開來。

　　黄生跨明清兩朝，在學術上也是致力於漢學的，章太炎評價黄生之學：“夫僞古文之符證，發於梅鷟；周秦古音之例，造端于陳第。惟小學，亦自黄氏發之。”[1]《四庫全書總目提要》也提到他“於六書訓詁尤爲專長，故不同明人之剿説也”，即黄生在學問上提倡實學，不同於明人所謂空洞之言。其作品《字詁》《義府》都是札記隨筆，没有特别的體例。《字詁》多是字詞的考證説明，“每字皆有新義”；而《義府》則是“考證札記之文”，是對經典文獻的考證。黄生在考證方面提出的“專以聲音通訓詁”，對之後乾嘉學派的學術有一定的影響。

　　黄生的“古今字”材料主要來源於《字詁》和《義府》，兩部書的篇幅雖都不多，但也有 71 組“古今字”。黄生的“古今字”，主要使用了“古某字/今某字”“古作”“今作”“古借”“今借”等表述用語，也有少量“故書”“古文”的表述方式，所標記“古今字”主要涉及本字與本字、本字與借字兩大類字際關係，具體來説包括：異構字關係，如“算字古作祘”；源本字與分化本字，如“古藏、贓字皆作臧”；古本字和重造本字，如“酉本古酒字”；假借字和後起本字，如“俗有鱔魚，古無其字，故借鱓”；本字與通假字，如“信古通借爲申字”；也

---

　　① 章太炎：《説林（下）》，載《章太炎全集》（八），上海人民出版社，2018，第 119 頁。

有比如"㠯和已""𠧘和克"這樣的，應屬異形字的情況。

《字詁》和《義府》均屬我們前文提到的文獻注釋考證類材料，雖然《字詁》是針對字而進行的各種釋義和解釋，但由於組織形式的零散，祇是就字論字，稍帶有對語言文字本身規律的談論。因此無論是《字詁》還是《義府》中的"古今字"材料，其重點是關聯字與字、詞與詞、字與詞之間的相互關係，以對某個問題進行説明、證明，而在這些材料中，以語音、聲轉爲切入點，整理"古今字"相關字詞的發展脈絡，并由此展開對字形、音、義關係的討論，是黄生"古今字"研究的特點。

一　關注"古今字"在語音上的關係

劉文淇認爲清代音韻學的興盛實際上起源於黄生，黄生在《字詁》《義府》中多次提及"音轉""聲之轉""一聲之轉"，并利用這些"轉"的概念來溝通語音關係、發掘語音在地域上和時間上的差異變化。

黄生把對字與字、字與詞關係的論證也建立在語音關係的繫聯上。語音要素是構成"古今字"關係的重要一環，長期以來學者都認可古字與今字在語音上的相同、相近關係，這一點黄生也是肯定的，黄生的"古今字"訓釋并沒有把字形關係看成最爲重要的環節，以他的思路來説，古字與今字間的語音關係是其"古今字"訓釋的重點。

今音與古音有差距，黄生的時代，還沒有開始大規模的古音研究，沒有體系化的語音系統，但他對語音變化的規律已經有了樸素的認識，所以在注釋"古今字"時，黄生不强調字形，而着重利用語音之間的相轉、相近、互通。在《字詁·宬宓》中，他表示"蓋古字多因聲假借，不甚拘也"，正是從語音的角度對古人"取聲"用字習慣進行了説明。

　　《字詁》“鱓”：俗有鱓魚，古無其字，故借鼉（徒何切）轉音（常演切），《淮南子》云“鼉似蛇”，《荀子》云“蟹非蛇鱔之穴無所寄托”是也。又或借鱣（張連切）轉音（常演切），《後漢書》（楊震傳）“冠雀銜三鱣魚”，《韓非》《說苑》皆云“鱣似蛇”是也。《顏氏家訓》云：“‘銜三鱓魚’，假借作鱣鮪之鱣，俗因謂之鱣魚。”此顏但知鱣之爲借音，而不知鼉之亦借音也。①

　　在“鱓魚”義上，古無“鱓”字，故借“鼉”“鱣”字爲之，而後纔有“鱓”字。根據黃生列舉的《淮南子》《韓非》等例，可證古“鼉”“鱣”有用爲“鱓魚”之義，那麼，若想證明“鼉”、“鱣”和“鱓”具有“古今字”的關係，就必須找出“鼉”、“鱣”與“鱓”在語音上的關係。“鼉”，《唐韻》唐何切（中古音定紐歌韻），黃生標記爲“徒何切”，都爲 tuó 音，即“鼉”字，“鼉魚”之義，《說文》“魚名，皮可爲鼓”是也。“鱣”，《廣韻》張連切（中古音知紐仙韻），音爲 zhān，《說文》訓“鯉也”。可見“徒何切”“張連切”與“常演切”的音 shɑn（中古禪紐仙韻）都有所區別。黃生以“轉音”對這些音進行說明，關聯了聲母知紐、定紐、禪紐，這種關聯雖是泛泛的，沒有特別說明這些聲紐中具體哪個歸入哪個，但也能看出黃生對這幾組聲紐之間密切關係的認可。定紐、知紐古相通，這與後來錢大昕提出的“古無舌上”之說是相符合的；定紐（知紐）、禪紐之間的關係，則屬於舌音和齒音的關係，舌音和齒音的關係也是比較密切的，之後錢大昕也曾提出“古人多舌音，後代多變爲齒音”。②看到了這三組聲紐之間的“相近、相通”關係，并依憑對這種關係的認可來說明古人借字而造成的“古今字”，說明黃生對

---

① 黃生《字詁》和《義府》兩書各版本均有較多錯訛，我們這裹主要根據指海本，指海本有誤之處則參考《四庫全書》本或安徽叢書本。
② 錢大昕：《舌音類隔之説不可信》，載《十駕齋養新錄》卷五，上海書店出版社，2011，第 103 頁。

“古今字”在語音上的相同、相近關係是非常確定的。

> 《字詁》“尒”：尒，語辭也，諧午省聲，旁二直指出辭之氣，借爲稱人之謂。古或借爾，或借汝，或借乃，或借若，或借而，方土不同，各取其聲之相近者耳。或疑諸聲略近，獨若聲差遠，不知若之上聲即汝也，古人詞緩，故無四聲之別。

在關聯“古今字”時涉及的不僅有古音問題，還有方音問題。這條訓釋，黃生提到作爲“語辭”的“尒”字在古代有多種書寫形式，即有多個“古字”，均爲借用：“古或借爾，或借汝，或借乃，或借若，或借而”是也。這些字語音并不盡數相同相近，原因在於“方土不同”，方音上有所差距，在借音時，依照地方的語音習慣來借，所借的字就會不一致。黃生又提到儘管方音有差距，諸字的語音關係仍“略近”，尤其“若”字看起來相差比較遠，然而古人韻緩，“若”的讀音可以像上聲的“汝”。以我們今天的語音學知識來看，“尒”“爾”均爲日紐脂部字，“汝”爲日紐魚部字，“乃”爲泥紐之部字，“而”爲日紐之部字，“若”爲日紐鐸部字，上古音“娘日歸泥”，因此幾字之間的聲紐是相同的，而魚部與鐸部可以對轉，與之部和脂部也有旁轉的關係，可見在韻上也比較相近，因此古時都能借來用爲“語辭”。

再比如：

> 《字詁》“緉墢倚番”：張祜詩“連收緉索馬”，緉當作緉（音同），以索羈物也……又錢功父《澹山雜識》云“取筆緉子，緉其兩中指”，緉即套也，蓋古無套，而緉字頗僻，故詩人隨意取其聲之相似者用之。

“緉”爲索套之字，黃生舉張祜、錢功父詩均作“緉”，而“緉”

本爲牀榻之字。黃生分析認爲古時無“套”字，而表套義之本字“綯”頗爲生僻，“榻”與“綯”音同，因此人常借用“榻”字表示索套，即“隨意取其聲之相似者用之”。

明確了“古字多因聲假借”的原理後，黃生對大量古字借用的情況進行了説明：

> 《字詁》“佁儗”：佁儗貌，古或借駭（并五回切）。
>
> 《字詁》“俠”：俠（胡頰切），古或借爲夾字。
>
> 《義府》卷上“信信”：信古通借爲申字。
>
> 《義府》卷下“隸釋”：隱字古作穩字……古即借隱爲安穩字。

他列舉的“駭、佁”“俠、夾”“信、申”“隱、穩”，在今天看來，都是在古音上具有相通、相近關係的字。

黃生利用語音對訓詁、字詞關係、用字現象進行解釋，實際上就是小學“因聲求義”的訓詁方法，然而限於對古音的認識，或有“執今議古”的情況，但是何九盈評價黃生“所倡導的原則是正確的，後來的戴、段、二王等人都抓住這些條條不放”[1]。

二　應用“古今字”於考證校勘

根據展開考證“問題”的不同，札記考據類著作中的訓注“古今字”也會有不同的目的：或爲了證明一定的字際關係、字詞關係，或爲了校勘傳寫訛誤。在黃生的考據中，“古今字”也大體呈現這樣的功用。

（一）用來説明字詞關係

> 《字詁》“脅胂臖腝”：腝（《篇海》余真切，脊肉也）古作脊

---

[1]　何九盈：《中國古代語言學史》，廣東教育出版社，2005，第374頁。

（《説文》訛从夕，敬惕也）。一作朑（《説文》"夾脊肉也"。孫氏尖人切，誤）。一作夤（見《齊侯鐘》，借爲寅字）。按：夤本古字，象夾脊肉①，或復从寅加肉，如其、箕，厷、肱之類，古字時有此。小篆訛而从夕，故許氏誤訓。又別從申作朑，故孫氏誤音。《篇海》䐄（余真切）、朑（舒仁切）、胰（以瞻切）三字同訓"夾脊肉"。《集韻》䐄（翼真切）、朑（失人切），又胰、朑（并弋枝切）訓亦同。黄公紹《韻會》以䐄、夤（翼真切）爲一字，以胰、朑、夤（延知切）爲一字，訓亦同。蓋夾脊肉字，俗呼如夷，故別作胰，自《篇海》而下，夤之與䐄、與朑，䐄之與朑、與胰，其義或合或分，其音或同或異，皆不知夤乃夤之誤形，䐄乃夤之變體。惟戴侗《六書故》合朑、夤爲（夷真切）一字，而謂《説文》从夕爲訛，得之矣。寅、䐄、夤、朑并余真切，䐄、朑可轉以脂切（俗胰不可用），《集韻》《韻會》乃以夤之訓恭者，與寅兼列真支二韻，斯謬之甚者也。

這裏黄生列舉了夤、朑、䐄、胰幾字在《篇海》《集韻》《韻會》中出現的音與義上的或分或合，從語音和字形的角度分別説明造成這些分合的原因。即"夤"字小篆訛從夕作"夤"，實際上應爲從肉，因肉、月與夕相近而訛，故而許慎所訓誤爲"敬惕"。而"䐄"與從肉的"夤"實際上爲一字，都是從古字"夤"發展而來，祇是部件擺放位置不同而已。由於"夾脊肉"字又有"俗呼"，其音近"夷"，故別作"胰"，則與"䐄"等字語音略有不同。黄生這裏"䐄古作夤"，是用"古今字"的形式説明，兩字實爲"一字"，以此爲出發點，通過關聯多組字、多個字形、多個反切，梳理出記錄"夾脊肉"義諸字的來源、音義關係和理據等。

---

① 指海本"脊"作"資"，當誤，據安徽叢書本改。

（二）用來進行文獻校勘

《義府》卷上"臧"：《左傳》（文十八）"毀則爲賊，掩賊爲藏，竊賄爲盗，盗器爲姦，主藏之名，賴姦之用，爲大凶德，有常無赦"，又云"盗賊藏姦爲凶德"。藏字杜不注，疏主爲藏匿罪人之名。按，藏乃臧之誤也，古藏、贜字皆作臧，後人傳寫誤加草耳。

《左傳》文作"毀則爲賊，掩賊爲藏"，杜預注没有注"藏"字之義，而《正義》訓爲"藏匿罪人之名"。黃生以爲《左傳》的"藏"爲"臧"字之誤，是後人傳寫加"草"導致的，其依據爲"古藏、贜字皆作臧"這條古今用字的規律。

《義府》卷下"甯越"：《吕氏春秋》"甯戚叩角而疾商歌，齊桓公任之以政"，《淮南子》作"甯越"，乃知"戚"當作"戊"，蓋戊即古鉞字，以音相近故借用，"越""戚"字則後人傳寫之訛也。

此條舉"戊即古鉞字"，意在證明表示人名字的"甯戚"經後人所改，原當作"甯戊"。因《淮南子》作"甯越"，是音近故借用"越"，而"越"和"戚"相差較遠，故舉"戊即古鉞字"以證形近而訛。以黃生之説，人名當作"甯戊"，作"戚"是因爲古字形近誤寫，作"越"則是後人借用音近字，都是後人傳寫導致的用字訛誤。

第三節　段玉裁的"古今字"

段玉裁（1735~1815），字若膺，江蘇金壇人，是清代乾嘉樸學的代表性人物。段玉裁師從戴震，繼承戴震"由文字以通乎語言"的治學之法，又身處乾嘉小學的盛世，受到古音學、《説文》學、訓詁學發展的影響。段玉裁在音韻學和《説文》學上獲得了巨大的成就，古韻十七部的提出和《説文解字注》的問世對後世的語言文字學的發展具有深遠的意義。此外，清人以校勘作爲經學和小學研究的基礎，廣泛搜集古今各種版本比對，以求恢復典籍原貌，也從另一個面向推動了語言文字學的演進，而段玉裁則是清代校勘學中"理校"的代表人物。

段氏的"古今字"訓釋以《説文解字注》爲主，連同《周禮漢讀考》《詩經小學》《經韻樓集》等書，有1332組"古今字"訓釋。段氏的"古今字"訓釋不論是從數量上還是從學術價值上都達到了清代的高峰。雖然其"古今字"包含的字際關係①在内容上基本與前人一致，但段玉裁真正把"古今字"問題上升到了"研究"的層面：不僅對"古今字"的性質進行了開創性定義、針對"古今字"的特點和成因進行理性的分析，還把"古今字"從一個訓詁概念提煉爲語言文字學中的一個學術命題，奠定了清人"古今字"研究的總體基础。他在治學方法、學術思路上的許多特點，也都能在其"古今字"研究中體現出來。

一 段玉裁對"古今字"的界定

段玉裁是首次定義"古今字"的學者，在《説文解字注》②中多次明言"古今字"的内涵：

> 第五《亼部》"今"：古今人用字不同，謂之古今字。

---

① 段玉裁"古今字"訓釋的屬性關係，包括本字與本字關係、本字與借字關係、借字與借字關係。具體的例證和説明，可參考劉琳《〈説文段注〉古今字研究》（博士學位論文，北京師範大學，2007）。

② 本節以下引《説文解字注》之處，僅標注卷別和部首。

第二《八部》“余”：凡言古今字者，主謂同音，而古用彼今用此異字，若《禮經》古文用“余一人”，《禮記》用“予一人”。

第十二《門部》“闢”：古書“壅遏”字多作“攤闢”，如許所說則同義異字也。

第三《言部》“誼”：隨時異用者謂之古今字，非如今人所言古文、籀文爲古字，小篆、隸書爲今字也。

可以看出，段氏所認定的“古今字”有以下幾個條件：（1）語音上必須同音；（2）所記錄的詞義相同；（3）使用時代上有先後差異；（4）非單純的字體、字形演變。總結起來說，段玉裁所認爲的“古今字”就是不同時代用來記錄同一詞項的不同用字。①

在此基礎上，段玉裁進一步說明了“古今字”中“古、今”的含義：

第五《亼部》“今”：今者，對古之稱。古不一其時，今亦不一其時也，云是時者，如言目前，則目前爲今，目前已上皆古。如言趙宋，則趙宋爲今，趙宋已上爲古，如言魏晉，則魏晉爲今，魏晉已上爲古。

第三《言部》“誼”：《周禮·肆師》注“故書儀爲義。鄭司農云：義讀爲儀。古者書儀但爲義，今時所謂義爲誼”。按此則誼、義古今字，周時作誼，漢時作義，皆今之仁義字也。……凡讀經傳者，不可不知古今字，古今無定時，周爲古則漢爲今，漢爲古則晉宋爲今，隨時異用者謂之古今字。

第十三《糸部》“線，古文綫”：《周禮·縫人》作“線”，《鮑人》同。注曰“故書線作綜，當爲糸旁泉，讀爲絤”。按線作綜，

---

① 劉琳：《〈說文段注〉古今字研究》，博士學位論文，北京師範大學，2007，第47頁。

字之誤也，緪則鄭時行此字。《漢·功臣表》"不絕如綫"，晋灼曰："綫，今線縷字。"蓋晋時通行線字，故云尒。許時古綫今線，晋時則爲古綫今線，蓋文字古今轉移無定如此。

段氏認爲"古今無定時"，"古今字"的"古、今"不是指字産生的時代先後，而是字在使用上的古和今，文字的使用常會發生變化、轉移，所以像"線""綫"兩字究竟哪個是古字、哪個是今字，漢人和晋人會給出不同的答案。

除"古、今"問題外，段玉裁還强調，不當以字體變化爲"古今字"，即"非如今人所言古文、籀文爲古字，小篆、隸書爲今字也"。其意在把同一個字在不同時代不同字體中的寫法與"古今字"進行區别，比如我們前邊提到方以智以"匸"的古字爲"𠥓"，實際上就是字體演變問題，可見清代有不少學者是把字體、字形變化産生的古今異形字當成"古今字"的。當然，段玉裁所説的字體變化指的是具有筆畫、筆勢、樣態的變化，如果這種字體變化造成構形、構意的改變，他也承認其爲"古今字"。比如：

第四《肉部》"臚，皮也"：今字皮膚從籀文作膚，膚行而臚廢矣。《晋語》"聽臚言於市"，《史》《漢》"臚句傳"，蘇林曰"上傳語告下爲臚"，此皆讀爲"敷奏以言"之敷也。

第四《刀部》"剸，减也"：剸、摶古今字，蓋隸變也。《曲禮》"恭敬摶節退讓以明禮"，注"摶猶趨也"。

"今字皮膚從籀文作膚"，"剸、摶古今字，蓋隸變也"，"籀文""隸變"等表述指的是字體問題，但這裏段玉裁并不是爲了説明籀文或隸書就是古字或今字，而是要講不同字體系統下同一個字發生了較大變化，具有這種變化的字也可以看作"古今字"。

二 段玉裁“古今字”説的發展

(一)“古今字”内涵變化

段玉裁對“古今字”的認識也經歷過發展變化。他在較爲早期的作品《汲古閣説文訂》中，對“古今字”内涵的説明如下：

> 《汲古閣説文訂》“變，籀文嬌”：毛本無，宋本、葉本及小徐“嬌”篆後有此，下文又出“變”篆云“慕也，從女戀聲”，字同義異。《五音韻諩》不重出而注之云“《説文》舊於嬌下重出此字”，則李仁甫所據鉉本確有此字無疑。趙抄本“嬌”篆後删此篆，則毛本所因也。考《説文·心部》無“戀”字，“變”訓“慕”，即“戀”字也。本籀文訓“順”之字，小篆則以爲訓“慕”之字，是古今字之説也，猶《説文》之“戀”作“變”，今字作“戀”，是亦古今字也。據《説文》全書之例，亦可於“嬌”後不重出，而於“慕也”之下益之云“籀文以爲嬌字”。據《女部》之例，“艸”篆後可出“中”篆，云“古文艸”，“巧”篆後可出“丂”云“古文巧”，“賢”篆後可出“臤”云“古文賢”，“歌”篆後可出“哥”云“古文歌”……皆不妨舉。已見諸小篆者重出之其理一而已矣。古籀與小篆同字而異義，是之謂古今字。漢人注經多云古今字，張揖作《古今字詁》，皆別之於義，非別之於形也。明此則不得謂“變”爲複見而删之矣，且删之則《毛詩》諸變字何解乎？

《説文》收有“嬌”字的籀文重文“變”，後又另收作爲正篆字頭的“變”，前人因“變”字重出，或删篆文“變”，段玉裁則認爲這裏和許多“古文以爲”的情況是一致的，即“變”字籀文以爲順義，相當於説“臤”字“古文以爲賢”，也就是假借，那麼“變”即本義訓“慕”，在籀文中可以假借作“嬌”表示“順”義。

段玉裁指出"變"訓"慕"，又訓爲"順"，是"古今字之説"，那麼這個"古今字"指的是一個字記載的詞義古今發生了變化；然而段玉裁又解釋《説文》没有"戀"字，"變"訓"慕"是"戀"的古字，"亦古今字也"，則"變"和"戀"又是在"戀慕"之義上的一組古今不同的用字現象。這裏段氏所講的"古今字"包含兩種情況：一種是單字的詞義會發生古今變化，古人常有用"字"指論"詞"的情況，這裏"古今字"的"字"或許可以理解爲"詞"；另一種則是同一個詞在用字上的古今變化。

在這一段話的末尾，段玉裁又一次提到"古籀與小篆同字而異義，是之謂古今字"，"皆别之於義，非别之於形也"，這些表述，專門強調了"别之於義"的問題，則是再一次把"古今字"限定爲字所記録詞義的古今變化。

《汲古閣説文訂》中這樣的表述無疑是前後矛盾的，先講兩種"古今字"，後又把"古今字"限定爲其中的一類，短短一個字的訓釋之中就出現了前後不符。那麼，如何理解段玉裁"别之於義，非别之於形"的"古今字"定義，其關鍵在於"考《説文·心部》無'戀'字"。我們發現，《汲古閣説文訂》中所有的"古今字"訓釋，段玉裁都特意指出今字不存在於《説文》之中，例如：

　　《汲古閣説文訂》"頪，司人也"：初印本如此……今依小徐剜改司字作伺字，不知司、伺古今字，《説文》有司無伺也。

　　《汲古閣説文訂》"髻，結也"：宋本結作髻，非也。許書用結爲髻，而無髻字，故本部結字凡四見，皆今之髻字也。

　　《汲古閣説文訂》"扶，左也"：初印本如此……今依小徐剜改左字作佐字，繆甚。《説文》無佐字，左者今之佐助字也，ナ者今之左右字也，《左部》曰"左者，手相左助也"，可證。

這幾個例子與"變"和"戀"的情況類似,即今字不收在《説文》之中,而《説文》中用來表達今字詞義的字,又與後來常見、常用的詞義有所不同,即所謂"皆別之於義",而"非別之於形",那麼段玉裁可能并不是要否認以"形"來區分,而是要説明重點不在於"形"上的區別。這樣一來,他側重的就是對應今字出現後,古字與今字在分擔職能上發生了變化這一點,故而專門强調兩字在詞義上的變化。

《汲古閣説文訂》中的"古今字"前後矛盾,且表述上也含混不明,可能符合一部分"古今字"的發展變化事實,但是不能涵蓋所有的"古今字"現象,段玉裁本人也意識到了這一點,因此在《説文解字注》中,這種定義已經不復存在了,相關的訓釋也進行了改動。

> 第十二《女部》"嬌,順也。……變,籀文嬌":宋本如此。趙本、毛本刪之。因下文有"變,慕也",不應複出。不知小篆之變,爲今戀字,訓慕;籀文之變,爲小篆之嬌,訓順,形同義異,不嫌複見也。據全書之例,亦可"嬌"後不重出,而於"慕也"之下益之云"籀文以爲嬌字"。凡言"古籀以爲某字"者,亦可附於某字之下。如"艸"篆下可出"屮"篆云"古文艸","巧"篆下可出"丂"篆云"古文巧",其道一也。今《毛詩》作"變",正用籀文。
>
> 第十二《女部》"變,慕也。从女䜌聲":此篆在籀文爲嬌,順也。在小篆爲今之戀,慕也。凡許書複見之篆皆不得議刪。《廣韻·卅三線》曰"戀,慕也",變、戀爲古今字。

《段注》這兩條訓釋中,相較於《汲古閣説文訂》保留了"變、戀爲古今字",但刪去了"同字異義"的説法。再對比《段注》中從語音、詞義和時間關係上進行的"古今字"定義,則明顯更爲完善,因此可以判定,段玉裁對"古今字"的認識發生過改變,段氏認定的"古今字"應當以他晚期所作的《説文解字注》中的定義爲準。

（二）“古今字”“假借”關係看法的變化

除了《汲古閣説文訂》中不同的界定，在另一早期作品《詩經小學》中，段玉裁還辨析過“古今字”與“假借”的關係：

　　《詩經小學》卷四：“韻假無言”，傳“韻，總；假，大也”。按：言韻爲總之假借字，韻釜屬。孔沖遠云“韻、總古今字”，非也。又《禮記》“蝦，長也，大也”，《卷阿》傳“蝦，大也”，《賓筵》傳“蝦，大也”，此本字也。《那》傳“假，大也”，《烈祖》傳“假，大也”，皆以“假”爲“蝦”之假借字也。《楚茨》傳“格，來也”，《抑》傳“格，至也”，此本字也。《雲漢》傳“假，至也”，《泮水》傳“假，至也”，《烝民》“元鳥長發”義同此，皆以“假”爲“格”之假借字也。

　　《詩經小學》卷三：“民之攸墍”，《正義》“《釋詁》云‘呬，息也’，某氏曰‘《詩》云“民之攸呬”（舊作墍），郭璞曰“今東齊呼息爲呬”，則“墍”與“呬”古今字’”。按：墍者字之假借，非古今字。

　　《詩經小學》卷一：“采苓采苓”，按：苓，大苦也，枚乘《七發》“蔓草芳苓”，揚雄《反離騷》“憅吾纍之衆芬兮，颸煒煒之芳苓，遭季夏之凝霜兮，慶天頜而喪榮”，曹植《七啓》“搴芳苓之巢龜”，皆借苓爲蓮，蓋漢人讀蓮如鄰，故假借苓字。《史記·龜策傳》“龜千歲乃遊蓮葉之上”，徐廣曰“蓮一作頜，聲相近假借”。是又借頜爲蓮也。顏師古注《漢書·揚雄傳》但云“苓香草名”，不知爲蓮之假借字。李善注《文選·七發》直臆斷曰“古蓮字”，於《七啓》又曰“與蓮同”，皆不指爲假借，以致朱彝尊引李注證《唐風》苓即蓮，由六書之旨不明也。漢時假借甚寬，如借苓、頜爲蓮可證。

《詩經小學》中的這幾條訓釋，段玉裁利用"假借"之説分別否定了"釁、總古今字""堅、唈古今字""苓，古蓮字"。從這些訓釋看，他承認了"假借"應當是與"古今字"相對立的概念，如果一組字具有假借關係，就不應當再被指爲"古今字"。從段玉裁的論述來看，他可能是以爲組成"古今字"的兩字在字義上應當保持一致，而若是文字假借，那麽兩字字義之間必然是不存在關聯的，所以纔把這兩種概念對立。

但實際上漢字的功能除了本用之外，還有借用，有很多字長期被借用表示某義，那麽這個意義也就成爲這個字的固定功能之一。段玉裁早期對於這一點的認識比較模糊，把構成"古今字"關係的"字義"看得太過絶對，因此把"假借"和"古今字"對立。到了晚期的《説文解字注》，這一點也已經得到修正，在很多訓釋中"假借"等概念和"古今字"之説同時出現，作用在於解釋"古今字"的成因：

> 第三《攴部》"敶，列也"：《韓詩》"信彼南山，惟禹敶之"，《爾雅》"郊外謂之田"，李巡云"田，敶也。謂敶列種穀之處"。敶者敶之省。《素問》注云"敶，古陳字"是也。此本敶列字，後人假借陳爲之，陳行而敶廢矣。亦本軍敶字，"𦥑"下云"讀若軍敶之敶"是也，後人別製無理之陣字，陣行而敶又廢矣。

段玉裁在肯定《素問》注"敶，古陳字"的同時，利用"假借"説明了這組"古今字"的成因，即"此本敶列字，後人假借陳爲之，陳行而敶廢矣"。就是説，因爲後人假借"陳"來記録"陳列"之義，所以原來的"敶"與後人用的"陳"形成了"古今字"關係，又因爲後來"陳"漸漸成了"陳列"義的通行字，因此"敶"（敶）被廢棄。

三　段玉裁對"古今"用字現象的分析

段玉裁不僅有對"古今字"的界定，還有大量對古今用字現象的分析，主要體現在"行、廢"表述用語的出現，對語音、詞義之於"古今字"影響的説明，以及段氏對今人用字習慣的態度上。

（一）"古今字"與"行、廢"

段玉裁的"古今字"訓釋主要使用的訓詁方式基本上與傳統保持一致，即利用"古今字""古/今某字""古/今作"等表述用語。值得注意的是，除了這些傳統的術語，段玉裁還用了"某行某廢"這樣的表述方式，這是段玉裁"古今字"材料中出現的獨特表述方式，是前人沒有使用過的，例如：

第三《言部》"䚻，徒歌。从言肉聲"：䚻、謡古今字也，謡行而䚻廢矣。凡經傳多經改竄。

然而"行、廢"這一表述用語，雖多附着"古今字"等用語一起出現，却不是專門針對"古今字"問題的。"行、廢"主要針對"字"來講，有時也用來指某個字"字義"的行廢，比如：

第六《木部》"核，蠻夷以木皮爲匧。狀如簋尊之形也"：今字果實中曰核，而本義廢矣。

第十四《𨸏部》"附，附婁，小土山也"：玉裁謂《土部》"坿，益也"，增益之義宜用之，相近之義亦宜用之。今則盡用附，而附之本義廢矣。

第十四《金部》"鏤，剛鐵也。可以刻鏤"：鏤本剛鐵之名，剛鐵可受鐫刻，故鐫刻亦曰鏤。……今則引申之義行而本義廢矣。

以上幾例中，"行、廢"的對象都不是"字"而是"義"，"核""附""鏤"等字的通行之義已經不是本義，本義不再使用本字。其實涉及的就是一個字所記錄詞義的古今變化。關聯早期段玉裁在《汲古閣說文訂》中提到的"同字異義"的"古今字"，我們猜想，或許段玉裁本身是想提出"同字異義"這種現象的，但若是使用"古今字"來表述會不太明確，所以在《段注》時期，就把部分"同字異義"利用"行、廢"這種表述方式來說明了。

因此說來，"行、廢"這一表述的側重點不在於講"古今字"之變化或古今字義的變化，而在於講變化的結果，即一行一廢。那麼，配合"古今字"進行的"行、廢"之說，可以理解爲段玉裁對古字與今字關係的進一步說明。

第二《又部》"又，長行也"：《玉篇》曰"今作引"，是引弓字行而又廢也。

第三《鬥部》"鬭，遇也"：凡今人云鬭接者，是遇之理也。《周語》"穀雒鬭，將毀王宫"，謂二水本異道而忽相接合爲一也。古凡鬭接用鬭字，鬥爭用鬥字。俗皆用鬭爲爭競，而鬥廢矣。

第三《共部》"龔，給也"：《糸部》曰"給，相足也"，此與《人部》"供"音義同。今供行而龔廢矣。

第十二《女部》"姪，厶逸也"：厶作私，非也，今正。厶音私，奸衺也。逸者，失也。失者，縱逸也。姪之字今多以淫代之，淫行而姪廢矣。

上述例中的"引"和"又"、"鬥"和"鬭"、"供"和"龔"、"姪"和"淫"既有"古今字"的關係，又具有"行、廢"上的關係，都是古字被廢，今字通行。這樣一來就有了一個問題："古今字"和"行、廢"若都可以指稱某個詞先後使用過的不同字，表述同樣的現象，實際上是没有必要增加一種新説法的，段玉裁爲什麽要這樣做？

　　或是因爲，在他看來"古今字"是訓詁用語，展示出的却是用字問題，通過對"行、廢"規律的揭示，更能够説明"古今字"變化之後的用字結果，這種用字的結果是單純用"古今字"無法説明和涵蓋的。"古今字"訓詁中的今字和古字多是針對注文和經文的用字而言，在文獻中出現古字或今字時，纔能利用"古今字"來溝通和解釋，那麽"古今字"仍然是在經典闡釋的視角下，爲了達到訓詁目的而使用的用語，其針對的多半是對文獻中某字的理解；段玉裁專門立"行、廢"，意在脱離文本訓詁，專門討論規律，行字、廢字是從社會實際的用字習慣中總結出來的。爲了區别這種文獻中的用字和現實通行的用字規律，段玉裁就發明了"行、廢"這種獨特的表述用語，由此，對歷時用字的指稱就不再限於對文本的訓詁，而成了對一般性語言規律的説明、對整個社會用字現象的説明。

　　（二）"古今字"與音義變化

　　"古今字"是"古用彼今用此異字"，對於詞語古今異字的成因，段玉裁在一些"古今字"訓釋中進行了簡單的説明，具體包括四種：詞義變化、語音變化、文字借用、字形變化。段玉裁對"古今字"成因的討論可以説就是他對用字變化動因的揭示，歸納起來説，主要有兩個方面：一是由於語言變化而發生的字詞對應關係的變化，詞義變化、語音變化、文字借用，都是由於詞語本身發生變化而導致的用字變化；二是受到文字自身形體演變規律的影響，字形的錯訛就屬於這方面。

　　在這四點對"古今字"成因的闡釋中，文字借用和字形本身變化是前代學者就提到過的，但詞義變化、語音變化而導致的古今用字變化却是到了清代段玉裁時期纔有了較爲詳細和明確的論述。這是由於語音和語義以及這兩個要素與字形之間的相互關係到了清代纔有了比較明確的認識，形、音、義的互求標志着學者對漢字漢語系統性體認的成熟，段玉裁在《段注》中通過語音、詞義變化説明“古今字”的成因，也遵循了這種觀念。

1. 詞義變化而形成的“古今字”

第七《禾部》“穅，穀之皮也”：云穀者，晐黍、稷、稻、粱、麥而言，穀猶粟也。今人謂已脫於米者爲穅，古人不爾。穅之言空也，空其中以含米也。凡康寧、康樂皆本義空中之引伸。今字分別乃以本義从禾，引伸義不从禾。

第十二《戈部》“或，邦也”：《邑部》曰“邦者，國也”。蓋或、國在周時爲古今字。古文衹有或字，既乃復製國字。以凡人各有所守，皆得謂之或。各守其守，不能不相疑。故孔子曰“或之者，疑之也”。而封建日廣，以爲凡人所守之或字，未足盡之，乃又加口而爲國，又加心爲惑，以爲疑惑，當別於或。此孳乳浸多之理也。既有國字，則國訓邦，而或但訓有。

這兩組“古今字”，是由於詞義引申、字形孳乳分化造成的。段玉裁在闡釋時云“今字分別乃以本義从禾，引伸義不从禾”，即以“本義”“引申義”説明詞義的分化，又用“分別”説明字的分化。古時字少，詞義也比較概括，隨着語言的不斷發展，意義不斷細化，詞的用字也會隨之發生變化。段玉裁認爲“康寧”之義是由“穀殼”“空中”義引申而來，爲了承擔引申義而字形分化，所以有了“康”“穅”這組“古今字”。“或”字與後來的“國”“惑”意義上也有關聯，由於古時字少，故用“或”，後孳乳浸多，則有了“國”和“惑”。

2. 語音變化而形成的“古今字”

第十四《矛部》“矜，矛柄也”：《方言》曰“矛，其柄謂之矜”。《釋名》曰“矛，冒也，刃下冒矜也，下頭曰鐏，鐏入地也"……字从令聲，令聲古音在真部，故古假矜爲憐。《毛詩·鴻雁》傳曰"矜，憐也"，言假借也。《釋言》曰"矜，苦也"，其義一也。……"从矛令聲"，各本篆作"矜"，解云"今聲"，今依漢石經《論語》、《溧水校官碑》、《魏受禪表》皆作矜正之。《毛詩》與天、臻、民、旬、填等字韻，讀如鄰，古音也。漢章玄成《戒子孫詩》始韻心，晋張華《女史箴》、潘岳《哀永逝文》始入蒸韻。由是巨巾一反僅見《方言》注、《過秦論》李注、《廣韻·十七真》，而他義則皆入蒸韻，今音之大變於古也。矛柄之字，改而爲殣，云"古作矜"。他義字亦皆作矜，从今聲，又古今字形之大變也。

在"矜""矜"字下段玉裁言"今音之大變於古"，又言"古今字形之大變也"，是認爲"矜""矜"這組字是由語音變化而引起的古今用字變化。假借記録"憐憫"義的"矜"本从令聲，與"憐"同爲真部字，後語音逐漸發生變化，到了漢代有了與"心"相韻的情況，晋代時則又有入蒸韻的情況，"心"爲古侵部字，蒸韻在上古也與侵部音相近，爲了適應這種語音上的變化，表示"憐憫"義的"矜"的字形也發生了變化，所从聲符從原真部字的"令"聲變成侵部的"今"聲，因此構成了"矜""矜"這組"古今字"。

第四《目部》"眙，直視也"：《方言》"眙，逗也。西秦謂之眙"，郭曰"眙謂住視也"。按眙、瞪古今字，敕吏、丈證古今音。《廣韻·七志》作眙，《四十七證》作瞪，別爲二字矣，而"瞪"下云"陸本作眙"，考玄應引《通俗文》云"直視曰瞪"，是知眙之音自一部轉入六部，因改書作瞪，陸法言固知是一字也。

"眙"與"瞪"的古今字關係，段玉裁認爲也是由古今語音變化導致的。“眙”爲敕吏切，是古音；“瞪”爲丈證切，是今音。是“眙”之音自一部（之部）轉爲六部（蒸部），配合這種語音變化又進行了聲符的改換，“台”爲之部字，“登”爲蒸部字，遂用“瞪”取代了“眙”。

（三）對今人用字習慣的評價

俗字一般指“區別於正字而言的一種通俗字體”①，多在民間通行。段氏在進行“古今字”訓釋時，常用“俗字”這樣的概念去對古字或今字的屬性進行説明，如：

> 第七《朿部》“朿，木芒也”：芒者，艸耑也，引伸爲凡鐵鋭之稱。今俗用鋒鋩字，古祇作芒。朿，今字作刺，刺行而朿廢矣。
>
> 第三《鬲部》“鬻，涫也”：《水部》曰“涫，鬻也”。今俗字涫作滾，鬻作沸，非也。《上林賦》曰“潏潏鼎鬻”。嚴夫子《哀時命》曰“氣涫鬻其若波”。
>
> 第三《攴部》“效，象也”：象當作像，《人部》曰“像，似也”，《毛詩》“君子是則是傚”，又“民胥傚矣”，皆效法字之或體。《左傳》引《詩》“民胥效矣”是也。彼行之而此效之，故俗云報效、云效力、云效驗。《廣韻》云“俗字作効”。今俗分別效力作効，效法、效驗作效，尤爲鄙俚。

段玉裁認爲，一些俗字的使用造成了“形義不統一”的情況，對這些字，段氏是持有一定否定態度的。有人認爲這表示了段玉裁對俗字的不認可，實際上他并不專門針對俗字，對其他一些與《説文》不同的今字，段玉裁也持否定的態度，如：

> 第十《心部》“慊，疑也”：疑者，惑也，故下文受之以惑。

---

① 參見張涌泉《漢語俗字研究》，商務印書館，2010，第 1 頁。

今字多作嫌。按《女部》"嫌者，不平於心也。一曰疑也"，不平於心爲嫌之正義，則嫌疑字作慊爲正。今則嫌行而慊廢，且用慊爲歉，非是。又或用慊爲愿，尤非是。

第八《人部》"偶，桐人也"：偶者，寓也，寓於木之人也。字亦作寓，亦作禺，同音假借耳。按木偶之偶與二柎并耕之耦義迥別。凡言人耦、射耦、嘉耦、怨耦皆取耦耕之意，而無取桐人之意也。今皆作偶，則失古意矣。

由此可看出，段玉裁并非針對俗字有特殊偏見，而是圍繞"形義統一"建立了他自己的"正字"概念，由此對不符合這一條件的用字現象，段氏是持否定態度的。這種"否定"并不是要否定或抹除這些"古今字"或俗字的存在，而是對這種用字現象進行理想化的評價。

四　段玉裁"古今字"研究的學術特色

（一）强調語言文字的系統性與時代性

段玉裁的學術研究中，系統性、條理性、發展的眼光是極爲重要的，不論是在段玉裁的古音學還是《説文》學中都有所體現。在其"古今字"研究中，段玉裁對系統性和時代性的認識體現得尤爲突出。這裏的系統性主要指的是對漢字形、音、義三元素關係的認識，以及對字與字、詞與詞之間關係的認識；而時代性，則是覆蓋在系統性之上的另一重關係，任何元素和系統之間的關係都是處於發展狀態的，不同時代會有不同的現象。

1. 對漢字形、音、義關係的認識

清以前的小學研究，偏重於就字形來説字，但對於段玉裁來説，形、音、義都是組成這個"字"的重要成分，要探究字義既可以從字形的角度出發，也可以從字音的角度出發，或者兩個角度都

考慮。

例如《段注》是以《説文》"本字"爲基礎的,講究形與義的統一。通過立足"本字"來言明語言文字的變化,是段氏"古今字"訓釋的一貫思路,所以在分析"古今字"成因時,"假借"的情況最多;在分析一些後來的文獻用字時,也往往着重追尋該字的《説文》本字。正因爲以"本字"爲中心,段氏的説解便包含了對"形義統一"執着的偏重:

> 第五《鬯部》"鬯,列也":列當从《玉篇》作烈,字之誤也。烈,火猛也。引伸爲凡猛之稱。鬯謂酒氣酷烈,《左傳》"嘉栗旨酒",栗讀爲烈。鬯引伸爲迅疾之義,今俗用駛疾字當作此。

> 第六《貝部》"貶,貝聲也。从小貝":聚小貝則多聲,故其字從小貝。引伸爲細碎之稱,今俗瑣屑字當作此。瑣行而貶廢矣。《周易·旅》"初六,旅瑣瑣",陸績曰:"瑣瑣,小也。艮爲小石,故曰旅瑣瑣也。"按瑣者,貶之假借字。

在很多"古今字"訓釋中,段玉裁都用了"當作"這樣的用語,以上兩例也是如此。"鬯""貶"都是《説文》本字,符合"形義統一"的特點。"鬯"段氏意爲當訓"烈",由"烈"而引申出"迅疾"之意,所以表示急速行走的"駛"字,本當用"鬯",纔能達到字形和字義的統一;同理,"貶"從小、貝,所以有"細碎"之義,今字"瑣碎"字用的是原本表"玉聲"的"瑣"字,和"細碎"之義不相符,應用"貶"纔能形義統一。

再比如,利用漢語音韻的發展變化規律,去串聯解釋文字訓詁現象。段玉裁作爲音韻大家,在"古今字"的界定和訓釋中,多番强調"語音"的重要性,還利用古韻分部,對一些"古今字"進行解釋:

第三《又部》"厷，臂上也"：古假弓爲厷，二字古音同也。

"弓"《廣韻》"居戎切"，東韻見紐；"厷"《集韻》"姑弘切"，登韻見紐。兩字從中古音來説，并不在同一韻下，而段玉裁利用繫聯韻脚諧聲偏旁，發覺"弓""厷"都在古音第六部（蒸部）。

第一《一部》"丕，大也"：古音在第一部，鋪怡切。丕與不音同，故古多用不爲丕。如"不顯"即"丕顯"之類，於六書爲假借。凡假借必同部同音。

"丕"《廣韻》在脂韻滂母，"不"《廣韻》在尤韻幫母，段玉裁根據諧聲材料，把"丕"與"不"都分到古音第一部（之部）。

第十四《矛部》"矜，矛柄也"：《方言》曰"矛，其柄謂之矜"。《釋名》曰"矛，冒也，刃下冒矜也，下頭曰鐏，鐏入地也"……字從令聲，令聲古音在真部，故古假矜爲憐……"從矛令聲"，各本篆作"矜"，解云"今聲"，今依漢石經《論語》、《溧水校官碑》、《魏受禪表》皆作矜正之。《毛詩》與天、臻、民、旬、填等字韻，讀如鄰，古音也。漢韋玄成《戒子孫詩》始韻心，晋張華《女史箴》、潘岳《哀永逝文》始入蒸韻。由是巨巾一反僅見《方言》注、《過秦論》李注、《廣韻·十七真》，而他義則皆入蒸韻，今音之大變於古也。矛柄之字，改而爲稂，云"古作矜"。他義字亦皆作矜，從今聲，又古今字形之大變也。

如前分析，這組字是由語音變化而導致的古今用字不同，段氏在説解中也詳細解釋了古今語音變化的情況：由於假借來記録借義"憐憫"的"矜"語音發生變化，轉與侵韻、蒸韻相押，所以原聲符爲古音真部的“令”不能有效提示語音，因而改换爲古音是侵部（與蒸部音近）的“令”，因此有了在“憐惯”義上的一組“古今字”。

2. 對字詞關係的認識

單字形、音、義可以構成系統，漢字整體更是一個系統，單字形、音、義的變動必然會牽連這大的系統當中其他相關的要素，段玉裁也注意到了這一點，比如“誼”“義”等字下所云：“誼、義古今字，周時作誼，漢時作義，皆今之仁義字也。其威儀字，則周時作義，漢時作儀。”“古者威儀字作義，今仁義字用之。儀者，度也，今威儀字用之。誼者，人所宜也，今情誼字用之。”此即段氏專門對字組之間職能的相互變化進行的說解。再比如：

第二《止部》“歬，不行而進謂之歬，从止在舟上”：按後人以齊斷之前爲歬後字。又以羽生之翦爲前齊字。

第四《羽部》“翦，羽生也”：羽初生如前齊也。前，古之翦字。今之歬字。

第四《刀部》“前，齊斷也”：《釋言》《魯頌》傳皆曰“翦，齊也”。《士喪禮》“馬不齊髦”，注云“齊，翦也”。二字互訓。許必云“齊斷”者，爲其從刀也。其始，前爲刀名，因爲斷物之名，斷物必齊，因爲凡齊等之稱，如“實始翦商”，謂周之氣象始與商齊等，語本甚明。《戈部》引此詩作“戩商”，字之假借，如竹箭之爲竹晉也。前，古假借作翦，《召南》毛傳曰“翦，去也”，是也。《禮經》“蚤揃”，假借揃爲之。又或爲髻。今字作剪，俗。

“歬”“前”“翦”“剪”在現實的文獻用字中産生錯綜的關係，而《說文》没有收“剪”字，“歬”“前”“翦”幾個字在實際用字中，或有廢棄，或是意義與《說文》所訓不符。因此段玉裁利用“古今字”訓釋，在每個字下分別說明了這幾個字在用字和詞義上的流變過程。

如"歬"下云"後人以齊斷之前爲歬後字，又以羽生之剪爲前齊字"，是講"前"替換了原本"歬"字表"前後"義的職能；因爲"前"被借爲"前後"之字，其原本的職能"齊斷"則又借本爲"羽生"義的"剪"來承擔。又因"羽"的表意功能不是特別突出，便有了從"刀"的"剪"，"剪"是"前"的俗字。

　　第三《辛部》"童，男有辠曰奴，奴曰童，女曰妾。从辛，重省聲"：今人童僕字作僮，以此爲僮子字，蓋經典皆漢以後所改。
　　第八《人部》"僮，未冠也"：《辛部》曰"男有辠曰奴，奴曰童"。按《說文》僮、童之訓與後人所用正相反。如種、種二篆之比。今經傳"僮子"字皆作"童子"，非古也。《雜記》注曰"童，未成人之稱"，《學記》注曰"成童，十五以上"。引伸爲僮蒙。《玉篇》引《詩》"狂僮之狂也且"，《傳》曰"狂行，僮昏所化也"。《廣雅》曰"僮，癡也"，若《召南》"僮僮，竦敬也"，則又如愚之義也。

段氏認爲"童"和"僮"兩字的職能發生了交互式的轉移。以《說文》所訓的本義來看，"童"字"從辛"，本義是"獲罪之人"，又引申有"奴婢""僕從"之義。"僮"訓"未冠也"，是"孩童"義的本字。而今天經典文獻中"僕從"字多用"僮"，"孩童"字多用"童"，乃是因爲漢代兩字用法混淆，遂對經典也進行了改動。我們對"僮""童"兩字考察，發現文獻中確實有混用。《易經·旅》："六二，旅即次，懷其資，得童僕，貞……九三，旅焚其次，喪其童僕，貞厲。""童"與"僕"相對而言，表示的就是"僕從"之義。又《漢書·貨殖傳》"童手指千"（《史記》作"僮"），顏師古注引孟康曰："童，奴婢也。"而《孟子·盡心上》"孩提之童無不知愛其親者"，則是"童"用作"孩童"義。漢代以後的一些文獻，"童"表"孩童"義就更多了，如《釋名·釋長幼》："十五曰童，故禮有陽童，牛羊之無角者曰童，山無草木曰童，言未巾冠似之也。女子之未笄者亦稱之也。""僮" 記録 "僕從" 義的情況在漢代就有很多，如《漢書·司馬相如傳》"卓王孫僮客八百人"，顔師古："僮謂奴。" 王充《論衡》卷三："故富貴之家，役使奴僮，育養牛馬，必有與衆不同者矣。" 以上皆是 "僮" 義轉變爲 "僕從" 之證。

這些材料都説明，在漢代前後，在 "奴僕""童稚" 這兩個意義上 "童""僮" 就開始混用，尤其是像 "小童""童子" 這樣既可指稱 "僮僕" 又能指稱 "年幼童子" 的詞，用字比較隨意，從而導致兩字原本職能的互换。

3. 對語言文字規律時代性的認識

不論是單字形、音、義相挾而變，還是漢字系統下多個字詞之間相互關係的調整，都足見段玉裁對系統性的看重，正是因爲把語言文字當成系統看待，纔能通過形、音、義的互求和字詞間關係，去發掘語言文字發展的整體性規律，纔能用歷時的眼光看待各種 "古今字" 材料中出現的用字變化。在系統關係的指導下，段氏發掘了很多具有 "時代特色" 的材料，并用這些具有 "時代特色" 的材料去證明語言文字的發展，説明這些變化發生的時代。

第七《西部》"覈，實也"：凡有骨之稱也，"骨" 下曰 "肉之覈也"。蔡邕注《典引》曰 "有骨曰覈"。《周禮》"其植物曰覈物"，謂梅李之屬。按《詩·小雅》"殽覈維旅"。《典引》及注不誤。《蜀都賦》作楁，假借字也，今本作核，傳訛也。《周禮》經作覈，注作核，蓋漢人已用核爲覈矣。

"覈""核" 在 "核實" 義上構成 "古今字" 關係，根據《周禮》經注的不同用字習慣，段玉裁推測今字 "核" 的普遍使用大概在漢代。

漢代文獻中《爾雅·釋木》“桃、李，醜核”，《禮記·曲禮上》“賜果於君前，其有核者懷其核”，《玉藻》“食棗桃李，弗致于核”，皆可證“漢人用核爲覈”。

　　第六《邑部》“鄒，魯縣，古邾婁國，帝顓頊之後所封”：魯國騶，二《志》同。二《志》作騶，許作鄒者，蓋許本作“魯騶縣”，如“今汝南新息”“今南陽穰縣”之比，淺者乃刪去騶字耳。周時或云“鄒”，或云“邾婁”者，語言緩急之殊也。周時作鄒，漢時作騶者，古今字之異也。

　　“鄒”“騶”在記錄魯縣地名時構成一組“古今字”，段氏以爲“周時作鄒，漢時作騶”，《國語·鄭語》：“曹姓鄒莒，皆爲采衛。”韋昭注：“陸終第五子曰安，爲曹姓，封於鄒。”《戰國策·趙策三》：“將之薛，假途於鄒。”則是先秦多用“鄒”。《史記·孟子荀卿列傳》：“孟軻，騶人也。”《漢書·地理志下》：“騶，故邾國，曹姓，二十九世爲楚所滅。”可證漢時漸轉而用“騶”。

　　第三《只部》“馼，聲也”：謂語聲也。晉宋人多用馨字，若“冷如鬼手馨，强來捉人臂”“何物老嫗，生此寧馨兒”是也。馨行而馼廢矣，隋唐後則又無馨語，此古今之變也。①

　　“馼”原爲語詞，沒有實義，相當於現在的“然”。“馨”字原本的職能是表示“馨香”義，《說文》“馼讀若馨”，“馼”“馨”音近。魏晉時期，“馨”則被借來表示“馼”的語詞職能。《正字通·香部》：“馨，晉人以爲語助。”《世說新語·忿狷》：“冷如鬼手馨，强來捉人臂。”又

---

　　① 原作“隨唐”，爲避免歧義，此處改爲“隋唐”。

“寧馨”連用，表示“如此”“這樣”的意思，如劉禹錫《贈日本僧智藏》：“爲問中華學道者，幾人雄猛得寧馨。”元代方回《聽航船歌》：“五千斤蠟三千漆，寧馨時年欲夜行。”段玉裁言“馨行而䜴廢”，是晋時“馨”兼并了“䜴”的全部職能，“䜴”字不再通行，又云“隋唐後則又無馨語”，則是隋唐之後“馨”用作語詞的情況也就沒有了，隨着詞的消失，“馨”的語詞義也就隨之消失。

段玉裁還進一步把形、音、義三者的關聯與時代變化結合起來討論，認爲有“古義、古音、古形”，也有“今義、今音、今形”。

《王懷祖廣雅注序》：小學有形、有音、有義，三者互相求，舉一可得其二；有古形、有今形，有古音、有今音，有古義、有今義，六者互相求，舉一可得其五。……聖人之制字，有義而後有音，有音而後有形；學者之考字，因形以得其音，因音以得其義。[1]

語言文字的形、音、義相互影響，相挾而發生變化，即强調單字發生變化時，構成這個單字内部小系統的形、音、義三個要素也會有相互的古今變化，因此利用這種語言文字發展的規律去考字，就可以“舉一可得其五”。

第四《鳥部》“鵐，鵐鵐也。从鳥母聲”：《曲禮》釋文“嫗本或作鵐，母本或作鵡，同音武。諸葛恪茂后反”，按裴松之引《江表傳》曰“恪呼殿前鳥爲白頭翁，張昭欲使恪復求白頭母，恪亦以鳥名鵐母，未有鵐父相難”。此陸氏所謂“茂后反”也。據此知彼時作母、作鵐，不作鵡。至唐武后時，狄仁傑對云：“鵡者，陛下

---

① 段玉裁：《經韻樓集》，第 187 頁。

之姓，起二子則兩翼振矣。"其字其音皆與三國時不同，此古今語言文字變移之證也。《釋文》當云"母本或作鵡，古茂后反，今作鵡，音武"，乃合。李善注《文選》云"鵡一作鵡，莫口反"，較明析。大徐用《唐韻》文甫切，亦鵡音，非鵡音也。古音母在一部。

"母"古音在段玉裁古韻第一部（之部），而武音則是在段玉裁第五部（魚部），兩者古音并不相同，因此段玉裁認爲陸德明《釋文》中"母本或作鵡"的説法不當:《説文》不從"武"而從"母"，裴松之所引《江表傳》又作"鸚母"，是"鸚鵡"的"鵡"字在漢代、三國時期均從"母"得聲，不當作"鵡"；又以狄仁傑所言，證"鵡"乃是唐時出現的，説明由於語音變化，對應的字也會出現替換聲符的情況。陸德明和後代的《唐韻》或是以今音而誤古字，或是以今字而誤古音，其實是没有把握語言文字相挾而變的規律。

（二）看重典籍文獻的疏通和還原

段玉裁的"古今字"訓釋，除了説明語言文字變化規律外，還利用"古今字"來溝通《説文》用字和實際用字的關係，無疑與經典的閲讀深有牽連。段玉裁是小學家，同時也是經學家，"古今語言文字變移"①造成了實際文獻與社會用字的差距，這種差距給經典文獻的閲讀和理解都帶來困難，甚至導致經典遭到後人改字，這些改動有些是爲了符合當時人的習慣而進行的，有些則是誤解造成的。經典遭到篡改，使得其原貌不能展示在後人面前，其作爲"經"的功能不能完全發揮，因此疏通文獻、還原經典是當時大多數學者都非常重視的工作。

段玉裁的"古今字"通過訓釋説明《説文》中各個"字"的發展變化和這些"詞"在用字上的發展變化，儘量利用"古今字"的訓釋，把社會用字、實際文獻用字系統"還原"回《説文》的字詞系統，使

---

① 《説文解字注》"鵡"字下云。

得兩個系統能够相互對應上，從而服務於文獻的閱讀。

第二《辵部》“還，復也”:《釋言》“還、復，返也”，今人還繞字用環，古經傳祇用還字。

第一《玉部》“環，璧肉好若一謂之環”：亦見《釋器》。古者“還人”以“環”，亦瑞玉也。鄭注《經解》曰“環取其無窮止”，肉上舊衍“也”字……環引伸爲圍繞無端之義，古祇用還。

“還”爲“還復”之義，古經傳中祇有“還”字，除了記錄“還復”之義外，又可以記錄“環繞”之義。如《左傳·襄公十年》：“還鄭而南。”杜預注：“還，繞也。”《爾雅·釋丘》：“途出其右而還之，畫丘。”邢昺疏：“還，繞也。”《戰國策·燕策三》：“荆軻逐秦王，秦王還柱而走。”《漢書·食貨志上》：“還廬樹桑，菜茹有畦。”段氏以“還”“環”爲“環繞”義上的一組“古今字”，又言“古經傳祇用還字”，以説明經典中“還”也可表示“環繞”義。

由於古今用字習慣的不同，後人在處理古代文獻時常有“改經”“改字”的習慣，這種“改字”使得很多典籍的原貌不現，有些改動水平淺陋，甚至可能導致對經典的誤解，基於這一點，清代學者致力於恢復經典原貌，開展了大量的校勘工作。而校勘工作的基礎就是多個版本之間的對比，由於不同版本時代上有先後差異，依據古今的用字規律可以便於校對工作的進行。段玉裁的“古今字”訓釋中，有不少是爲文獻校勘服務的，即以“古今字”訓釋説明文獻遭到竄改的事實。

第三《言部》“䚦，徒歌”：《釋樂》曰“徒歌曰謠”，《魏風》毛傳曰“曲合樂曰歌，徒歌曰謠”，又《大雅》傳曰“歌者比於琴瑟也，徒歌曰謠，徒擊鼓曰咢”。今本或妄删之……䚦、謠古今字也，謠行而ummy廢矣，凡經傳多經改竄，僅有存者，如《漢·五行志》"女童謠曰：檿弧箕服"。

"讁、謠"在"徒歌"義上構成"古今字"，段氏舉《漢書·五行志》例，以明漢時尚有用"讁"，據此判定《爾雅·釋樂》《毛傳》等文獻本當用"讁"，而今本作"謠"，恐是後人竄改。

　　第三《史部》"事，職也"：職，記微也。古假借爲士字。《鄭風》曰"子不我思，豈無他事"，毛曰"事，士也"。今本依傳改經，又依經改傳，而此傳不可通矣。

今本《毛詩·褰裳》作"子不我思，豈無他士"，傳云："士，事也。"孔疏以"以其堪任於事謂之士"解《毛傳》"士，事也"之訓，則過於迂曲。段氏以"事、士"爲"古今字"，則"事"即"士"，"他士"即他人之義，與上章"他人"相通，今本是依傳改經，又依經改傳。

　　第三《攴部》"敚，彊取也。《周書》曰：敚攘矯虔"：此是爭敚正字，後人假奪爲敚，奪行而敚廢矣……《呂刑》篇文，今《尚書》作奪，此唐天寶衛包所改。凡《尚書》之字，有古文家改壁中相沿已久者，有衛包臆改者，皆可分別考而知之，詳見《古文尚書撰異》。唐人尚用敚字，《陸宣公集》有"敚數"是也。

《說文》引《尚書》字作"敚"，而今本作"奪"。依《說文》訓釋則"搶奪"字本作"敚"，後爲"奪"，今本《尚書》作"奪"，是後人改字。段玉裁認爲是天寶年間衛包奉詔改《古文尚書》從今文，而改"敚"爲"奪"，而陸贄文集中有"敚數"，由此可知"奪行而敚廢矣"，大概始於唐代。

第七《瓜部》"瓝，小瓜也"：謂有一種小瓜名瓝，一名
瓞……《爾雅》、《毛詩》傳皆作"㼎"，交聲、勺聲同在二部也。
《隋書》"㼎矟"，今之金瓜椎也。宋人字作"𤙺矟"，遂爲牛形。因
字訛而附會有如此者，見《文昌雜錄》。

"㼎矟"即"㼎槊"，是形似金瓜的儀仗用槌，段玉裁云《隋書》
作"㼎矟"，是唐用"㼎矟"，而宋代則用"𤙺矟"。"㼎""𤙺"音同，
古爲藥部字，《廣韻》均爲"蒲角切"，宋代用"𤙺矟"，是同音混用。
由於"𤙺"字從"牛"，所以後來人們開始在這種槌上刻牛形紋路，即
段玉裁所説的"因字訛而附會"。

第三《又部》"叚，飾也"：飾，各本作拭，今依《五經文字》
正。《巾部》曰"飾，叚也"，彼此互訓。《手部》無拭字，"彡"下
云"毛飾畫文也"，"𦘴"下云"𦘴，飾也"，皆即今之拭字。獨於
"叚"下改"拭"，與全書矛盾矣。按"拭圭"雖見《聘禮》，然必
係俗改。古者拂拭字祇用飾，以巾去其塵，故二字皆從巾。去塵而
得光明，故引伸爲文飾之義。《司尊彝》"涗酌"，大鄭云"挩拭勺
而酌也"。"拭"《釋文》作"飾"，"叚"亦通用"刷"，《刀部》云
"《禮》有刷巾"，即叚巾也。

"拭""飾"爲"古今字"，而《説文》表"拂拭"義字都祇
用"飾"爲訓，因此"叚"下之訓各本作"拭"與全書矛盾，而
"拭""飾"爲"古今字"，因而據此改"拭"爲"飾"。

第四《歺部》"殄，敗也。《商書》曰：彝倫攸殄"：經假斁爲

殬。《雲漢》鄭箋云"斁，敗也"，孔穎達引《洪範》"彝倫攸斁"……《洪範》文，今作斁者，蓋漢人以今字改之。許所云者，壁中文也。

"殬""斁"爲"古今字"，"斁"本義爲"解"，其記録的"敗"義爲假借義，漢人用"斁"，故用今字改動經文，所以導致孔穎達所引《洪範》與《説文》引《洪範》的不同。

（三）超越單純訓詁的"字用"觀念

利用"古今字"説明語言文字的系統性和時代性，運用"古今字"服務典籍文獻的注釋、校勘是段玉裁"古今字"研究中的重要内容。但是語言文字觀、注釋校勘這兩點，并不能將段玉裁與同時期其他人的"古今字"研究區别開來，因爲乾嘉時期的大多數學者多少會利用"古今字"討論語言文字變化或文獻校勘，衹是段玉裁比别人做得更深入細緻而已。

清代以前的學者進行過大量的"古今字"訓詁實踐，但對"古今字"本身的解釋却較少，原因在於多數學者立足於訓詁去看待"古今字"，更注重古字與今字之間在功能上的等同。而段玉裁在對"古今字"現象進行解釋時，没有單純依照傳統的訓詁思路去進行分析，而是從詞語用字研究的角度進行闡釋，即有了"字用"的觀念，這纔是真正將段玉裁與其他人"古今字"研究區别開來的關鍵。實際上，前文提到的段玉裁"古今字"定義、"行廢"等表述，以及他對"古今字"成因的認識，都是與"字用"密切相關的。

我們從段玉裁對"古今字"相關用字現象的挖掘和解釋，可以看到他與前人"古今字"研究的區别主要體現在三個方面。

首先，立足於用字研究角度界定和闡釋"古今字"現象，即有詞語用字分析的自覺意識。段玉裁的學術特點在於充分的理論自覺性，對字詞互動關係的理性認識是他"古今字"研究背後的潛理論。這種理論意識，足以解釋爲什麼是由段玉裁首次定義"古今字"，爲什麼要特別提出"行、廢"：前人祇重訓釋，并不看重現象背後的理性規律，而段玉裁則自覺地從詞語用字的角度來探求"古今字"這一訓詁現象背後的潛理論，把"訓詁"中的用字現象和社會實際的用字規律區別開來，并把一般社會用字規律當成主要研究目標。

其次，段玉裁提出詞語用字的研究需要有歷時的視角。用字現象的發展和變化是"隨時而變"的，認識到這一點，段玉裁纔在解釋"古今字"時多次提出時代性的問題，即要以歷時的視角和發展的眼光去看待用字現象的變化和用字結果的形成，不要把"古""今"等問題絕對化，根據時代的不同去說明用字現象纔能對諸如"行、廢"這樣用字的規律有更深入的認識。

最後，揭示古今用字不同的成因，說明了詞語用字的研究不祇是訓詁解釋問題，還需要理性的分析。在討論"古今字"成因時，段玉裁的角度是多樣的，即從詞義、語音、文字等多個角度綜合對"用字"現象進行研究，既考慮到"文字"本身發展變化的規律性特點，也考慮到文字和語言之間相互影響變化的關係。

段玉裁率先從詞語用字的角度去理解"古今字"現象，在他對"古今字"現象的分析中蘊含了豐富而具有理性的用字研究思想，這些思想是具有開創性的。

第四節　王念孫、王引之的"古今字"

王念孫（1744~1832）、王引之（1766~1834）并稱"高郵二王"，是清代乾嘉時期的重要學者。王念孫、王引之和段玉裁一樣，都繼承了戴震的學術思路，主張“由文字通乎語言”，而二王更是把古音、古義作爲研究的重點，把以聲求義作爲一種研究詞義的方法，以避免前人“望文生義”“緣詞生義”的弊端。二王治小學的目的，在於“用小學説經”“用小學校經”。在校勘經典時，二王更是發揮特長，從語言文字入手，辨析了各種古書中的錯訛。《讀書雜志》《經義述聞》《廣雅疏證》是他們的代表作，小學的問題、經學的問題、校勘的問題在這幾本書中都融爲一體，相互證明；《經傳釋詞》則是對虛詞的發明講解。

在高郵王氏父子的四部著作中，共有大約 300 條“古今字”的訓釋，這些訓釋或涉及經典閱讀，或與文獻校勘相關，或爲文字音義考證的注脚。雖然二王在考證中多番利用了“古今字”訓釋，又使用了“古今字”術語，但是《讀書雜志》《經義述聞》等書都是以“經典考證”爲主題，因此并沒有對“古今字”的專門論述。

雖然沒有明確的“古今字”的定義，但從王念孫、王引之“古今字”材料中所包含的屬性關係和“古今字”的相關表述中，我們能够看出二王“古今字”的大體所指。

從表述上看，二王的“古今字”訓釋繼承了漢以後“古今字”訓釋的用語，没有異於前人的特殊表述用語，最多使用的是“古作”“古字”“今字”，如“古敝字多通作幣”“禽，古擒字也”“沙即今之紗字”；也有少量直接用“古今字”表述的情況，如“箇、个古今字也”“譣與嚴古今字也”；或以一對多的形式列舉“古今字”，如“蓋去與黿、蛣，古今字耳”。他們所訓“古今字”所包含的具體字際關係主要有以下幾種。（1）本字與本字：或屬於異構字關係，如記錄量詞的“箇”與“个”①；或具有同源分化關係，即源本字和分化本字關係，如記錄“擒獲”義的“禽”與“擒”②。（2）本字與借字：或爲本字與通假

① 王引之《經義述聞》卷三十一“个”條云：“箇、个古今字也。”
② 王引之《經義述聞》卷二十三“魯展獲字禽”條云：“名獲字禽者，義取田獵得獸也，或曰戰伐得因俘曰獲，亦曰禽。禽，古擒字也。”

字關係,如記録"振旅"義的"澤"與"釋"①;或爲假借字和後造本字關係,如記録"情況"義的"請"與"情"②。(3)借字與借字:如記録代詞的"亓"與"其"③。

因此可以得出,二王的"古今字"與大多數前人的"古今字"具有一致性,基本上指稱前後不同時代記録同一義的不同字。

王念孫、王引之在"古今字"研究上的特色,是廣泛利用"古今字"與文獻校勘進行互動。

校勘是清代重要的學術課題之一,也是學者的必備功課。清人講究的"求實"即要站在"還原古人原貌"的基礎上進行,因此清人無論是説經還是解字都看重底本,看重校勘,以確保自己的立論基礎可靠。二王的《讀書雜志》《經義述聞》是集小學、經學以及校勘問題爲一體的考證類作品,在討論具體問題時,有時很難切實分別小學與校勘問題。以小學的語言文字發展規律去證明文獻的錯訛是二王常用的手法,這種手法之前的學者就有使用,比如黃生、段玉裁,但大量具體而詳細的討論則應推二王。在《讀淮南子雜志書後》中,王念孫説明了文獻錯訛之緣由,"推其致誤之由,則傳寫訛脱者半,馮意妄改者亦半"④,并整理了具體的錯誤通例 60 餘種,包括"俗書相似而誤""隸書相似而誤""避諱相似而誤",其中有一條就是"有因古字而誤者":

> 有因古字而誤者,《時則篇》:"孟秋之月,其兵戉。"戉,古鉞字也,而各本乃誤爲戈矣。《齊俗篇》:"煎敖燎炙,齊味萬方。"齊讀爲劑,味即甘受和之和,味與味字相似,而各本遂誤爲味矣。

---

① 王念孫《讀書雜志》史記第二"釋"條云:"古釋字作澤。"
② 王念孫《讀書雜志》荀子第七"質請而喻"下云:"古情字或假借作請。"
③ 王念孫《讀書雜志》墨子第四"亦遠"下云:"……亓古其字。"
④ 王念孫:《讀淮南子雜志書後》,載《讀書雜志》,鳳凰出版社,2000,第 962 頁。

《脩務篇》"感而不應，敀而不動。"敀，古迫字也，而各本乃誤爲
攻矣。①

即某些版本的錯誤，是時人由於不識古字，不知道古字與今字的
對應，而誤對古字進行改動，或是以其他形近字相替代，使得文獻的
原貌不復，更容易造成理解上的不便。二王根據 "古今字" 的規律對
文獻不同版本中出現的因不識 "古今字" 而產生的誤字進行了訂正，
還進一步說明了後人以今字改古字的現象。

一　利用 "古今字" 訂正文獻誤字

王念孫在《讀淮南子雜志書後》中指出文獻常有 "因古字相似而
誤"，這種錯誤的出現主要是因爲今字的使用，古字不復常見，因此後
人不識古字，便用形近字進行替換，這樣替換不僅會改變文獻原貌，
也容易導致文意發生改變。二王在自己的論著中通過對 "古今字" 的
考證列舉了大量 "因古字相似而誤" 的例子，利用 "古今字" 的規律
對文獻進行校勘，通過字形之間的關聯去對文獻中一些錯誤的用字進
行合理的解釋。

> 《讀書雜志》逸周書第二 "比"：《武順篇》"貌而無比，比則不
> 順"。引之曰：《比・象傳》曰："比輔也，下順從也。"《祭統》曰：
> "身比焉順也。"《管子・五輔篇》曰："爲人弟者，比順以敬。"是比
> 與順同義，不得言比則不順。比當爲北字之誤也，北古背字（説見
> 《漢書・高紀》），故曰 "北則不順"。孔注 "比者比同也"，失之。

這裏《逸周書》中以 "比" 爲 "不順" 之義，王氏認爲，依《周

---

① 王念孫：《讀淮南子雜志書後》，載《讀書雜志》，鳳凰出版社，2000，第 963 頁。

易·象辭》所言，“比”的詞義應該是“順從”，有《祭統》《管子》之例，皆證明先秦文獻中“比”有“順”義，而此處《逸周書》之“比”爲“不順”，在詞義上解釋不通，故“比”當是誤字。通過字形比對，王氏認爲“比”和“北”字形相近，比是“反從爲比”，而北是“從二人相背”，“北”即古“背”字，而“北”“背”都有不順的詞義特點，更符合該文之意。

　　《讀書雜志》戰國策第二“未見一城”：“夫用百萬之衆攻戰，逾年歷歲，未見一城也”，念孫案：見當爲尋，尋古得字，形與見相近，因訛爲見。

　　《經義述聞》卷二十“見神”：“是以或見神以興，亦或以亡。”家大人曰：見當爲尋，尋，古得字，形與見相近，因訛爲見。（《史記·趙氏家》“逾年歷歲未得一城”，《趙策》得作見，見亦尋之訛。《留侯世家》“果見穀城山下黄石，取而葆祠之”，《漢書》見作得，此則見訛爲尋，又訛爲得也。）下文曰“道而得神，是謂逢福；淫而得神，是謂貪禍”，即其證也。莊三十二年《左傳》作“故有得神以興，亦有以亡”，此尤其明證矣。又案《説文》“尋，古文得”，《一切經音義》卷一曰：“衛宏詔定古文官書，尋、得二字同體，《尚書》‘高宗夢尋説’是也。”今尋字不見於經傳，《尚書》“高宗夢尋説”，字亦作得，未必非後人所改。此尋字若不訛爲見，則後人亦必改爲得矣。

　　這兩條校勘都是以“尋，古得（得）字”爲參考進行的，“得（得）”的古字爲“尋”，“尋”脱寸則爲“見”，“見”“尋”“得”因爲形似有互訛的情況。《戰國策》中“未見一城”，王念孫認爲若爲“見”字，從邏輯上講不通，即没有歷經數年征伐而見不到一座城池之理，因此推測有文字之誤，當是古得字“尋”訛爲“見”；《經義述聞》中

“見神”之“見”亦當作“尋”，又舉“未得一城”《史記》作“得”，《趙策》作“見”之例，同爲“尋”訛爲“見”的情況。而相反，本作“見”的字，在文獻中或訛作“尋”，進而再訛爲“得”，比如《史記》“果見穀城山下黃石”，《漢書》“見”作“得”。

《讀書雜志》淮南子内篇第十四“持無所監”：“持無所監，謂之狂生”，今本高注云：“持無所監，所監者非元德，故爲狂生。”李善注《文選·任昉哭范僕射詩》曰：“《淮南子》曰：‘臺無所監，謂之狂生。’高誘曰：‘臺，持也，所鑒者非元德，故爲狂生。臺，古握字也。’”念孫案：如李注所引，則今本正文及高注皆經後人刪改明矣。又案，臺與握不同字，臺當爲鏊字之誤也，《説文》“鏊，古文握”，故高注云“鏊，持也”，又云“鏊，古握字也”。後人不知臺爲鏊之誤，而改臺爲持，又改高注“臺，持也”，爲“持無所監”，并刪去“臺，古握字也”五字以減其迹，甚矣其妄也。

此條辨析了李善所引《淮南子》正文和高誘注被後人刪改的問題。既有古字形近而誤的情況，也涉及後人改字的情況。今本《淮南子》作“持無所監”，高誘注下沒有“古今字”訓釋，李善《文選注》所引《淮南子》作“臺無所監”，高誘注下有“古今字”訓釋“臺，古握字”，王念孫認爲不論是今本《淮南子》及高誘注還是李善所見所引《淮南子》和高注，都經過了後人的篡改。李善所見所引《淮南子》及高注的“臺”字與“握持”之義相差太遠，“臺”和“握”不可能具有“古今字”的關係，而“臺”字與《説文》“握”的古文“鏊”在字形上非常相近，故“鏊”字誤爲“臺”字，這樣一來，高誘的注當爲“鏊，持也。鏊，古握字也”。這種訛誤的流傳，導致後人因“臺”字無法解釋，便借用了高誘注中“持也”的訓釋，改“臺”爲“持”，并且删掉原有的"古今字"訓釋。

《讀書雜志》荀子第三"出死斷亡而愉":"百姓貴之如帝,親之如父母,爲之出死斷亡而愉",楊注曰:"愉,歡也。"念孫案:愉讀爲偷,愉上當有不字,出死斷亡而不愉者,民皆死其君事而不偷生也。楊所見本已脱不字,故誤以愉爲歡愉之愉。下文"爲之出死斷亡而愉",愉上亦脱不字。《王霸篇》曰"爲之出死斷亡而不愉",《群書治要》引作"不偷",足正此篇之誤。楊不知愉爲古偷字,反以不爲衍文,謬矣。

王念孫以《荀子》"出死斷亡而愉"一句,指出楊倞注釋有誤,"愉"不當訓"歡愉"義。"愉"爲古偷字,"愉"古通"偷",段玉裁以爲古無偷字,"偷盗""苟且"之義皆作"愉"。這裏的"愉"表示的是"不偷生"之義,本有的"不"字被認爲是衍文而誤删。又舉《王霸篇》"不愉"《群書治要》引作"不偷"爲證據,那麼楊倞本以"不"爲衍文,又把"愉"訓爲"歡",非矣。

二 利用"古今字"説明後人改字

王氏父子還指出,由於古今用字習慣的不同,今人或有以今字改古字的情況。或是依照今人的用字,爲符合社會習慣而進行有意的、帶有解釋意味的改字;或是因爲不識古字,不了解古人的用字習慣,而根據文意和今人用字習慣對文獻進行改造,屬"馮意妄改"。

《讀書雜志》史記第五"釋":"卒釋去之",念孫案:釋本作醳,古多以醳爲釋字。《索隱》本作醳,注曰"音釋"。又《田儋傳》"乃釋齊",《索隱》本亦作醳,注曰"古釋字"。今本皆改醳爲釋，而删去其注，後人之妄也。

“醳”從酉，《釋名》訓作“醳，醳酒，久釀酉澤也”，“醳”古通“釋”，可表“釋放”之義，兩者在“釋放”義上構成“古今字”關係，今本《史記》作“卒釋去之”“釋齊”，《索隱》本皆作“醳”，注曰“古釋字”。王氏以爲，後人根據之後的用字習慣，用今字“釋”替換了古字“醳”，并删掉了相關的“古今字”注釋。

> 《讀書雜志》史記第六“索隱本異文”：案《史記》《漢書》每多古字，《漢書》顏注即附於本書之下，凡字之不同於今者，必注曰“古某字”，是以後人難於改易，而古字至今尚存。《史記》則《索隱》《正義》本係單行，其附見於本書者，但有《集解》一書，注與音皆未晐備，是以《史記》中古字多爲淺學人所改。後人以《集解》《索隱》《正義》合爲一書，乃不肯各仍其舊，而必改從今本，以歸畫一。

這裏王念孫説明了《漢書》多古字、《史記》多今字的相關問題，認爲《史記》多用今字，可能與今人依今字改古字有關，還與注文的内容以及版本的刊行相關。《漢書》有顏師古的大量“古今字”注釋，顏師古注又附於原文之下，故後人難以用今字改古字；而《史記》的各種版本中，注文和正文皆分别刊行，雖有《集解》隨書相附，但是《集解》的内容不全，導致《史記》中的古字多被後人所改，即便是合《索隱》《正義》等爲一，也没有按照原樣，而是依從今本進行用字的統一改動。

> 《讀書雜志》荀子第一“豈非”：“豈非人之情，固可與如此，可與如彼也哉”，念孫案：豈本作幾，古豈字也。今作豈者，後人

不識古字而改之耳。

"豈"字古作"幾",王念孫以爲"豈非"本應當作"幾非",是後人不識古字而改爲今字"豈"的。《荀子·榮辱》："幾不甚善哉矣?"楊倞注："幾讀爲豈。"《史記·黥布列傳》："人相我當刑而王,幾是乎?"《集解》引徐廣："幾一作豈。"可證王念孫之說。

二王利用或根據"古今字"現象進行的文獻校勘工作,其主要目的是還原典籍的原貌,通過"古今字"現象反映、說明文獻用字變化的規律,來溝通文獻用字、解釋文獻校勘中出現的問題。同時,對古字、今字關係的認定,還可以起到一定的訓詁作用,糾正前人因爲不懂古字而做出的錯誤訓釋。

第五節　王筠的"古今字"

王筠(1784~1854),山東安丘人,字貫山,號箓友,清代《說文》四大家之一,著有《說文釋例》《說文解字句讀》《文字蒙求》《箓友蟻術編》等書。清中葉是《說文》學大發展的時期,而嘉慶、道光時期,則是《說文》學的巔峰,王筠就處在這一時期。王筠的《說文》學研究是在前人基礎上進行的。《說文解字句讀》通過擷取段玉裁、嚴可均、桂馥等人的精華而作成,在博觀約取的基礎上加以己見;而《說文釋例》則是在段玉裁"通例"的基礎上,對《說文》體例進行的更爲深入細緻的說明。王筠治《說文》最突出的成就在於其對《說文》體例的發掘。在《說文釋例》中,王筠力求以《說文》的原貌研究《說文》,對六書、重文等問題進行了解釋,還自覺運用各種材料對《說文》體例進行有力的證明和總結,其中關於"異部重文""分別文、累增字"的説法，對後世的文字學有深刻的影響。可以説王筠的《説文》學自成一家之言，《清史稿》評價他："論者以爲許氏之功臣，桂、段之勁敵。"①

王筠的"古今字"訓釋也基本沿襲了傳統的訓釋方式，除了用"古今字"以外，也用"古／今某字""古／今作"等。他的"古今字"不限於表述用字問題，少數也用來表述字形、字體上的古今差異，比如：

> 《説文釋例》卷六:《匕部》"卓"之古文"𠧟"，《玉篇》作"𠧢"，乃是小篆也。案，"𠧟"之形，直其曲者，即是今卓字，是今字不由小篆變之，而由古文變之也。

這裏王筠以"𠧟"爲古卓字，又云"直其曲者"，即把原來曲筆改爲橫直，屬於字形變化，"𠧟"與"卓"爲異形字的關係，可以歸入一個字位。

王筠的"古今字"訓釋主要集中在《説文釋例》和《説文解字句讀》兩書中，共計近 423 條。這些條目中有對"古今字"成因的説解，也有利用"古今字"進行校勘和訓詁工作的。另外，"古今字"與王筠所提出的"分別文"和"累增字"之間也具有密切的關聯，以下我們就針對這些問題來對王筠的"古今字"進行分析。

一　王筠"古今字"的具體内涵

王筠没有對"古今字"進行過明確的定義或論述。根據蔣志遠對王筠"古今字"字際關係的考察，我們可得知，王筠的"古今字"具有如下屬性關係：異構字關係、本字與重造本字關係、源本字與分化本字

---

① 趙爾巽等:《清史稿·儒林三》，中華書局，1977，第 13280 頁。

關係、本字與通假字關係、假借字與後造本字關係、假借字與假借字關係。① 再加上一些對古今字體、字形的訓釋，説明王筠的“古今字”中“古字”與“今字”所記録的基本上都是同一個詞項，用古人的説法就是“實一字也”。而字際關係的多樣性説明王筠的“古今字”并不衹是對某一類型問題的説明，而是對“古今字”變化這種現象的歸納。

《説文釋例》卷十六引用司馬貞的“古今字”訓釋時，王筠對“古今字”也捎帶進行過説解：

> 《史記·貨殖傳》索隱出：“竹干（今《史記》作罕）萬个。”而説之曰：“《釋名》云：竹曰箇，木曰枚。《方言》曰：箇，枚也。《儀禮》《禮記》字爲‘个’。又《功臣表》‘楊僅入竹三萬箇’。箇、个古今字也。”小司馬所謂古今字，蓋以《説文》收箇爲古字，寫經者作个爲今字。

這裏王筠把司馬貞的“箇、个古今字”訓釋，解釋爲《説文》所收的“箇”對應寫經者所用的“个”，雖字不同，但是意義却相對應。“箇”“个”屬於異構字的關係，這也能够看出，王筠對“古今字”的側重點不在於字形如何發生相承變化，而在於前後不同時代的用字習慣差異。

由王筠“古今字”所含有的字際關係以及王筠自己對“古今字”進行的分析，我們可以歸納出，王筠“古今字”的具體内涵與漢以後的“古今字”大體上一致：（1）古今前後不同時代記録同一個詞所使用的不同的字；（2）古今字的古今是相對的，不是造字上的先後，而是使用上的古今；（3）古字與今字多半具有構形上的差别，但也有少量没有構形差别，衹具有字形差别的字。

二　王筠對"古今字"成因的説明

王筠在進行"古今字"訓釋時，常注意對古字、今字的使用屬性和來源進行説明，這些説明可以理解爲對"古今字"成因的解釋。王筠對成因的説明是多角度的，相互之間或不具有邏輯上的嚴密層次，比如借用可能跟分化一起説明。具體有以下幾種：（1）文字的借用；（2）詞義分化導致的字形分化；（3）字形的累增；（4）字形的訛變和省變。其中講文字借用時王筠專門提到了"省借"的概念，而對詞義分化導致的字形分化以及字形的累增問題，他的論述最爲詳細，又與"分別文、累增字"的概念相關，在這裏我們具體針對這三點進行介紹。

（一）"借用"與"省借"

王筠在訓釋中常利用"借用"來説明"古今字"的成因，其"借用"的内容涵蓋較廣，或有通假而造成的"古今字"，或有原本字被假借表他義而重造本字的"古今字"，也有古無本字而用假借字，後補造本字的情況。

《説文釋例》卷十八："顢"下云"昧前也，讀若昧"，夫既以昧説之，而讀又如之，則顢也者，謂不識機宜，冒昧而前也，與昧音義同，故今皆借用昧。"覭"下云"突前也"，知冒昧當作"覭顢"。

《説文》："顢，昧前也。从頁㬎聲。讀若昧。""昧，旦明也。从日，未聲。一曰：闇也。"是"冒昧"之義本爲"顢"，而後人用與"顢"音相近的"昧"字，則"顢""昧"在"冒昧"義上構成"古今字"，是由通假造成的。

《説文釋例》卷一："宁"下云"辨積物也"，知爲積貯之古字，借爲當宁既久，乃加貝別之耳。

"宁"與"貯"在"積聚"義上爲"古今字"，屬於原本字和重造本字的關係，因"宁"假借表示"當宁"，故重造從貝的"貯"表本義。王筠以爲是假借而導致了"貯"字的出現，即"宁"字本身記録職能的變動，而導致它記録的其他意義之用字的變動。

《説文解字句讀》卷二十六："勥"，强者，古假借字，勥則後起之專字也。

"勥"表"强迫""强悍"之義，從强聲，力爲義符。古無"勥"字，"强迫""强悍"之義由"强"字表示，而"强"字的本義爲蟲名，是假借"强"字表示"强迫"義，後又造從力的本字。

王筠在《説文釋例》中還提出"省借"這個概念，并運用到對"古今字"成因的説明上。如《説文釋例》卷十六在説明"斄"時，王筠講道："……而陸、孔所據《孟子》本又不同，則何以知古有斄字，而省借作牟也。"其意爲"牟"是古字，可假借表"斄"義，并非先有"斄"字，而後人又省借用"牟"，這裏的"省借"可以理解爲本字繁難時借用形體省簡的通假字。但這個例子是從反面説的，正面的例子如：

《説文釋例》卷十四：《方言》曰："揄鋪……毳也。"《經義述聞》説之曰："毳，古脃字。《大雅·烝民》釋文曰：'毳，本又作脃。'《荀子·議兵篇》注曰：'毳讀爲脃。'"筠案：《老子音義》"脃"河上本作"膬"，則知膬者古字也，作毳者，省借也。又本作"脃"，則已改者也。鄭君在漢末尚不作脃，況揚雄在前漢，荀子在周末，其無脃字可知。許君爲鄭君前輩，安所得脃字而收之？且其篆從色，非從絕省，即其篆文之訛，亦可知爲後增矣。

《説文》：“臑，耎易破也。从肉，毳聲。”“脆，小耎易斷也。从肉，从絕省。”兩字所訓之義大致相同，當爲一詞之異字，均可表示“脆”義。王筠以爲許君收“脆”字不合，當時應没有“脆”字，此字入《説文》屬後人增字，舉荀子、鄭玄、揚雄的用字皆無“脆”來證明。那麼“脆”的古字根據《老子音義》的版本，當爲“臑”字。“臑”從毳聲，與“毳”音近，“毳”字“從三毛”，爲“獸細毛也”，和“脆”“臑”所表之義都無關，衹是音相近，故借“毳”爲“臑”字。已有“臑”字而用字形較省的“毳”，是爲“省借”，則這裏的“省借”也指有本字的“通假”。

> 《説文釋例》卷八：蓋上古衹有句字，以手句之，後即加手作拘……《爾雅》“下句曰朻”，以句爲義，即是以丩爲義也。其餘八部無從其義者，不復論。是知雛、朐、痀不收於《句部》，朻不收於《丩部》者，本是各字也，雖痀可省借作句，而必入《疒部》也。惟拘、笱、鉤則古衹作句，故不可入之他部也。

這裏講從“句”聲之字，拘、笱、鉤、雛、朐、痀諸字在《説文》中或入《句部》，或不入。其原因在於拘、笱、鉤等字古無本字，衹用“句”，且音義關聯密切，而後人因爲“句”字承擔詞義較多而造從手、從竹、從金的後起分別之字，因此拘、笱、鉤可以入《句部》。雛、朐、痀諸字則是以句爲聲符所造的字，并没有古字，便不能入《句部》。這裏王筠又一次提到“省借”，認爲“痀可省借作句”，是已有“痀”字而人們借用“句”字代之，這裏的“省借”也是通假之義。

由上可見，雖然王筠没有明確區分“借用”爲“假借”和“通假",但是"省借"這一説法,已經體現出他有對這兩種現象不同的認識,并在有意識地進行區分。

(二)"後起之分别文"

王筠對一些"古今字"成因進行分析時,常用"後起之專字""後起之分别文",或直接言"加某别之"等表述方法,這些表述和王筠"分别文"的概念是一致的。"分别文"是王筠在《説文釋例》卷八首提出的《説文》重文中的一種現象,同時也用來對"古今字"進行分析和説明。

> 字有不須偏旁而義已足者,則其偏旁爲後人遞加也。其加偏旁而義遂異者,是爲分别文。其種有二:一則正義爲借義所奪,因加偏旁以别之者。一則本字義多,即加偏旁而祇分其一義也。

由王筠"分别文"的定義可知,"分别文"的出現也與文字的假借相關,因此以詞義分化而導致字之分别來講"古今字",與部分由假借講"古今字"便構成了角度不同的重疊。在王筠這裏,講由假借引起的"古今字"時側重的是説明"古今字"中某個字的用法,而談後起分化字引起的"古今字"時,側重的是説明某個字(一般指"今字")是怎麼來的。

> 《説文解字句讀》卷十二"竀":《左傳》曰"后羿自鉏遷于竀石",知《傳》作窮爲古字,竀爲後起之專字。

"窮""竀"在記録"后羿封國"地名時構成一組"古今字",《左傳》今本作"窮",而"窮"即"竀"。段玉裁以爲《左傳》今本作"窮",《説文》作"竀",則今本的"窮"字應爲今字,"今《左傳》作窮，許所據作竆，今古字也"①。而王筠則以爲，《左傳》作"竆"爲古字，依照文字發展慣例，"竆爲後起之專字"。"竆"字本義爲"窮盡""極盡"，"竆"字從邑，竆省聲，古時無"竆"字，遂用音近的"窮"記録此地名，之後爲此造專字"竆"，是爲今字。

> 《説文解字句讀》卷二十四："嫥"，蓋古祇有專字，嫥則後起之分別文，但爲女子而設。然《韓詩》"窈窕，貞專貌"，此主謂女子而不作嫥，何況琴瑟專壹之類乎？此既有分別文，而人仍用借字者也。

"專"的本義爲"紡錘"，紡錘用來聚集收綫，使不雜亂，因此引申有"專一"之義。因爲引申義和本義區別較大，故王筠以爲"專"記録"專一"是借字，而"嫥則後起之分別文"，分化了原本"專"字的"專一"之義，則"專""嫥"構成"古今字"關係。王筠又指出，後起今字"嫥"的分化并不成功，後世仍又用回原"專"字表"專一"義，則站在後世的立場，"嫥""專"又構成"古今字"，王筠雖没明確説"嫥""專"又構成"古今字"，但是在表述上已經講明了後人用字的習慣。

> 《説文解字句讀》卷二十二："電"，虹之籀文從申，云"申，電也"，知申是古電字，電則後起之分別文。

"申""電"爲"古今字"，也是由於字的"分別"而造成的。"申"古文字字形象閃電之形，後被借用爲干支字，故而爲其本義又重造了新的本字——從雨的"電"。

---

① 《説文解字注》"竆"字下所言。

《文字蒙求》卷一："要"，从臼，象人要自臼之形，此古腰字，後讀於笑切，乃加肉旁別之。

"要""腰"爲"古今字"，記録人身體部位"腰"義的本字爲"要"，同時"要"字還身兼數職，可以記録"要害""要點""索取"等義，爲了區別"要"的多個職能，在"要"的基礎上加"肉"爲"腰"以分別之。

（三）"後人加偏旁累增"

"累增字"是王筠關於《説文》重文提出的另一個概念，一般可以理解爲歷時的異體字。

《説文釋例》卷八：……其加偏旁而義仍不異者，是謂累增字，其種有三：一則古義深曲，加偏旁以表之者也（哥字之類）。一則既加偏旁即置古文不用者也（今用復而不用复）。一則既加偏旁而世仍不用，所行用者，反是古文也（今用因而不用㘡）。凡類此者，許君説解必殊別其文。

"累增字"也是利用"加偏旁"的方式構成新字，相比於"分別文"在分別之後記録詞義上的區別，"累增字"與"原字"之間則不具詞義分化的情況，因此"累增字"累增偏旁的目的是顯義。

《説文釋例》卷七：厽、垒二字詳其説解，知是一字，殆古作厽，後人恐其不顯加土以表之，不必如段氏分析。

"厽""垒"爲"古今字"。古作厽，象形表示累土爲墙，雖然構形之"意已足"，但後人嫌表意不突出，又加上"土"，兩字所記的意義没有發生變化，因此是累增字。

　　《説文釋例》卷八:《攵部》"复"下云"行故道也",《彳部》"復"下云"往來也"。夫往而復來,則所行者必故道也。《玉篇》曰"复今作復"。案從攵義已足矣,又加彳,微複也。"復"下祇云"复聲"。

　　"复"與"復"在卷八"累增字"部分中,也是王筠在説解"累增字"定義時提到的。"复"本從攵表示"往復"之義,其義已足,然而後人又加"彳",意義沒有發生變化,則"复""復"是由於字的累增而構成的"古今字"。

　　《説文解字句讀》卷二十六:"畕",疑畕是古文,畺、疆皆其累增字。

　　"畕"《説文》訓"比田也",字從二田以表田地之間相互間隔,互有界限,進而引申有"疆界、邊疆"之義。後人在"畕"上增加三横而成"畺",更突出"邊界"之義;又加"弓"而爲"疆",羅振玉解釋從弓是因爲古人以弓記步,則"畕"與"畺"、"疆"構成了"古今字"關係,而所記録的意義沒有發生變化,因此王筠以此爲"累增字"。

三　王筠"古今字"與"分別文、累增字"的關係

（一）"分別文"和"累增字"

"分別文"和"累增字"是王筠用來闡釋《説文》重文的兩個概念,在《説文釋例》卷八有明確的表述:

　　字有不須偏旁而義已足者,則其偏旁爲後人遞加也。其加偏旁而義遂異者,是爲分別文。其種有二:一則正義爲借義所奪,因

加偏旁以別之者。一則本字義多，即加偏旁而祇分其一義也。其加偏旁而義仍不異者，是謂累增字，其種有三：一則古義深曲，加偏旁以表之者也（哥字之類）。一則既加偏旁即置古文不用者也（今用復而不用复）。一則既加偏旁而世仍不用，所行用者，反是古文也（今用因而不用囙）。凡類此者，許君説解必殊別其文。

"分別文"與"累增字"雖然是從《説文》重文角度切入的，但是李運富等人認爲，"分別文、累增字"并非"重文"的類別，而祇是"重文"產生的兩種原因或目的。所以"分別文、累增字"祇針對後出字而言，并非表述字際關係的組概念。增旁字與母字中相應義項的"字"是"重文"，當然"同義"，但爲什麼要產生這個增旁的同義重文呢？一是爲了"分別"（別義），一是爲了"累增"（顯義）。可見"分別文、累增字"的要義不在表述"重文"的"同義"，而在解釋"重文"的成因。①

雖然"分別文"與"累增字"本質上是在解釋"重文"的成因，但是這兩個概念所描繪的關於漢字如何産生和發展的規律却帶有普遍性。"分別文"基本相當於我們今天的"分化字"概念，即由一個母字孳乳出新的字形，以承擔原母字的某些職能，或分擔的是借義，或分擔的是本義，或分擔的是引申義；而"累增字"則是字形孳乳的同時，原字的職能發生了整體性的轉移，因此王筠在"累增字"部分還專門從用字的角度對"累增字"的使用進行了説明。

"分別文"和"累增字"都是以加偏旁的形式造新字，因此字形上與本字多有關聯，新字與舊字一定會涉及"古今"的問題，故而很多人常把王筠的"古今字"與"分別文、累增字"相提并論。

（二）"古今字"與"分別文、累增字"的交叉

王筠的"古今字"訓釋與"分別文"以及"累增字"具有密切關

---

① 參見李運富、蔣志遠《從"分別文""累增字"與"古今字"的關係看後人對這些術語的誤解》，《蘇州大學學報》2013 年第 3 期。

係，從前文中我們對王筠"古今字"成因的歸納和分析中就能看出，"分別文"和"累增字"的相關表述被廣泛應用到了對"古今字"關係的説解當中，講"分別文""累增字"時也常常利用"古今字"進行證明，可以看出王筠是把"分別文""累增字"的表述和"古今字"的表述混合在一起搭配使用。

但"古今字"與"分別文、累增字"在王筠的文字學體系中仍屬於不同層面上的兩類概念，祇是所面對的材料有所交叉，因此一組字既可以是"古今字"，也有可能是"分別文"，這兩種概念不能隨意等同之。"古今字"是屬於訓詁系統的，用來溝通記錄同一詞的不同用字；而"分別文""累增字"是造字系統的，是王筠用來描述新字產生方式的術語。這一點很多學者都論述過，李運富和蔣志遠的文章《從"分別文""累增字"與"古今字"的關係看後人對這些術語的誤解》提出，可以從多個方面區別王筠的"古今字"與"分別文""累增字"。①

一是王筠的"古今字"也用來指稱没有"增偏旁"關係的字組，如：

《説文解字句讀》卷十七："頌"，《漢書·儒林傳》"魯徐生善爲頌"，此頌貌之本義也。借爲雅頌，《詩序》曰"頌者，美盛德之形容"，以容説頌，以今字解古字也。

《説文解字句讀》卷七："雀"，案爵、雀蓋古今字也。

《文字蒙求》卷三："鼀"，七宿切，光鼀，詹諸也，其鳴詹諸，其皮鼀鼀，其行光光。从黽从光，光亦聲。詹諸今作蟾蜍。

以上幾例中，"頌"和"容"、"爵"和"雀"、"諸"和"蜍"都不具有"增偏旁"的關係，但是也被王筠指認爲"古今字"。

二是"古今字"針對文獻中某個詞項的用字來説，一般是一對一

---

① 以下例證和論述參考李運富、蔣志遠《從"分別文""累增字"與"古今字"的關係看後人對這些術語的誤解》，《蘇州大學學報》2013 年第 3 期。

關係，“分別文”就孳乳造字而言，常孳乳出多個新字，以對應不同詞項，這時的“分別文”就不便改用“古今字”或“今字”來講。

《説文解字句讀》卷十五：“伸”，㬰、伸皆當爲申之分別文。申、㬰下皆曰“神也”。

《説文解字句讀》卷二十四：“婣”，字與湝同，皆省之分別文也。

《説文釋例》卷八：《匕部》“頃”下云“頭不正也”，《人部》“傾”，《阜部》“陾”，皆曰“仄也”……云“不正”，則凡不正者之統詞矣。仄亦不正也。知傾、陾皆爲頃之分別文。

三是“古今字”的時間順序也不一定符合“分別文”、“累增字”與“母字”出現的前後時代。

《説文釋例》卷八：……今用復而不用复……今用因而不用捆……

《説文釋例》卷八：“佮”下云“合也，從人合聲”（古沓切），是合、佮義同音異，佮音如蛤，通力合作、合藥及俗語合夥，皆佮之音義也，今無復用佮者。《玉篇》：“佮，合取也。”《攴部》“敆”下云：“合，會也，從攴合聲（古沓切）。”大徐本“從合，合亦聲”，則妄增之也。

《説文解字句讀》卷十四：“㾵，減也”……《禮記》“年五十始㾵”。㾵，解也。今皆作衰。

《説文解字句讀》卷二十：“𢊁，進也。從夲從中，允聲。《易》曰：𢊁升大吉”。升卦文。今作允。案𢊁即允之累增字也。故《㫃部》“旞”下云“允，允進也”，是“允”本有進義。

《説文解字句讀》卷二十三：“掼”，掼與《辵部》遦，皆貫之分別文。古有習貫之語而無專字，借貫爲之，後乃作遺、摜以爲專字，寫經者苦其繁，故今本仍作貫也。

此幾例中，從文字孳乳的角度來説，"復""佮""瘣""糩""摜"相對繁複，必然是後起的"分別文"或"累增字"，但從"古今字"角度來説，王筠則以之爲古字，因爲他是站在後人用字的立場去説明"古今字"的，而"分別文"和"累增字"的表述則是着眼於造字的。可見王筠雖没有明確提出造字和用字的差别，但在其學術系統中，這兩個方面都有所涉及，而且在表述時有所區别。

四是兩者在功能上的區别，"古今字"着眼於文獻用字功能的溝通，所以"古今字"出現的語境常有文獻注釋和字詞關係方面的表述；"分別文""累增字"着眼於文字孳乳，所以提到它們時常有"後作""後起"之類表示文字產生之類的用語。

《説文解字句讀》卷三：《蒼頡篇》"啁，嘲也"……以嘲釋啁，乃以今字釋古字之法，漢人多有之。

《説文解字句讀》卷十八："廁，清也"，《廣韻》引作"圊也"，此以今字代古字，使人易曉也。

《説文解字句讀》卷二十四："嫥"，蓋古祇有專字，嫥則後起之分別文。

此外，根據王筠的一些"古今字"訓釋，我們有一種猜測，即"分別文"和"累增字"之間也未必是非此即彼的矛盾概念，也是從不同角度進行的解釋，或存在交叉的現象。

《説文釋例》卷一："宁"下云"辨積物也"，知爲積貯之古字，借爲當宁既久，乃加貝别之耳。

107

《説文釋例》卷八:《宁部》云"辨積物也",《貝部》"貯"下
云"積也",祇云"宁聲"……以上累增字。

《説文釋例》卷一指出"宁"爲"積貯"之古字,即"宁""貯"
構成"古今字"關係,其原因是本義爲"存貯"的"宁"被借用爲
"當宁",即"門屏之間",比如《禮記·曲禮下》:"天子當宁而立,諸
公東面,諸侯西面,曰朝。"鄭玄注:"門屏之間曰宁。"借之既久,
"宁"的本義無所依托,因此在"宁"的基礎上加表財貨的"貝",承
擔"宁"原來的本義"貯藏",則"貯"爲"宁"的分別文。而《説文
釋例》卷八在列舉累增字字例時又舉"宁""貯",是以兩字在《説文》
中所訓相通,故"貯"爲"宁"的累增字。雖然是同樣一組字,但是
若從分別詞義的角度來看,"宁""貯"是本字與分別文關係,而若從
該字曾承擔職能上來説,"宁""貯"又確實能構成原本字與累增字的
關係。

《説文解字句讀》卷八:"齎,舭齎也",《左傳》"後君噬齊",
《莊子》"與齊俱入,與汨偕出",司馬云"齊,迴旋如磨齊也"。然
則齊是古字,臍是累增字。

"齎"即"臍"字,從齊聲。"齊"本爲"齊平"義,古時字少,
"齊"字除了記録"齊平"義以外,還可表"齎""躋"等字之義。
"臍"《説文》訓"舭齎",即人之肚臍,"齊"與"臍"意義相差很遠,
雖然字形上有關聯,但似不符合王筠"累增字"加偏旁而義仍不異者
的説法,當屬"分別文"的範圍。然而如果着眼於文獻用字的情況,
王筠所舉《左傳》"後君噬齊","噬齊"今本皆作"噬臍",即咬斷自
己的腹臍,《莊子》"與齊俱入,與汨偕出",郭象注云:"磨翁而旋入者
齊也,回伏而涌出者汨也。"這裏的"齊"也帶有"肚臍"旋轉圓回的

特點，則王筠訓"臍"爲"齊"的累增字，即着眼於"齊"原有的功能也能借用作"臍"，那麼兩字就具有了增偏旁而義不異的關係。

當然這衹是一種猜測，這種案例出現的情況極少，因此也很可能衹是王筠在注釋時偶然出現的錯誤。

四　王筠"古今字"研究的學術特色

（一）重視文字發展規律

王筠是最先提出"字的分化、繁複"問題的學者。他的"分別文"及"累增字"雖然和"古今字"屬於不同系統，却是可以相互解釋的，即王筠用"分別文"和"累增字"説明了部分字的演變發展，而這些演變和發展反映到人們的用字習慣上，往往是母字使用在先，"分別文"和"累增字"使用在後，這就形成了"古今字"關係，故而大多數"古今字"關係和母字與"分別文""累增字"的關係是可以對應上的。

王筠"分別文"和"累增字"的提出，説明他不僅看到了文字發展變化的事實，也開始着手挖掘這些變化背後的規律。"分別文"和"累增字"説明了《説文》"重文"産生的途徑，即探索新字的産生，也就是從造字的角度去看待問題。所以在一些表述中，王筠常用"後出""後起""繼起"這樣的詞語，表面上是在説明"古今字"中今字的來歷，實際上也反映了漢字的增長與發展。

《説文解字句讀》卷十二："竄"，《左傳》曰"后羿自鉏遷于窮石"，知《傳》作窮爲古字，竄爲後起之專字。

《説文解字句讀》卷十九："鸕"，《書·文侯之命》"盧弓一，盧矢百"，古假借字也，鸕則繼起之分別字。

王筠之"古今字"或還涉及造字方法的演進。

《説文解字句讀》卷二十四:"乚……讀若隱",此讀則謂乚、隱爲古今字也。乚,指事,其體簡;隱,形聲,其體繁。

《説文釋例》卷十一:"皇"下云"自讀若鼻",案,"自"下云"鼻也,象鼻形",於此又言"讀若鼻",則是古今字也。……此則"自"象形而"鼻"會意兼聲,其體即别而其音亦異,故第於此表其古音也。古人詞不迫切,故曰"自讀若鼻",而不曰"自,古鼻字"。

這兩例中,王筠既指出"古今字"的問題,又加以説明古字與今字在結構、繁簡上的差别,"乚"和"隱"、"自"和"鼻"在造字方法上有所不同,王筠意在突出象形、指示之法或早於形聲之屬,而古字到今字的演變則主要是由簡趨繁的規律。

(二)關注用字變化理論

和段玉裁一樣,王筠對"用字"也有一定的關注,他認爲不同時代、地域都可能會有用字習慣上的區别,"古人用字貴時不貴古,《尚書》用兹,《論語》用斯,《孟子》用此,時不同也。聿、筆、弗不律,地不同也。皆取其人入耳即通也。推之周人言山必南山,衛人言水必淇水,豈以遠稱博引爲豪哉。今人好用古字,乃不足之證,非有餘之證,文之雅俗在乎義,不在字體也"。[1]

王筠的"分别文""累增字"主要面向的是造字,而從他説明"累增字"時的表述,以及一些對"古今字"材料的論説,也不難看出王筠對"用字"問題會有意關涉。

王筠關於"累增字"的論述,有些地方已不是單純的造字問題。"今用某而不用某",其着眼角度是字的使用,"置古文不用者""而

---

① 王筠:《説文釋例》,中華書局,1987,第8頁。

世仍不用，所行用者，反是古文也"，則是對用字結果和用字上反復現象的説明。可以看出，王筠是以造字和用字爲兩個密切相關的問題，新字的産生必然會帶來用字習慣上的變化，我們既要關注這種變化的成因（造字的方法），也要關注這些變化的結果（用字的結果）。

因此他的一些 "古今字" 解釋常關聯着 "分別文、累增字"，尤其是已有後起 "分別文" "累增字" 之後，人們如何進行用字上的選擇，王筠多次進行了舉例：

> 《説文解字句讀》卷二十四："嫥"，蓋古祇有専字，嫥則後起之分別文，但爲女子而設。然《韓詩》"窈窕，貞専貌"，此主謂女子而不作嫥，何況琴瑟専壹之類乎？此既有分別文，而人仍用借字者也。

"専" "嫥" 是由於借義分化而産生的 "古今字"，"専" 本義爲 "紡錘"，借來表示 "専一" 之義，後專門爲女子設 "嫥" 字表示 "忠貞、専一" 之義。但王筠考察《韓詩》等句，均用 "専" 不用 "嫥"，便指出雖有後起分別文，但是人們仍然選擇用回原來的古字。

> 《説文解字句讀》卷二十三："摜"，摜與《辵部》遺，皆貫之分別文。古有習貫之語而無專字，借貫爲之，後乃作遺、摜以爲專字，寫經者苦其繁，故今本仍作貫也。

"貫" "摜" 是母字與分別文的關係，"貫" 表 "習慣" 之義是假借用法，《説文》訓 "錢貝之貫"，其本意應爲 "貫穿"，"摜" "遺"《説文》均訓 "習也"，則是 "習慣" 義的後起分別文，但分化不成功，主

要是因爲 "寫經者苦其繁",因此後人仍用古字 "貫"。

以上這兩則王筠關於 "用字" 上反復的說明,既涉及對漢語用字選擇的問題,也講到了左右這個選擇的條件(趨簡律),同時也證實了王筠的 "古今字" 是從用字角度出發,與 "分别文、累增字" 不屬於一系列的問題。

字組職能合并與轉移的問題在王筠的 "古今字" 研究中也略有關涉:

> 《説文解字句讀》卷五:"訋",《手部》"扣,牽馬也",其義不協。然則扣乃敂之借字也。《支部》"敂,擊也",義仍不協。蓋訋、扣、敂三字之義今皆歸之後出之叩字也。

"訋" "扣" "敂" 本各有職能,而今不論是 "叩問" 的 "訋","牽馬" 的 "扣",還是 "敲擊" 的 "敂",王筠認爲 "三字之義今皆歸之後出之叩字也",即都祗作 "叩",則 "叩" 兼并了 "訋" "扣" "敂" 三字的職能。

可見用字變化規律、用字選擇標準和字組職能變化等問題都在王筠的 "古今字" 材料中有所體現,足以説明王筠的 "古今字" 理論也蘊含着樸素的 "字用" 思想。

(三)古文字材料的運用

相較於之前的《説文》學家,王筠的獨特之處還有以古文字作爲論證材料,即把《説文》和古文字結合在一起,討論文字的理論問題。在王筠 "古今字" 材料中,有若干例運用古文字去證明古今用字的例子:

> 《説文釋例》卷十九:段氏以或、國爲周時古今字,妙悟也。

《積古齋》宗鐘銘"⬚或"釋爲"南國","⬚三或"釋爲"保三國"，南宮方鼎"⬚⬚南⬚"釋爲"先相南國"，皆其證。

王筠以"或""或""或"等"或"的古文字都被釋爲"國"來證明，古時用"或"記錄"邦國"之義。

《説文釋例》卷十八："頁"下云"古文䭫首如此"，又云"百者，䭫首字也"。似謂䭫首字古作頁、百者。然季娟鼎作⬚⬚，淮父卣蓋作⬚⬚，器作⬚⬚，宰辟父敦作⬚首，齊侯鎛鐘作⬚⬚，邿敦作⬚頁，周敲作⬚頁，戟敦作⬚⬚，寅簋作⬚⬚。是首字作頁者七，作⬚者二，無一作百者。䭫字從⬚者六，從頁者三，無一從頁者也。信乎⬚、頁即首字，又知顔之古文䭱，頯之古文䭫，頂之或體倄，所從乃古頁字，即是古首字。

這條也是從古文字出發論證古今用字。從季娟鼎等的用字情況來看，"首字作頁者七，作⬚者二，無一作百者。䭫字從⬚者六，從頁者三，無一從頁者"，并沒有像《説文》"頁"下所講爲"百"，從而判定⬚、頁即首字，又舉顔、頂、頯字的古文或體爲證，説明⬚正爲古頁字，即古首字。

第六節　徐灝的"古今字"

徐灝（1809~1879），廣東番禺人，字子遠，號靈州山人。徐灝是清代著名的《説文》學家，作爲段玉裁的後學，他所處的時期已是清代《説文》學發展較爲成熟的階段，段玉裁《説文解字注》雖然地位極高，但也存在一些缺憾和不足，因此後人展開了一系列對《段注》的補充和訂正，徐灝的代表作《説文解字注箋》就是這種類型的作品之一，胡樸安評價其爲“讀段注之輔”。《説文解字注箋》對段玉裁的注文，或增補例證，以補段玉裁之不足，或有言辭激烈的反駁，以正段玉裁之失誤。姚孝遂認爲：“徐灝的《説文解字注箋》在形式上是段書的附庸，而實際上則是具有獨到見解的一部著作，他對文字的觀察與分析，是細緻而深入的，有不少精闢的論斷。”① 同時，徐灝也充分吸收了在他之前的《説文》學家的觀點，比如其中的“造字相承”部分明顯是對王筠“分別文、累增字”的繼承。

徐灝的“古今字”材料主要集中在《説文解字注箋》中，共計 492 組。他也是繼段玉裁後，另一位對“古今字”有明確界定的學者。徐灝的“古今字”訓釋主要使用的表述用語是“古今字”，但也不乏使用“古作”“今作”“古某字”等用語的情況，比如“自、鼻”“典、敟”等字，和他所訓釋的“造字相承增偏旁”類型的“古今字”屬於同類，但徐灝使用的則是“古某字”的用語。可見他雖然定義了“古今字”，且把“古今字”當作主要用語使用，但仍然没有完全抛棄傳統訓詁用語的模式。這裏要説明的一點是，因爲徐灝把“造字相承增偏旁”明確定義爲“古今字”的一種，所以即便没標記“古、今”，但説明“造字相承”關係的字組也可算入他認定的“古今字”。

在徐灝的“古今字”訓釋中，常以“借用”“訛誤”“引申”“相承”等現象來解釋“古今字”的成因，與前人基本保持一致。根據劉伊超《〈説文解字注箋〉“古今字”研究》② 中的統計，徐灝“古今字”之間的屬性關係，包括異體字與異體字關係、母字與分化字的關係、

---

① 姚孝遂：《許慎與〈説文解字〉》，中華書局，1983，第 57 頁。
② 劉伊超：《〈説文解字注箋〉“古今字”研究》，碩士學位論文，北京師範大學，2006。這三類大概對應了本字與後造本字、同源字、假借字和後起本字這幾種關係。

同音借用的關係等，而"母字與分化字"方面，含有本義分化、引申義分化、借義分化三類，也基本上與之前的"古今字"保持一致。

一　徐灝對"古今字"的界定

在《説文解字注箋》卷一的"祐"字下，徐灝講道：

> "祐，助也。从示，右聲。"注曰："古祇作右。"箋曰：右、祐古今字。凡古今字有二例：一爲造字相承增偏旁，一爲載籍古今本也。

從徐灝的表述來看，他把"古今字"分爲兩種類型：一種是具有造字相承增偏旁關係的，即通過在古字上增加偏旁造出今字而構成"古今字"；另一種是顯現在古今不同版本文獻中的、用字的"古今字"。徐灝對"古今字"類型的表述，看似是平行的兩類，但實際角度是不同的："造字相承增偏旁"是從字的産生方法上來説，而"載籍古今本"則是從文獻用字的角度來説，所以把"載籍古今本"和"造字相承增偏旁"對立并列，便難免交叉衝突。

徐灝爲什麽會做出這樣不合邏輯的分類？我們推測可能有以下原因。一是古人没有明確和科學的分類意識，不同角度、不同維度出發得出的類型都可以平行列出，比如"六書"，一般理解既有造字問題又有用字問題。二是徐灝的兩類"古今字"可能是爲了對應王筠的"分别文、累增字"之説以及段玉裁的"古今字"之説，這一點很多學者都指出過。李運富、蔣志遠認爲："段玉裁和王筠本來都是面對所有'古今字'立論的，現在却讓他們各自代表一部分而加合起來纔等於'古今字'。徐灝這樣做一方面是出於對王筠'分别文''累增字'的誤解而將'造字相承增偏旁'的文字孳乳現象全部當成'古今字'；另一方面却無法用'分別文''累增字'涵蓋所有的'古今字'事實，祇好再用'載籍古今本'來作爲補充。"①那麼，徐灝就是基於對段玉裁和王筠的認可，把二者的"古今字"論述加合在一起，形成了自己的"古今字"的"兩類"，但對王筠和段玉裁這些概念之間的關係和區別，徐灝没有深入分析和説明。

基於這兩點原因，我們可以説徐灝的這"兩類古今字"，不能當成絶對平行的"兩類"，祇能概括爲關於"古今字"的兩點認識，即"古今字"可能是由造字相承增偏旁而形成的，"古今字"是古今不同文獻用字的不同。

二 徐灝對"古今字"兩例的分析

從徐灝對"古今字"的訓釋和説明來看，關於"古今字"的兩個要點，他比較偏重"造字相承增偏旁"，《説文解字注箋》中大多數"古今字"都符合"造字相承"的特徵，而且對於增偏旁以分別詞義，徐灝也多加詳細説明；比較之下，書中對"載籍古今本"没有太多介紹。

（一）"造字相承增偏旁"

根據劉伊超②的研究，他通過"古今字""古某字"術語提舉出的314組"古今字"中，具有分化關係的占80%。徐灝自己也以"通例"説明"造字相承增偏旁"：

> 《説文解字注箋》卷一："蘜，治墙也。从艸鞠聲。"箋曰：
> ……《夏小正》"九月榮蘜"，《月令》"蘜有黄華"，祇作"鞠"，而

---

① 李運富、蔣志遠：《從"分別文""累增字"與"古今字"的關係看後人對這些術語的誤解》，《蘇州大學學報》2013 年第 3 期。
② 劉伊超：《〈説文解字注箋〉"古今字"研究》，碩士學位論文，北京師範大學，2006。

"蘜"字相承加艸，此古今字之通例。

"通例"即把造字相承增偏旁，當成"古今字"最爲典型、最爲常見的例證，此例中"鞠"作爲古字，在《夏小正》《月令》中都能表示"菊"之義，而"蘜"是在"鞠"的基礎上，增加偏旁"艸"而來的，"鞠""蘜"遂成爲一組"古今字"。

由此可知，徐灝"造字相承增偏旁"的角度和王筠所形容的"字有加偏旁而義遂異者""字有加偏旁而義仍不異者"是具有一致性的，都屬於在原母字的基礎上，通過增加相關偏旁來造新字。王筠通過意義的異同分別出"分別文"和"累增字"，但在徐灝的表述中，沒有再去刻意分別，不論累增字還是分別文，都用"造字相承"來表述。再如以下几例。

《説文解字注箋》卷十四："陷"，箋曰：臽、陷本一字，相承增𨸏旁。

"臽""陷"爲"陷入""墜入"義上的一組"古今字"，"陷"由"臽"增偏旁而來，但兩字所表示的意義沒有變化，屬於王筠"累增字"的範疇。

《説文解字注箋》卷二："蹉，蹉跎，失時也。从足差聲。"箋曰：差、蹉古今字。《左部》云"差，不相值也"，故引申爲差失、爲差池。差池即蹉跎也，不相值故曰失時。

相比於上一條，徐灝在這組"古今字"的説明中分析了詞義變化的情況，點明引申關係，即由"差"引申出"差池"義、"蹉跎"義，因此又增偏旁造"蹉"字以承擔引申義，在"蹉跎"義上"差"和

“蹉”則成爲一組“古今字”。“差”和“蹉”有意義分化關係，正對應王筠的“分別文”之説。

徐灝“造字相承增偏旁”類的“古今字”多數符合“分別文”的情況，即隨字形的分別，意義也隨之分別、分化。徐灝解釋這類“古今字”時，常會詳細舉例分析詞義由何變化，變化的結果又是什麽樣的，是把詞義變化當作造今字的主要動因。而意義變化的原因，除了上述詞義引申，還有借用，如：

> 《説文解字注箋》卷二：“各，異辭也，从口夂，夂者有行而止之，不相聽也。”箋曰：段説非得其義。灝按，各，古格字，古从夂，夂有至義，亦有止義，故格訓爲至，亦訓爲止矣。阮氏《鐘鼎款識》宗周鐘“用昭各丕顯祖”，無專鼎“王各于周廟”，頌鼎“王各大室”，格并作各，因假爲異辭久而昧其本義耳。

徐灝以爲“各”從夂，因此認爲“至、止”之義是“各”的本義，而後來表示“至、止”不再用“各”而用“格”。《釋詁》曰：“格，至也。”《詩·抑》毛傳亦曰：“格，至也。”徐灝認爲“至、止”義用字從“各”變爲“格”的原因，是“各”字可假借表示“異辭”，久借而不還，導致其本義被廢棄，因此被“格”字替代。則“各”“格”在“至”義上構成“古今字”，是由“各”字的假借引起的。

雖然徐灝“造字相承增偏旁”與王筠“分別文、累增字”在本質上是一致的，涉及的是同一種類型的材料，但是兩人立説角度和所指範圍却有所區別。王筠的“分別文、累增字”是針對整個漢字發展變化而總結出來的規律，具有普遍性，即“分別文、累增字”不是限於“古今字”的“分別文、累增字”；而徐灝先確立了“古今字”，然後再説“造字相承增偏旁”，則是把“造字相承增偏旁”當作“古今字”的規律特點來論説，他的“造字相承增偏旁”就不能也不好跳出“古今字”而應用到其他的漢字關係上，祇能成爲他對部分"古今字"成因的解釋。

（二）"載籍古今本"

前文提到"載籍古今本"是從用字角度來講"古今字"，而"造字相承增偏旁"則是從漢字孳乳分化角度去講。多數學者認爲，徐灝的"載籍古今本"來源於段玉裁的"古用彼而今用此異字"的"古今字"，那麼"載籍古今本"的"古今字"這種表述實際上是包含"造字相承"的。徐灝列"載籍古今本"爲一例祇是爲了補充説明那些無法用"造字相承"説明的"古今字"，所以我們在討論"載籍古今本"時，就排除了具有造字相承關係的"古今字"，專以諸如古今異體字這樣的不具有字形分化關係的"古今字"爲例。

在徐灝《注箋》中，不具有字形傳承關係的"古今字"祇占較少的部分，約有 50 條，比如：

> 《説文解字注箋》卷二下："遴，行難也。"注曰"《漢書》'遴東布章'，謂難行封也"。箋曰：《功臣表》晉灼引許慎云："遴，難行也。"東，古簡字。
>
> 《説文解字注箋》卷十二上："西，鳥在巢上也。"箋曰：西，古棲字，像鳥棲於巢之形。
>
> 《説文解字注箋》卷十二下："盭，弼戾也。"箋曰：古通作戾，別作綟。
>
> 《説文解字注箋》卷十三上："蛕，腹中長蟲也。"箋曰：今通作回。

從數量上看確實比"通例"的"造字相承增偏旁"少很多，導致這種情況的原因是：對於段玉裁所訓并不具有"造字相承增偏旁"關係的"古今字"，徐灝《注箋》有的沒再作説明，如比較著名的"余、予""容、頌""于、於"，徐灝沒有用"古今字"的術語，而是以典籍通用或假借來説明關係。

徐灝没有重複段玉裁一些"古今字"的訓釋，是否能體現他對"古今字"的態度呢？李淑萍認爲是這樣的：正是因爲字形上没有關聯性，所以徐灝不輕易以"古今字"稱之。① 我們認爲李淑萍的説法不太妥當，應從"箋"的體例出發，并且把徐灝、段玉裁"古今字"材料進行完全比較，纔能論證這個問題。

首先，從"箋"的體例來説，不出"箋語"，并不代表反對，其常態應是表示"默認"。徐灝作《段注》的箋，本就有糾正駁段的目的，他認爲段玉裁有錯的地方，都會明確表示"段説非是"。他認可段玉裁的地方，或保持注文原貌不再加説明，即是默認；或對段玉裁之説進行補充舉例説明。若徐灝真的認爲"余、予"之類非"古今字"，那麽他多半會表述出"駁斥"的態度，而不是一言不發，因此不能因爲徐灝没説而去否定。

其次，通過對比徐灝和段玉裁的"古今字"材料，我們發現不僅是不具有"造字相承增偏旁"的"古今字"，段玉裁所作的一些符合徐灝"通例"的"古今字"訓釋，徐灝也有默認、不再加説明的情況。段玉裁所訓"古今字"中，有470餘條，徐灝没有箋語，或是没有在箋語中提及，表2-2是部分樣例。

表 2-2　部分段玉裁、徐灝"古今字"材料對比

許慎文	段注	徐箋
芽，萌芽也	古多以牙爲芽	徐灝未箋
菩，草也	郭樸注《穆天子傳》云：菩，今菩字	徐灝未箋
狎，犬可習也	古假甲爲之，《衛風》傳曰：甲，狎也	徐箋未提及
兹，艸木多益	戴先生《毛鄭詩考正》曰：兹今通用滋	徐箋未提及

---

① 李淑萍:《清儒"古今字"觀念之傳承與嬗變——以段玉裁、王筠、徐灝爲探討對象》,《文與哲》2007 年第 11 期。

許慎文	段注	徐箋
疋，一曰疋記也	疋、疏古今字	徐箋未提及
籭，竹器也	籭、箷古今字也。《漢·賈山傳》作籭	徐灝未箋
私，禾也	然則古衹作厶，不作私	徐箋未提及
樸，樸棗也	樸、樸古今字	徐灝未箋
檄，弋也	弋、杙古今字	徐灝未箋
酁，左馮翊郃陽亭	按屠、酁古今字	徐灝未箋
窣，從穴中卒出	卒、猝古今字	徐灝未箋

以上諸例中，"芽"字下，段玉裁注"古多以牙爲芽"，是以"牙、芽"爲"古今字"，"牙、芽"之間具有字形分化的關係，符合徐灝"造字相承增偏旁"，但徐灝在"芽"字下卻未再次進行"古今字"的説明；再如"疋"下段注云"疋、疏古今字"，而徐灝删去了部分注文，也沒有明確指論這組有增旁關係的"古今字"。此外"甲"和"狎"、"兹"和"滋"、"厶"和"私"、"弋"和"杙"、"屠"和"酁"、"卒"和"猝"都是屬於徐灝"古今字"通例類型的，但他也都沒有進行説明。

這些《段注》中具有相承增旁關係而徐灝沒有"繼承"的"古今字"例證正説明：徐灝箋或不箋某些"古今字"，是不帶有傾向性的，所以不能以他沒有箋"余、予"等典型案例，就去定性徐灝"心中的古今字是造字相承增偏旁"。若非要這樣講，徐灝忽略掉的具有造字相承關係的段注"古今字"實際上數量并不少於另一類，那他心中的"古今字"則反而不是所謂的"造字相承增偏旁"了嗎?

徐灝在箋語中反對段玉裁某些"古今字"關係認定時，其角度也不是從是否有"造字相承增偏旁"關係出發的：

《説文解字注箋》卷三:"誼,人所宜也。"箋曰:威儀字古通作義,段説是也。其謂仁義字,周時作誼,漢時作義,則殊不然。誼字从宜而通作義,實緣"義者,宜也"之訓而起,非古字也。

徐灝反對段玉裁把"誼、義"當成古今字,稱"誼"非古字,其理由是"義"常訓爲"宜",而誼字又從"宜",把"誼、義"當成"古今字",是誤把"義"字之"訓"當成"字"關聯在一起,兩字應爲同義字的關係。徐灝論述的着眼點,不是"誼、義"之間不具有任何字形上的關聯,而是關聯"誼、義"兩字的條件是錯誤的。

《説文解字注箋》卷一:"蔓,葛屬。"注曰:"此專謂葛屬,則知滋蔓字古祇作曼,正如蔓延字多作莚。"箋曰:《繫傳》云"葛之總名也",灝按,葛引蔓最長,故云"葛屬",引申爲凡藤蔓之稱也,滋蔓謂艸,故其字从艸。段謂"古祇作曼",經籍未見。

這裏徐灝對段玉裁"(滋蔓)古祇作曼"的説法提出了異議。"曼、蔓"在條件上是符合"古今字"的,而且又屬於徐灝"造字相承增偏旁"關係,但徐灝認爲草的滋蔓與藤的蔓長義相關,可以引申,文獻中都應用"蔓"。用"曼"表示"滋蔓"的情況"經籍未見",所以它們雖然有"增偏旁"關係,也未必是"古今字"。這是從實際用字出發得出的觀點。

可見,徐灝否定段玉裁"古今字"的角度,或看"古今字"之間的意義關係是否可靠,或是從文獻用字的實際狀況出發,并沒有把"造字相承增偏旁"當作判定是否爲"古今字"的絶對標準。

第七節　孫詒讓的"古今字"

孫詒讓（1848~1908），字仲容，浙江瑞安人，晚清著名學者，人稱"清代小學的後殿""清代最後一位樸學大師"。晚清時期的語言文字學，除了延續乾嘉考據之學的路綫外，另一方向則是在甲骨文發現的推動下發展起來的古文字研究，孫詒讓在這兩方面都頗有建樹。在經史校注和考證方面，他著有《周禮正義》和《墨子閒詁》，繼承了清以後形成的以段、王爲主的樸學研究方法；在經傳訓詁研究方面，他主張從語言文字入手，以校勘經本爲基礎，還原經典原貌、裒輯多家觀點，對經典進行解釋，以《札迻》爲代表；在古文字研究方面，他對文字演變規律進行了初步的探索，留下了《古籀拾遺》《名原》等具有開創性的作品。周予同先生評價道："在近代語文學史上，具有承前啓後，有'開新造大'貢獻的，當推孫詒讓先生。"①

孫詒讓對"古今字"的注釋和説明主要集中在《周禮正義》，約有 408 條，《札迻》中也有少量材料。他的"古今字"訓釋多圍繞"經例用古字，注例用今字"這一條例進行，其訓釋方式主要有"某某古今字""古字""今字"，或點明由借用而産生的古今用字不同，亦有少量"古文"。孫詒讓所訓"古字"與"今字"關係主要有異構字關係，比如記録"養育"義的"毓"和"育"②，記録"法則"義的"灋"和"法"③；古本字與重造本字關係，如記録"饔餼"

---

① 周予同：《孫詒讓與中國近代語文學》，載朱維錚編《周予同經學史論著選集》，上海人民出版社，1996，第 772 頁。
② 孫詒讓《周禮正義》卷十九："云'樹蓺謂園圃育草木'者，《大宰》育作毓，此作育者，亦用今字也，宋本及俗本并作毓，非。"
③ 孫詒讓《周禮正義》卷四十二："云'成均之法者，其遺禮可法者'者，此亦注用今字作法也。"

的"氣"和"餼"①；本字與借字關係，如"散解"義上的"澤"與"釋"②。

一 孫詒讓對"古今字"的界定

孫詒讓没有對"古今字"這個整體概念進行界定，但是在《周禮正義》中幾次對"今字"進行了説明，他認爲"今字"是"漢代人所常用的字"。

> 《周禮正義·略例十二凡》：……經文多存古字，注則多以今字易之（如歔漁、瀍法、聯連、頒班、于於、攷考、示祇、眡視、政征、叙序、衺邪、菑災、鱻鮮、盦染、辠罪、狸埋、劀刮、壹一、槀栗、虩暴、覈核、毓育、眚省、嫩美、嫺姻、匱柩、囍艱、馭御、轂繋、攷叩、彊强、箈筮、飄風、果裸、鬻煮、嘑呼、靁雷、磬韶、侑宥、歆吹、齒邲、虡鐻、肍兆、癢夢、攃拜、詣稽、邅原、參三，凡四十餘字，并經用古字，鄭則改用今字以通俗。今字者，漢人常用之字，不拘正假也）。
>
> 《周禮正義》卷六十："諸侯之繅斿九就，瑉玉三采，其餘如王之事。"注："鄭司農云：'繅當爲藻，繅古字也，藻今字也，同物同音。瑉，惡玉名。'"疏：……至先鄭所謂今字，止據漢時經典常用字言之，與《儀禮》今文異也。

這兩條材料都出現在《周禮正義》中，孫詒讓對"今字"，尤其是鄭玄所謂"今字"做出了解釋，認爲"今字"是"漢時"常用字，常

---

① 孫詒讓《周禮正義》卷八十："蓋漢時已用气爲气假字，氣爲雲气字，而餼爲饎餼字……子春以今字釋古，往往讀古字爲今字，於此可得其例。"
② 孫詒讓《札迻·管子尹知章注》："《史記·孝武本紀》'先振兵澤旅'，《集解》引徐廣云：'古釋字作澤。'是其證也。"

用字就是社會習用字,能體現出當時的社會用字習慣,與所謂的"今文"是不同的。

孫詒讓定義的側重點,在於"今字"的時代。他把"今字"的時代固定到了漢代。比較段玉裁在"古、今"時代上的靈活和變通,孫氏在界定"古、今"時缺少了一些歷史發展的眼光。這或許是因爲作品的體裁、體例不同:段玉裁基於《説文》這一字書而提出"古今字"的界定,所面對的是整個漢字系統,因此其"古今字"也一定是就整個漢字發展規律而言的,必然是全面的、宏觀的;而孫詒讓是對文獻進行注疏,其對象衹是《周禮》和鄭玄注,所以在討論字的古今變化時,衹能就經注的用字而言,因此孫詒讓就把"今字"限定在鄭玄時代"漢字"。可以説,孫氏的"古今字"是局限在《周禮》經文和鄭玄注文中的用字現象。

二 孫詒讓的"古今字"與"經注用字"條例

(一)"經用古字,注用今字"的原則

孫詒讓這種有局限性的"古今字"觀主要體現在他的"經注用字"原則上。段玉裁在《周禮漢讀考》和《説文解字注》裏提到過"經用古字,注用今字"①,孫詒讓的《周禮正義》繼承了段玉裁的這個條例,并以這一條例爲準則,強調經、注文獻時代性差異,列舉、注釋了《周禮》中大量出現的"經注"用字有古今差別的地方。在闡明經注用字古今差異時,他常以漢代的用字習慣對"今字"進行説明。

《周禮正義》卷十八:"以土宜之灋辨十有二土之名物,以相民宅而知其利害,以阜人民,以蕃鳥獸,以毓草木,以任土事。"疏:

---

① 《説文》:"䅆,稷也。"《段注》:"《釋艸》曰'粢,稷也',《周禮·甸師》'齍盛'注云'粢者,稷也。穀者稷爲長'。按經作齍,注作粢,此經用古字,注用今字之例。"

……（注）云“育，生也”者，舊本“育”作“毓”，非，今據宋岳珂、余仁仲本正。《説文·去部》育，重文毓，云“育或从每”。漢時蓋習用育，此經作毓，注作育，亦經用古字，注用今字之例也。《廣雅·釋詁》云“育，生也”，《國語·魯語》韋注云“毓即育字，生也”。

《周禮正義》卷二十八：“凡四方之賓客敂關，則爲之告。”注：“……叩關猶謁關人也。”疏：云“叩關猶謁關人也”者，叩，敂之俗，宋岳本、董本及注疏本并作“敂”，今從宋婺州本、建本、互注本、嘉靖本，與賈疏同。《典同》注亦作“叩”。疑漢時已有此字，注例用今字，不必與經同也。

《周禮正義》卷二十八：“祭祀之牛牲繫焉，監門養之。”疏：“祭祀之牛牲繫焉”者，《釋文》繫作縠，云“本又作繫”。阮元云：“古繫字多作縠，《易·繫辭》本作縠。”詒讓案，縠即縠之隸變。①《説文·殳部》云“縠，相擊中也”，《糸部》云“繫，繫縲也，一曰惡絮”，又《亻部》云“係，絜束也”。凡繫縛字，正字當作係，縠、繫并聲近假借字。此職及《占人》《校人》繫字，《釋文》并作縠，疑經系束字本作縠，與《大宰》“繫聯”，《瞽矇》《小史》“世繫”字，爲系之假字異，注則皆作繫字。《漢書·景帝紀》“農桑縠畜”，顔注云“縠謂食養之。縠，古繫字”。蓋漢以後繫字通行，縠、繫又爲古今字，此經作縠，注作繫，亦經用古字，注用今字之例也。

以上三例都是經文用古字而注文用今字的情況：在“生育”“養育”義上，“毓”“育”構成“古今字”關係，注文因漢代習用“育”，故而用“育”去解釋經文的“毓”。又注文用“叩”解經文的“敂”

―――――――――
① 楚學社本作“繫即縠之隸變”，似誤。這裏根據中華書局點校本（底本爲乙巳本）。

字，孫詒讓以“叩”爲漢時字，故注文用之。又“殼”“繫”分別爲《周禮》的經注用字，孫詒讓也是以“蓋漢以後繫字通行”解釋注文使用的“繫”字。孫詒讓“古今字”是緊扣“經注用字”條例説的，“今字”主要指的就是注文産生時代，即漢時産生或通行的字。

（二）“經記字例之異”

在説明經注用字不同以外，孫詒讓還注意到了經文内部的時代層次，在《周禮正義》中提出“經記字例之異”。《周禮正義》卷七十四以後爲《考工記》，實際是因《冬官》亡佚，漢儒以《考工記》補之，相對於前五篇的經文，《考工記》的時代不同，用字習慣也與前幾篇不同。

　　　《周禮正義》卷七十九：“卷而摶之而不𧿧，則厚薄序也。”疏：“則厚薄序也”者，序，前經例用古字并作“叙”，此作“序”，疑經記字例之異。
　　　《周禮正義》卷八十一：“凡試梓，飲器鄉衡而實不盡，梓師罪之。”疏：“凡試梓，飲器鄉衡而實不盡，梓師罪之”者，罪，前經五篇并用古字作“辠”，[1] 此作“罪”者，疑亦經記字例之異。

《考工記》是漢儒增補入《周禮》的内容，因此其經文部分用字一般是和注文保持一致的，與前五篇用古字的情況有所不同。比如“序”字前五篇用古字“叙”，《考工記》用“序”；“罪”經前五篇都用古字“辠”，《考工記》則用“罪”。這些“經記字例之異”的例子，也體現了孫詒讓所認同的時代用字的絶對一致性，即什麽時代的文獻就應該用什麽時代的字，相對於前五篇的經文，《考工記》年代靠後，又是漢儒增補入經，則多用今字。

---

[1]　楚學社本作“辜”，誤，此據中華書局點校本（底本爲乙巳本）。

三　孫詒讓的"古今字"與文獻校勘

清代的經學研究，在學術史上有非常重要的地位。在對原有經典進行重新注疏的作品中，孫詒讓的《周禮正義》一直享有較高的聲譽。《周禮正義》承襲了戴震、王念孫等人的訓詁方法，同時也格外注意使用"精校""互證"，去解決舊注舊疏中的各種問題，提倡以"古字校古書"，"以經決注，以注決經"。

經典文獻流傳甚久，不同時代有不同版本，在校勘時，如何辨析這些不同版本的異文，是文獻校勘的重要課題。孫詒讓以"經用古字，注用今字"爲原則，利用文獻的時代性，對各個版本的錯誤進行分析説明，糾正了很多版本校勘上的錯誤。

《周禮正義》卷六十："以序守路鼓。"疏："以序守路鼓"者，序，經例用古字當作"叙"，石經及各本并誤。

"叙""序"爲"古今字"，按例經文用"叙"，注文用"序"，比如卷十四有"叙哭者亦如之"，下注文則用"次序"，此處石經及各本均作"序"，孫詒讓以爲石經及各本均誤，不符合經注用字的慣例。

《周禮正義》卷十九："頒職事十有二于邦國都鄙，使以登萬民。一曰稼穡，二曰樹蓺，三曰作材，四曰阜蕃……"注："鄭司農云：……樹蓺謂園圃育草木……"疏：云"樹蓺謂園圃育草木"者，《大宰》"育"作"毓"，此作"育"者，亦用今字也，宋本及俗本并作毓，非。

"毓""育"爲"養育"義上的一組"古今字"，《周禮》經文一般作"毓"，注文則用今字"育"，孫詒讓對比《大宰》經文，又在《大宰》下舉《大司徒》注文“育，生也”，説明經注用字習慣，因此認定宋本及俗本此處注文用“毓”是錯誤的。

在《周禮正義》中，孫詒讓也多次説明，這些版本錯誤主要是後人傳抄或改寫造成的。

《周禮正義》卷六十三：“河南曰豫州，其山鎮曰華山，其澤藪曰圃田，其川熒雒，其浸波溠，其利林漆絲枲，其民二男三女，其畜宜六擾，其穀宜五種。”注：“……汱爲熒，熒在滎陽。……”疏：……熒雒作滎洛，《釋文》作“滎洛”，嘉靖本作“滎雒”，今從宋余本、岳本、建陽本、小字本、宋注疏本作“熒雒”。段玉裁云：“熒者，光不定之貌，沛水出没不常，故《尚書》‘汱爲熒’作此字。《周禮》“熒雒”，《左傳》閔二年、宣十二年、杜預後序，《詩·鄘風》箋‘熒澤’，《左傳》杜注‘熒陽’，《玉篇》熒下曰‘亦熒陽縣’，漢韓敕後碑、劉寬碑陰、鄭烈碑、唐盧藏用紀信碑亦作‘熒陽’。《隋書·王劭傳》上表言符命曰：‘龍鬭於熒陽者，熒字三火，明火德之盛也。’然則熒澤、熒陽，古無作滎者。《尚書·禹貢》釋文經宋開寶中妄改“熒”爲“滎”，而經典、《史記》、《漢書》、《水經》皆爲淺人任意竄易，以爲水名當作滎，不知沛水名熒自有本義，於絶小水之義無涉也。”

“沛水名”古用“熒”，後用從水的“滎”，孫詒讓引《段注》説明“沛水名熒自有本義”，“熒”是形容沛水“出没不常”，又列舉諸多碑文和《周禮》等文獻，證明“沛水”“熒陽”本就作“熒”，後纔用從水的“滎”去遷就“沛水”之名。對於《尚書》《史記》《漢書》等書中的“滎”字，孫詒讓認爲是淺人不知“沛水名熒”之本義，而隨意竄改。

《周禮正義》卷六十六："凡萬民之有罪過而未麗于灋，而害於州里者，桎梏而坐諸嘉石，役諸司空。"疏："凡萬民之有罪過而未麗于灋，而害於州里者"者，"罪"當作"辠"，凡經例用古字作"辠"，注例用今字作"罪"，前四篇并如是，惟《秋官》《冬官》二篇，經并作"罪"，疑傳寫之誤，詳《甸師》疏。

孫詒讓依照前四篇經文用"辠"而注文用今字"罪"的情況，認爲《秋官》裏"凡萬民之有罪過而未麗于灋，而害於州里者"的"罪"是後人傳寫時失誤，當作"辠"。

那麼後人的版本中爲什麼會出現"改字"？孫詒讓對此也進行了分析，他認爲後人對經典的改動有的是爲了經注統一而"依經改注"或"依注改經"，有的是因爲古字形近而造成誤寫。

（一）經注互訛現象

經注時代背景不同，因此有不同用字習慣，注文爲了解釋經文的內容，替換當時的常用字，以今字解古字，是古人之例。後人在傳承中，發現經注用字不同，爲了統一經注，改變經或注的用字，導致原本的用字狀況被破壞。孫詒讓利用"古今字"，對《周禮》中出現的"改注從經""依注改經"現象進行了判定和説明。

《周禮正義》卷五："以官府之六敘正群吏，一曰以敘正其位，二曰以敘進其治，三曰以敘作其事，四曰以敘制其食，五曰以敘受其會，六曰以敘聽其情。"疏：注云"敘，秩次也，謂先尊後卑也"者，《説文·攴部》云"敘，次弟也"。"秩次"與"次弟"義同，經典多假東西墻之"序"爲之，此經例用古字作"敘"，注例用今字作"序"，雖述經文亦然。此注仍作"敘"，疑後人不知注例，依經文改之。

此條下孫詒讓以爲"叙""序"在"次序"義上爲一組"古今字","經例用古字作'叙',注例用今字作'序'",即便是在注文裏轉述經文也應如此。而這裏注文却用"叙"字,故而懷疑是後人依照經文改注。

《周禮正義》卷五十:"春招弭以除疾病。"注:"招,招福也。杜子春讀弭如彌兵之彌,玄謂弭讀爲敉,字之誤也。"疏:云"杜子春讀弭如彌兵之彌"者,彌疑并當作弭。段玉裁云:"彌兵見《小祝》,而《左氏傳》作弭兵,蓋古文假借也。"云"玄謂弭讀爲敉,字之誤也"者,此聲之誤也,《小祝》注亦云"彌讀曰敉",《説文·攴部》云"敉讀若弭",俞樾云:"經文弭字當作彌,注文彌字當作弭,蓋經文作彌,而杜子春讀爲弭兵之弭。《左傳》弭兵字作弭,不作彌也。因經文誤作弭,遂改注文作'彌兵',而義不可通矣。後鄭不從杜讀,而改讀爲敉,《小祝》職云'彌,敉兵',注曰'彌讀曰敉,敉,安也',正與此同。彼經作彌,知此經亦作彌也。《儀禮·士喪禮》注曰'巫掌招彌以除疾病',即用此經之文。"案俞説是也,以《大祝》《小祝》經注校之,疑經用古字作"彌",注當用今字作"弭",今本此經正文及注互訛。但《士喪禮》注宋本實作"弭",與《釋文》、賈疏本不同,彼注引此經亦多改從今字,未知彼注元文果作"彌"否也。互詳《小祝》疏。

"彌"本用來形容弓的狀態,《集韻》引《説文》:"彌,弛弓也。"後多用作"瀰漫""彌久"之義。"弭"《説文》訓:"弓無緣,可以解轡紛者。"《段注》:"弭可以解紛,故引申之訓止,凡云弭兵、弭亂者是也。"此處注文的"杜子春讀弭如彌兵之彌",俞樾的意見是"彌兵之彌"當是"弭兵之弭",是後人改爲"彌"字的。孫詒讓進一步指出“此經正文及注互訛”，即“弭兵”“消止”義上“彌”“弭”屬“古今字”，那麼依據“經例用古字，注例用今字”的通例，以及《大祝》《小祝》的相關經注，這裏的經文和注文都有問題，經文當用“彌”，屬於古字假借，注文應該用今字“弭”。

《周禮正義》卷十八：“以天下土地之圖，周知九州之地域、廣輪之數，辨其山林、川澤、丘陵、墳衍、原隰之名物。”疏：“辨其山林、川澤、丘陵、墳衍、原隰之名物”者，《釋文》云“原，本又作邍”。阮元云：“《周禮》原隰字多作邍，此當本作古字，因注作原而改。”案，阮説是也。邍、原古今字，經例用古字當作“邍”，注例用今字當作“原”。邍師、邍隰，字正作邍。今本此職誤以注改經作“原”，《夏官·叙官》則又以經改注作“邍”，二者交失之矣。

此處經文用“原”，孫詒讓引阮元説，認爲是“因注作原而改”，經文按例當用“邍”字。同時又列舉《夏官·叙官》一處，經文作“邍”，注文也作“邍”，則是“因經改注”。

（二）字形相近而訛

王念孫《讀書雜志》中提到“有因古字而誤者”，即因爲古字的字形與其他字相近而訛爲別字。孫詒讓認同這一點：今人不知古字，錯以其他字形相近的字去修改原文用字，會導致經典的原義不明。

《周禮正義》卷二十一：“歲終則考六鄉之治，以詔廢置。”疏：……王引之云：“鄉師之職，歲終則考六鄉之治，以詔廢置。鄉大夫之職，歲終則令六鄉之吏皆會政致事。謹案，鄉師，每三鄉二人。鄉大夫，每鄉一人。非若大司徒、小司徒之統率六鄉也，不得言六鄉之治、六鄉之吏。六當爲亓，亓，古其字也。《玉篇》‘亓，古文其',《墨子·公盂篇》'魯有昆弟五人者，亓父歾，亓長子嗜酒而不葬'是也。亓與六相似，故書傳往往互訛。《史記·周本紀》'名民三百六十夫'，《索隱》引劉氏音，破六爲古其字。《管子·重命篇》'明主能勝六攻'，《淮南·地形篇》'通谷六'，《易林·蠱之臨》'周流六虛'，《説文》沴字解引《五行傳》'若六沴作'，今本六字并誤作其，蓋古文其字似六，故六誤爲其，其亦誤爲六。亓鄉即其鄉，謂所掌之鄉也……"案，王説近是。

孫詒讓引王引之之言，認爲"六鄉之吏"不可解，以"亓，古其字"，"亓"與"六"字形相似，説明"六"是"亓"之誤，"六鄉之吏"爲"其鄉之吏"，又舉《墨子》《史記》等文獻證明"六"與"其"在文獻中的互訛。

《札迻·管子尹知章注》："高子聞之，以告中寢諸子。"注云："諸侯諸子之居中寢者。"案，自此至"雖有聖人惡用之"，與上下文義不相屬，而與前《戒篇》"桓公外舍而不鼎饋"章文略同，或即彼文錯簡複著於此。"中寢諸子"當從《戒篇》作"中婦諸子"，古寢字作寢，與婦形近，故誤。注曲爲之説，失之。

孫詒讓首先認爲"中寢諸子"於文意不通，再對比前《戒篇》的"中婦諸子"，認爲"中寢諸子"的"寢"當爲誤字。"古寢字作寢"，"寢"與"婦"形近，故導致這種錯誤，而注文未看到這一點，還強爲"中寢諸子"作解釋。

《札迻·鹽鐵論》："今舉異才而使臧驥御之。"案："臧驥"，義不可通，疑當作"臧驥"，謂臧獲與騶僕也。《莊子·盜跖篇》又作"臧聚"，"聚"即"騶"之借字。"臧"俗作"臧"，與"臧"形近而誤（後《國病篇》云“富者空臧”，臧、藏古今字，今本亦訛爲“減”，與此可互證）。

《鹽鐵論》作“減驂”，《莊子·盗跖篇》作“臧聚”，孫詒讓以爲古藏字作“臧”，“臧”又俗作“減”，“減”與“減”字形近而致誤。

第三章　清代"古今字"研究比較

　　清代學者在"古今字"研究的總體狀態，以及典型學者的"古今字"研究，在第一、二兩章已進行了相關的介紹。總結起來可以説，雖然不同的人各有側重，可大多數學者對"古今字"的認識與觀念是基本相同的，尤其是在用字、時間差異、語音與記録詞義一致性這些要點上。以這些研究爲基礎，這一章意圖引入"比較"這一視角，通過内部比較清代不同時期、材料類型中的"古今字"，來發掘"古今字"研究在清代的推進與發展；然後再將清代的"古今字"研究置於整個"古今字"研究的歷史脈絡中，通過與前代研究的比較，來突出清代"古今字"研究超越前人的特點。

第一節　清代"古今字"研究的内部比較

　　清代多數學者的"古今字"研究具有一致性，這些研究是否具有相互繼承或影響的關係？在一致性中，是否也有不同研究狀態的存在？要回答這些問題，需要對清代"古今字"研究進行一個内部的比較。故而這一節主要介紹清代各個時期"古今字"研究的不同狀態，以及各個學者"古今字"研究的内部關聯。

一 各階段“古今字”研究的不同狀態

清代學術總體上分爲三個時期，不同時期的學術特點有所不同。王國維指出，清代學術凡三變，“國初之學大，乾嘉之學精，道咸以降之學新”。[①]“古今字”的研究作爲具體的、專題性的研究，自身的穩固性非常明顯。在清代學術史這三個階段中，“古今字”問題鮮有明顯起伏變化，但即便如此，細微之處也呈現出與各個時期學術風氣相關的特徵。

總體來説，清初的“古今字”數量少，內容和訓釋方式略顯陳舊，“古今字”觀念也比較含混；乾嘉時期的“古今字”，數量增多，內容和訓釋方式都有所更新，“古今字”進入“理論化”的狀態；清末的“古今字”數量減少很多，但內容上繼承了乾嘉時期的成果，而且受到古文字學興起的一定影響。

（一）清初

清初這段時期“復古”之風初起，雖然有顧炎武等人反對明末空疏的心學，倡導以小學通經學，以經學爲理學，但是“理學”還是最終目的，因此清初的學術還是以説明義理爲主，單就語言文字之學來説，學術上理性的程度還沒有那麼強。

清初的“古今字”還談不上是“研究”，最多是作爲關聯字詞的材料，用來佐證一些考釋，更沒有特別明確的“古今字”觀念。因此“古今字”的指稱在這一時期帶有一定的隨意性，常有一些學者把字形或字體的演變也算入“古今字”，還有一些學者提出的“古今字”雖然具有字構上的差別，但其重點仍放在整理和對比不同的字體或字形，并不偏重字構或用字的變化。比如：

---

① 王國維：《沈乙庵先生七十壽序》，載《王國維遺書·觀堂集林》卷二十三，上海古籍出版社，1983，第26~27頁。

　　方以智《通雅》卷二：宍、几、八、为，皆古人字，象正側之形。

　　方以智《通雅》卷二：按古文，家或作㝔、宋、㝪、㝛、㝏、㝐、㝑、㝒、㝓、㝔。

　　宍、几、八、为均被方以智訓釋爲"古人字"，而針對"古文家"，方以智則繫聯了十個字形。方以智收集各種古時"人""家"字的寫法，其目的是匯集和貯存這些不同字形，而不是説明用字變化或溝通字際關係。

　　黃生《字詁》"㝏"：孟字，古作㝏。按《禮緯》云"嫡長稱伯，庶長稱孟"，故㝏字从子，旁兩注指事，明其爲旁出也。

　　這裏的"㝏"字與"孟"字在結構上有所區別，但是黃生以"㝏"爲"古孟字"，要點不是爲了解釋文獻古今用字不同，而祇是單純説明和介紹"孟"的古字字形。

　　總體來説，清初的"古今字"界限是比較寬的，既可以包括用字上的"古今"，也可以包括字形、字體上的"古今"。除了"古今字"的界限較寬以外，清初"古今字"的另一特徵是部分"古今字"的列舉形式延續了宋元大型字書中的形式，即其古今字訓釋針對的不是某一個義項，而是多個意義，主要出現在張玉書的《佩文韻府》和毛奇齡的《古今通韻》中：

　　張玉書《佩文韻府》卷五十五"厚"：胡口切。厚薄。又重也。廣也。又姓。古作垕。

　　張玉書《佩文韻府》卷六十八"泰"：他蓋切。大也。通也。古作太。

張玉書《佩文韻府》卷九十"服"：房六切。服事。亦衣服。又行也。習也。用也。整也。亦姓。古作𦨶。

毛奇齡《古今通韻》卷二"祇"：巨移切。地神。又安也。大也。古作示。

這種"古今字"訓釋的形式與唐宋時期《廣韻》《玉篇》《類篇》等書的訓釋形式十分一致。"垕"與"厚"的"古今字"關係建立在"厚薄""重也""廣也"幾個意義上，"太""泰"的"古今字"關係建立在"大""通"兩個意義上，"𦨶""服"的"古今字"關係建立在"衣服""服從""習用""整也"等意義上，"祇"與"示"的關係建立在"地神""安""大"三個意義上。當然，這是從形式上看，實際上這裏的"古字"和"今字"可能祇在其中一個或幾個意義上構成"古今字"關係，并非在所有義項上都能古今同用。

（二）乾嘉

自清初以後顧炎武等人開創風氣，戴震繼承并進一步闡釋了語言文字與經典之間的關係，基本奠定了乾嘉樸學的主旨，即把對經典的研究建立在對古音、古義的研究上。雖然其根本目的還是研究"經"，是經學性的，但乾嘉以後"小學"的地位却不斷提高，學者開始了專門的"語言文字之學"的研究，理論水平不斷提升。

"古今字"是語言文字學下的專題，其理論研究在乾嘉時期向前推進了一大步，甚至可以説達到了最高峰。在這一時期的語言文字類專書中，"古今字"的問題漸趨理性化，學者對"古今字"的態度，從開始的"隸屬於文獻訓詁"，轉化爲"一種語言文字變化發展規律"，進而開始從各種文獻和實際用字中探索和挖掘"古今字"的規律，又利用這種規律去進行文獻上的解釋、考證、校勘等工作，實現了文獻與語言課題之間的互證。這些情況都是在清初的"古今字"研究中極爲罕見的。

"古今字"的理論在乾嘉時期的推進主要表現在以下兩點。

1. “古今字”本身的命題化

“古今字”本身的命題化體現在“古今字”界定的出現、“古今字”字組選擇的嚴格化、“古今字”術語的固定化。

乾嘉時期的段玉裁對“古今字”作了明確定義，使“古今字”作爲一個完整的術語，更多地被接受和使用。界定的出現，也使得“古今字”字組的選擇不再是隨意的，而開始嚴格化。

相比於清初一些學者的“古今字”，乾嘉大部分學者收集的“古今字”更加考究。比如段玉裁明確在界定中排除“古文”“籀文”“小篆”這樣的字體概念，提出“同義異字”關係纔是“古今字”，正是區別字形與字用問題。其他學者在使用“古今字”相關表述時也都認可了段玉裁這樣的説法，故而在乾嘉時期的“古今字”訓釋中，很少再有一個字的不同字形、字體混入的情況。

由於界定的出現，“古今字”作爲一個含義明確的完整術語，在乾嘉時期的使用率大大提升，相比之下，“古文”這樣身兼數職的表述的使用率則下降，而且這兩類表述用語的分工也更趨明晰，在一般情況下可以做到“互不干擾”。比如下面阮元這條訓釋，雖然并提“古文”與“古字”，但指論對象却很清楚，“古文”指論《尚書》的版本問題，而“古祖字”則是針對古今用字的訓釋：

阮元《揅經室集》“釋且”：《説文》訓“且”爲“薦”字，屬象形（段若膺大令曰：《儀禮》鄭注、《公羊》何注皆云且字如伯某仲某，某是且字，某以薦伯仲也。《古文尚書》“黎民俎飢”，鄭易“俎”爲“阻”，蓋《尚書》本作且，故今文家作俎，古文家作阻，此皆訓薦之義）。元按，諸古誼且，古祖字也，古文祖皆且字。

乾嘉時期其他學者，比如王筠的“古文”，基本上專指《説文》“古文”；王念孫、王引之的“古文”則多指稱文獻版本上的今古文；

鈕樹玉、沈欽韓、席世昌等學者的"古文"都源自對前代字書、韻書的引用，比如《玉篇》《一切經音義》中的"古文"，而他們本人在説明古今用字時，則多用"古某字""古作""今作"等表述用語。

但也有一些學者不太留意"古文"表述上的歧義，在表述上把"古文"和"古今字"混同，例如郝懿行：

> 郝懿行《證俗文》卷四"母"：楚人曰"嬭"（《廣韻》"奴蟹切，乳也。或作姷，古文作圑……"）。

> 郝懿行《證俗文》卷四"子女"：……今京師謂女曰"妞"（亦作"玫"，音紐，呼爲妞。妞若大曰大妞，次曰二妞，又次曰三妞。又案，妞，古文好字。《説文》引《商書》曰"無有作玫"，《方言》"秦晋之間美色或謂之好"）。

> 郝懿行《證俗文》卷十三"衺衆"：……又《閔·二年傳》"有文在其手曰友，遂以命之友"。篆文作叏，古文作牂也。

郝懿行這三例"古文"，第一條講"嬭"，引《廣韻》"古文作圑"，這裏的"古文"不見於《説文》，當是承襲《集韻》"嬭，古作圑"的説法，屬於古今用字方面；第二條講"妞，古文好字"，又言《説文》引《商書》用玫，而這裏的《商書》當指古文版本的《尚書》，因爲今文本《尚書》"玫"字已作"好"，可見"妞，古文好字"，應是針對古文版本而言；第三條"篆文作叏，古文作牂也"，篆文和古文相對，這裏的"古文"應當是講字體，也正與《説文》所收古文相符。

雖然段玉裁本人強調"古文"字體與"古今字"的差別，且他所使用的大多數"古文"都屬《説文》"古文"和版本上的今古文的類型，但是在他的訓釋中也有若干難以歸納到以上兩種"古文"概念中的情況：

段玉裁《說文解字注》第一"兹，艸木多益。从艸，絲省聲"：絲宋本作兹，非也。兹從二玄，音玄，字或作滋。兹，从絲省聲，《韻會》作丝聲。丝者，古文絲字。滋、孳、鶿皆兹聲，子之切，一部。

段玉裁《說文解字注》第六"䣝，周邑也，在河內"：《左傳·隱十一年》"王與鄭人蘇忿生之田：溫、原、絺、樊、隰郕、欑茅、向、盟、州、陘、隤、懷"，杜曰"絺在野王縣西南"。按，䣝者本字，絺者古文假借字也。

以上兩例，段玉裁都以"古文"進行表述，"丝""絺"并非"絲""䣝"的《說文》"古文"，且這裏也并不涉及經今古文版本用字差異的問題，因此我們認爲這裏的"古文"所指的就是古今用字問題。

2."古今字"研究的多樣化

乾嘉時期"古今字"研究的另一特徵就是對"古今字"解釋與說明的多樣化，有的是從造字、字形演變角度進行的，說明古字如何演變爲今字，字形通過何種方式發生變化；還有的是從用字角度進行說明，比如不同時代或文獻的用字習慣、文字與對應詞義的相互關係等。

從造字和字形演變角度對"古今字"進行說明的主要是王筠。在王筠的體系中"古今字"與"分別文""累增字"可以相互印證和解釋，"分別文""累增字"所采用的"增偏旁"是古字演變爲今字最爲常見的方式：

王筠《說文釋例》卷九：有展轉相從而卒歸於本字者……史，古黃字，貴字從其聲，而加艸則爲黃也；宋，古終字，加仌爲冬，再加糸則爲終也；㐭，古廩字，加禾爲稟給之稟，再加广則仍倉廩也；冖，覆也，《玉篇》曰"今爲冪"，冪即《巾部》幎字也，冥從宀聲，愬又從冥聲。

除了從造字增偏旁角度解釋"古今字"外，乾嘉學者也涉及"用字"的角度，段玉裁就有大量關於"古今字"用字的説明，其"古今字"的定義就是立足於用字的，"行、廢"之説則是對用字結果的説明，還有大量的"古今字"訓釋也是着眼於"用字"進行的：

  段玉裁《説文解字注》第一"禦，祀也"：後人用此爲禁禦字……古祇用御字。

  段玉裁《説文解字注》第一"虆，茈艸也"：……古多借用爲眇字，如"説大人則藐之"。及凡言"藐藐"者，皆是。

  段玉裁《説文解字注》第二"徇，行示也"：《大司馬》"斬牲，以左右徇陳，曰：不用命者斬之"。《小子》"凡師田，斬牲，以左右徇陳"。陸德明引《古今字詁》曰："徇，巡也。"按，如《項羽傳》"徇廣陵""徇下縣"，李奇曰："徇，略也。"如淳曰："徇音撫循之循。"此古用循、巡字，漢用徇字之證，此《古今字詁》之義也。

除段玉裁，王筠也從用字角度對"古今字"進行過説明。在《説文解字句讀》卷三十他講道："郝敬曰：'古人用字尚音'，此至言也。故自有本字而假同音之字，然亦有古無專字，祇借同音字用之，後來始有專字者。"即表示認可古人用字多借音的情況。又：

  王筠《説文釋例》卷八：……而許君收之同部而不目爲重文者，此乃古今人用字之界，大爲之別，所以適用也。《易》曰"百官以治，萬民以察"，是文字之作原取其有別。"丂"下云"古文以爲亏字，又以爲巧字"，知古亏、巧皆作丂，爲其無別也，乃即丂加一以爲亏，加工以爲巧，各適其用，不復相通矣。《小宗伯》注：“故書位作立，鄭司農云‘立讀爲位’。古者立位同字，古文《春秋經》‘公即位’爲‘公即立’。”然則許君所目爲重文者，據當時仍合爲一也，所不目爲重文者，據當時已分爲二也。古蓋無位字，故用立，及已有位字，即不復用立字，使人睹名知義不須推求也。今人捨專字而用古人通用之字，以是爲博、以是爲雅，直命爲惑焉可也。

這一段王筠詳細說明了許君“所目爲重文者”和“所不目爲重文者”之間的差別，就在於今字在使用上是否有所分別。古時字少，一字多義，之後字形分化、詞義分別，各適其用，不復相通，許慎立重文的標準，正是依據他當時的用字習慣：當時已明確分成兩字的則不立爲重文，比如“立”和“位”，“亏”和“亏”、“巧”；而當時仍有通用混用情況的，則立爲重文。王筠的做法正是把重文和“古今字”的變化與許慎當時的用字習慣結合起來進行說明。

除了段玉裁、王筠以外，也有其他學者在訓釋時涉及用字情況的說明，比如下例中朱駿聲是從實際用字的角度說明“合”“盦”“答”三字的使用情況，王引之則是從經典用字的角度說明“臽”“陷”的使用：

朱駿聲《說文通訓定聲》弟三“合”：亼口也。从亼从口，會意。按，亼亦聲。三口相同爲合，十口相并爲叶，十口相傳爲古。按此即今所用之答字，古或作盦，下當从曰，不从田。

王引之《經義述聞》卷二十一“若合而函吾中”：……家大人曰，“函”訓爲容，不訓爲入，舀即“或舂或揄”之揄，亦不訓爲入。作函、作舀，皆臽字之訛也。臽本作臽，形與函相似，故訛而爲函……《說文》：“臽，小阱也。從人在臼上。”舂地坎可臽人，今經傳通作陷。

（三）清末

道咸以後國勢不振，促生了政治上變革的需求，今文經學派再次興起，或稱“道咸新學”，王國維總結爲“言經者及今文，考史者兼遼金元，治地理者逮四裔”。雖然新學出現，漢學與宋學之間的矛盾再次激烈化，但是對“古今字”的影響并不是很大。祇是，由於“古今字”作爲語言文字方面的内容，而治今文者以説明義理爲主，對這類内容幾乎不涉及，“古今字”訓釋數量減少了很多，根據我們統計的材料，相比乾嘉時期的 3000 餘條“古今字”訓釋，清末祇有 1300 多條。

清末以後的“古今字”基本繼承了乾嘉時期研究的成果和特點，很多學者都會引入“古今字”來進行文獻注釋和考證。比如孫詒讓在《周禮正義》中大量利用“經例用古字，注例用今字”的規律來進行經注用字校勘，徐鼐的《讀書雜釋》也利用“古今字”來説明各種文獻用字上的關聯。而在“古今字”本身的理論研究上，徐灝則爲清末的代表人物，在繼承段玉裁的“古今字”和王筠“分别文、累增字”的基礎上，進一步提出了自己的“古今字”説，涉及用字和造字兩個方面。

清末“古今字”研究比較特殊的一點是，金石之學和甲骨文、金文的研究在當時取得了一定的成績，“古今字”訓釋也擴展到了一些古文字材料上，而這些古文字材料也是證明古今用字現象的有力證據，如葉昌熾對“大克鼎”銘文的説明：

> 葉昌熾《奇觚廎文集》“克鼎釋”：右克鼎，文王命善夫克而追述其皇祖師華父。善，古膳字，蓋其人名克而官膳夫。

“善，古膳字”對應解釋大克鼎中的“緟季右善夫克”的“善”字。

葉昌熾《奇觚廎文集》“克鼎釋”：……🦏，古廬字。“錫女井家廬田於畯”者，古者八家同井，中百畝爲公田。廬，舍。《詩》所謂“中田有廬”是矣。

“🦏，古廬字”，對應的是大克鼎中“易女井家🦏田于畯”，葉昌熾以“🦏”爲“廬”的古文字寫法。

二　各學者“古今字”研究的內在關聯

（一）“古今字”觀念的發展脈絡

清代研究“古今字”最爲典型的幾位學者，他們的“古今字”觀念實際上具有內在的聯繫，以段玉裁、王筠、徐灝爲主，段玉裁最早提出“古今字”說，王筠繼承了段玉裁的說法，但是沒有充分的論述，徐灝則是兼段玉裁和王筠之說，形成了自己的“古今字”觀念。

1.段玉裁“古今字”說的影響

段玉裁本身對“古今字”的看法也是有變化的，他把“古今字”確定爲古今用字的不同，是基於對歷時用字變化情況的認識，通過考察歷時用字的變化，纔提出“古今人用字不同”的說法，即把“古今字”限定在用字範圍內。實際上段玉裁的說法也不一定完全符合古人的“古今字”訓釋。

但段玉裁的“古今字”觀必然建立在對前人“古今字”訓釋的理解上。正是因爲古人和今人在用字習慣上的差距，纔會有文獻文本用字的差異，這種差異造成閱讀的困難，纔會有相關的訓釋，那麽“古今字”的訓釋就是爲了解決歷時用字差異造成的理解問題而產生的，“古今字”現象就應該是歷時用字的不同。段玉裁不僅說明了文獻中出現的“古今字”情況，還歸納了一些現實中實際的古今用字規律：

段玉裁《説文解字注》第二“趒，雀行也”：今人概用跳字。

段玉裁《説文解字注》第二“趖，行遲也”：今人通用慢字。

段玉裁《説文解字注》第二“達，先道也”：道，今之導字。達，經典假率字爲之。《周禮》“燕射，帥射夫以弓矢舞”，故書帥爲率，鄭司農云“率當爲帥”。大鄭以漢人帥領字通用帥，與周時用率不同故也，此所謂古今字。

以上幾組訓釋中段玉裁着重説明了《説文》所收字與後世習用字之間的關係，這種關係是從用字角度進行的，從“今人用”“漢人用”“周時用”等表述來看，段玉裁着重突出了“用”的異時性，這些訓釋的主旨不在於説明具體文獻中某個字的問題，而是在脱離了特定文獻的情況下，把用字變化當成一種語言文字規律進行説明。

段玉裁《説文解字注》第二“氂，犛牛尾也”：凡經云干旄、建旄、設旄、右秉白旄、羽旄、齒革干戚羽旄，今字或有誤作毛者，古注皆云“旄，牛尾也”。旄牛即犛牛，犛牛之尾名氂，以氂爲幢曰旄，因之呼氂爲旄。凡云“注旄干首”者是也。呼犛牛爲旄牛，凡云“旄牛尾”者是也。……按《周禮·樂師》音義“氂，舊音毛”，但許不言毛亦聲。而《左傳》“晏氂”，《外傳》作“晏萊”，《後漢書》魏郡輿人歌“岑熙狗吠不驚，足下生氂”，與災、時、兹三字韻，則是犛省亦聲，在弟一部也。

這一例與上幾例的情況有所不同，前述三例中段玉裁對用字關係的歸納根據的是“社會習用字”的情況，而這一例中雖然也是用字情況，但屬於從“校勘用字”的角度提出的“今字”。段玉裁認爲經注用字的習慣也具有一定的規律，《説文》的“氂”字，在經典中“云干旄、建旄、設旄、右秉白旄、羽旄、齒革干戚羽旄”，今字多誤作

“毛”，這種誤寫并不是偶然一兩個錯別字，而是批量存在的誤寫，因此也具有一定“用字”的特徵。

段玉裁的“古今字”説在清代是具有影響力的。自他對“古今字”定義之後，“古今字”這一術語作爲訓釋用語的使用頻率明顯上升，關於“古今字”相關問題的理論探討也有所展開，可見段玉裁的“古今字”研究作爲典範的研究，接受度是比較高的，尤其對後來治《説文》之學的人而言。從大多數學者在訓釋中繫聯的“古今字”字組來看，其基本符合段玉裁的“古今字”説，更有不少對段玉裁具體“古今字”訓釋的認同和徵引，如：

> 馬瑞辰《毛詩傳箋通釋》卷二十七：“出宿于屠”，傳“屠，地名也”。瑞辰按，《説文》“酄，左馮翊郃陽亭”，段玉裁曰：“謂左馮翊郃陽有酄亭也，各本作‘酄陽亭’，誤。屠、酄古今字。”
>
> 王念孫《廣雅疏證補正》“繞領、帔，帬也”：注加墨籤云：段注《説文》七下説“繞領、帔”之義甚是，當據改。案《説文解字》段氏注云：“《方言》繞袊謂之帬，《廣雅》本之，曰‘繞領、帔，帬也’。袊、領今古字。領者，劉熙云‘總領衣體爲端首也’，然則繞領者，圍繞於領，今男子、婦人披肩，其遺意。”
>
> 鄭珍《説文新附考》卷六“塾，門側堂也。从土孰聲”：按今經典通作塾。段氏云：“古止作孰。”謂之孰者，《白虎通》曰：“所以必有孰何？欲以飾門，因以爲名，明臣下當見於君，必孰思其事。”是知其字古作孰而已，後乃加土。
>
> 徐鼒《讀書雜釋》卷十“鄙哉硜硜乎”：惠棟《九經古義》云：“鄙哉硜硜乎，按《説文》硜，古文磬。故何晏注云：‘此硜硜者，謂此磬聲也。’《史記》載《樂記》云‘石聲硜硜’，即磬字。今《禮記》作磬。”鼒謂此説良是，後以硜爲堅確之意，又義之假

借展轉而相生者。段玉裁謂此是古今字，得之矣。

由此可見，段玉裁"古今字"説應當是清代中期主流的"古今字"觀，多數學者雖然没有明確表示認同，但他們的"古今字"訓釋是可以體現的。段玉裁這種"古今字"觀的鋪展，對後續王筠與徐灝的相關"古今字"研究具有重要的影響。

段玉裁"古今字"研究的特點，在前文也有介紹，總體來説屬於綜合全面的研究，既有對"古今字"本體的界定和説明，也有對"古今字"成因、相關語言文字現象的説明，以及利用"古今字"進行的典籍文獻校勘，等等。相比之下，之後的學者，再没有像段玉裁的"古今字"研究這麼全面的，比如王筠、徐灝的"古今字"側重於講"古今字"的變化問題，而孫詒讓的"古今字"則主要關聯經典用字問題。

2. 王筠"古今字"研究的側重點

王筠的《説文》研究是在段玉裁的基礎上進行的。王筠雖然没有對"古今字"的明確論述，但是也利用"古今字"進行了一定的訓釋或研究，從他對具體字例分析中可以看出，王筠的"古今字"基本上繼承了段玉裁的説法。

王筠《説文釋例》卷十八：段氏以妖爲古數字，先得我心，惜引《文賦》不實，則請證明之……

段玉裁和王筠所訓"古今字"字例雖然有所不同，但是他們認定的"古今字"之間的關係是大體相同的。而且從王筠對"古、今"觀念的表述中，我們可以發現他是肯定段玉裁"古今無定時"之説的。

王筠《説文解字句讀》卷二十三"摜"：摜與《辵部》遺，皆貫之分別文。古有習貫之語而無專字，借貫爲之，後乃作遺、摜以爲專字，寫經者苦其繁，故今本仍作貫也。

王筠的作品中有多處指出了用字的反復現象，説明他也認同"古、今"是相對變化的概念，比如古時借貫字表示"習慣"之義，後又用專字遺、摜，則貫爲古，遺、摜爲今，而後又因書寫問題産生了用字的變化，則遺、摜爲古，貫又爲今。

"古今無定時"建立在用字的事實基礎上，正是因爲看到不同時代詞語用字的不同，纔會有對用字現象的歸納，纔會有對"古今字"現象的説明。王筠對"古今"的科學認識也説明他的"古今字"同段玉裁一樣，是以用字爲基礎的。

王筠《説文釋例》卷十：許君之説字也，固多本之經訓，然亦有使人易了，即用漢語者，或於本字下不出其義，惟於它字下見之，是以今義明古義，而不以今義冒古義也。或即於本字下見之者，則經典概用借字，而古自有專字者也。二者皆有是字，乃假借之類。亦有古無是字，取漢字以明之者，使人知漢之某字即古之某字，或漢某字之義即同古某字之義也。

王筠以"借字""專字"對應"古字"與"今字"，正是以文獻經典的用字爲準，且説明他認爲漢人的"古某字"之訓，本來就包含有對文字假借的説明，是對古今不同字記録同一詞的説明，正是"漢之某字即古之某字，或漢某字之義即同古某字之義也"。

在"古今字"各方面的分析上，段玉裁和王筠各有不同，段玉裁更重視古字與今字字用屬性上的一致，強調"古今字"在形、音、義上的相互關係，格外偏重證明古今用字變化與字音和字義關聯，也涉及字形的演變問題，可以説段玉裁的分析是非常全面的。相比於段玉裁這種較爲全面的分析，王筠則抓住了"古今字"的變化，把"古今字"與他所提出的揭示漢字變化規律的"分別文""累增字"結合起來。"分別文"和"累增字"主要是爲了説明字形和字義變化，重點是對字形傳承變化的説明，較少涉及字音問題，但是一些借用的説法，也説明他對"古今字"音同音近關係的認可。

總體觀念上，王筠與段玉裁沒有較大的差別，但是針對具體字組的分析，兩人可能會略有差異，不過這種差異并不是"古今字"觀的不同，如：

> 王筠《説文釋例》卷七：厽、垒二字，詳其説解，知是一字，殆古作厽，後人恐其不顯加土以表之，不必如段氏分析。
>
> 段玉裁《説文解字注》第十四"垒"：……今俗謂之塼，古作專。未燒者謂之墼，今俗謂之土墼，坏土則又未成墼者。積坏土爲墙曰厽，積墼爲墙曰垒，此音同義異之字也。

對"厽""垒"二字，王氏與段氏想法不同，段玉裁根據的是《説文》的解釋，因此區別"厽""垒"，認爲"積坏土爲墙曰厽，積墼爲墙曰垒"，兩字屬於"音同義異之字"，但實際上都是"壘墙"，用"坏土"與用"墼"，雖有一定差別，却不一定能構成詞義的巨大差別，因此王筠以爲段氏的分析似迂曲，而"厽""垒"應當"是一字"，即記錄同一個詞，古時作"厽"，後人恐其不顯，所以加土爲"垒"。相比於段玉裁墨守《説文》訓釋，王筠則是從"累增字"的角度進行解釋，更爲符合漢字變化的常理。

3. 徐灝對段玉裁、王筠的綜合

徐灝的時代較段玉裁和王筠晚些，對於他來説，段、王已經是當時的名家。對於段玉裁和王筠的"古今字"説明與分析，他是既認可段玉裁的"古今字"，同時也認可王筠的"分別文、累增字"，因此想把兩者結合在一起，遂有了徐灝的"古今字有二例"。

　　　　凡古今字有二例：一爲造字相承增偏旁，一爲載籍古今本也。

　　前文介紹過，"造字相承增偏旁"之説與王筠的"分别文、累增字"是暗合的，而"載籍古今本"則與段玉裁的"古今用字"之説相符合。徐灝之説應當是在段玉裁和王筠的基礎上提出來的，不過與段玉裁、王筠相關説法的出發點并不一致。

　　段玉裁的"古今字"和王筠的"分别文、累增字"是立足於不同文字現象而提出的，它們之間有角度上的差别，所以材料上難免交叉重複。徐灝希望提出一種説法來兼顧段玉裁和王筠的"古今字"之説，但他并没有找到融合的有效途徑。在吸收兩者觀念時，没有分清楚漢字各種現象之間的層次關係，於是既把字形演變關聯到"古今字"上，同時又發現段玉裁的"古今字"中有不屬於這類的，没有辦法處理，便另立一類。實際上，"載籍古今本"與"造字相承增偏旁"涉及的文字材料大部分有交叉，反而造成了徐灝"古今字"分類在邏輯上的錯誤。

　　古人邏輯分類不清楚是常見的，有很多看起來有邏輯問題的分類，并不代表古人真的没有區分或不明白，而是可以在具體材料或具體分析中得到妥善的處理。但遺憾的是，徐灝雖提出了兩類"古今字"的説法，但對於"載籍古今本"這一用字不同的"古今字"没有什麼分析説明，衹着重説明了"造字相承增偏旁"的"古今字"。我們在處理過程中，衹能把"造字相承增偏旁"類以外的徐灝"古今字"訓釋，當成"載籍古今本"類，這類"古今字"數量少於前者，而且幾乎没有深入的分析，我們也就很難看出徐灝對"載籍古今本"的態度，究竟是有意的忽略，還是簡單的略而不述。

　　（二）"古今字"應用方法的傳承

　　"古今字"的應用方法，即古人如何利用"古今字"規律進行其他的學術實踐，這些應用主要集中在説明經注用字和校勘改字方面。

1. 段玉裁與孫詒讓："經用古字，注用今字"

段玉裁在《周禮漢讀考》和《説文解字注》裏提到過"經用古字，注用今字"的問題。他認爲根據經典以及相關注釋産生的時代，可以推測出經、注原本用字的狀態：經文年代早，多用"古字"；而傳注的時間較晚，多在漢代，是漢字發展較爲成熟的一個階段，所以傳注多用"今字"。這裏的"古字"與"今字"是結合文獻的經傳一起談的，因此"古"或"今"的時間概念是基本固定的，"古字"多指先秦時期的用字，而"今字"則爲漢人用字。

　　　　段玉裁《周禮漢讀考》卷二："軍事共其犒牛"，注鄭司農云"犒師之牛"。案，此經文作犒，注作犒，與《序官・稾人》同。唐石經經文作犒是也，《釋文》及各本經文作犒，非也。宋本注作"犒師"，亦非也。漢人注經之例，經用古字，注用今字，如經瀘注法，經眡注視，經示注祇，經犒注犒，經齍注粢，經媺注美，經匚注框，經于注於，其大較也。學者以此求之，思過半矣。

　　　　段玉裁《周禮漢讀考》卷三："加繅席畫純"，注鄭司農云："繅讀爲藻率之藻"。《儀禮》注云"今文繅作璪"。然則璪是古文，故司農恐人不識，易爲藻字，藻謂畫水藻文也。……揚雄書"斧藻"即《尚書》《周禮》之"黼藻"也，注云"莞藻次蒲熊"，經用古字，注用今字也。

　　　　段玉裁《説文解字注》第七"齋，稷也"：《釋艸》曰"粢，稷也"。《周禮・甸師》"齍盛"注云"粢者，稷也。穀者稷爲長"。按經作齍，注作粢，此經用古字，注用今字之例。

　　　　段玉裁《説文解字注》第四"於，象古文烏省"：此即今之於字也，象古文烏而省之，亦革省爲革之類。此字蓋古文之後出者，此字既出，則又于、於爲古今字。《釋詁》、《毛傳》、鄭注經皆云

"亏，於也"。凡經多用于，凡傳多用於。而烏、鳥不用此字。

段玉裁講"經用古字，注用今字"，不僅是對文獻用字規律的説明，也是爲了利用這種規律開展版本的校勘工作。下例就是他利用"槀、犒古今字"與經注用字規則説明岳本《周禮》"犒"爲誤字。

> 段玉裁《周禮漢讀考》卷二："稾人"，汲古閣本作"稾"，錢求赤所藏宋本作"槀"，實一字也，皆不誤。岳本作"犒"，與《序官》異體，非也。凡經用古字，注用今字，槀、犒古今字也。

孫詒讓作《周禮正義》，也提出"經例用古字，注例用今字"的説法，實際上就是段玉裁在《周禮漢讀考》中提出的"經用古字，注用今字"，兩者并無差別。孫詒讓在段玉裁的基礎上，對《周禮》的更多字例進行了總結和説明：

> 《周禮正義・略例十二凡》：……經文多存古字，注則多以今字易之（如斁漁、灋法、聯連、頒班、于於、孜考、示祇、眠視、政征、叙序、衺邪、裁災、鱻鮮、盪粢、皋罪、貍埋、劅刮、壹一、槀栗、虩暴、覈核、毓育、肎省、燬美、媾姻、匫柩、囍囏、馭御、縠繫、敂叩、彊强、簭筮、飄風、果裸、鬻煮、嘑呼、靁雷、磬韶、侑宥、歙吹、齒邠、虞鑢、扐兆、寢夢、攈拜、稽稽、邆原、參三，凡四十餘字，并經用古字，鄭則改用今字以通俗。今字者，漢人常用之字，不拘正假也）。

同段玉裁一樣，孫詒讓也嚴格依照"經例用古字，注例用今字"來進行版本的文字校勘，其方法是一致的。

2. 高郵二王與孫詒讓: "校勘改字"

清初的黃生已利用 "古今字" 繫聯形似之字來進行文獻校勘，這一方法在乾嘉時期王念孫、王引之父子那裏則被運用得更加純熟。王念孫在《讀書雜志》中提出了 "因古字相似而誤" 的說法，說明了常有誤把文獻版本的錯訛字當成 "古今字" 的情況，或是因爲不了解古今用字變化，所以妄對古字進行改動。這些文獻中出現的錯誤，都是字形相近導致的，因此需要依從 "古今字" 的關係，考察相關字音、字義、字形，纔能訂正訛誤。以下兩例，都是王引之利用 "古今字" 的相關特性，說明 "因古字相似而誤" 的情況:

> 王引之《經義述聞》卷二十七 "其名謂之鰈": 邵曰《韓詩外傳》云 "東海之魚名曰鰜，比目而行，不相得不能達，是比目魚本名鰜，隸體變轉今作鰈"。家大人曰: 邵說非也。邵以《說文》無鰈字（新附字有之），又以《韓詩外傳》作 "鰜"，遂謂 "鰈" 爲 "鰜" 之訛。今考《說文》"猣" 字解云 "犬食也，從犬舌聲，讀若比目魚鰈之鰈"，則是《說文》原有 "鰈" 字而寫者脫之也。"鰜" 爲 "其魚魴鰜" 之 "鰜"，與比目魚鰈之 "鰈" 聲義縣殊，不得以 "鰜" 爲 "鰈"。遍考書傳亦無謂 "鰜" 爲 "比目魚" 者，竊謂 "鰜" 乃 "鰯" 之訛，《釋文》曰: "鰈本或作鰯。"《玉篇》: "鰈，比目魚。鰯，同上。"

邵晉涵《爾雅正義》以 "鰜" 爲古 "鰈" 字，記錄 "比目魚" 義，王念孫、王引之認爲此說不妥。邵晉涵因《說文》無 "鰈"，而《韓詩外傳》用 "鰜"，故徑以 "鰈" 爲古 "鰜" 字隸變而來。而實際上《說文》"猣" 字下訓釋 "讀若比目魚鰈之鰈"，已含有 "鰈" 字，王氏由《說文》通例推斷，《說文》本收有 "鰈" 字，後人脫之; 又對 "鰈" "鰜" 的音義關係進行了梳理，認爲兩字 "聲義縣殊"，而且文獻中沒有用 "鰜" 爲 "比目魚" 的實例; 最後王氏講了自己的判斷，認爲"'鰥'乃'鰑'之訛"。

　　王引之《經義述聞》卷十九"彤鏤":《哀·元年》傳"器不彤鏤",杜注曰"彤,丹也。鏤,刻也"。陸粲附注後録曰"彤當作肜,文相近而訛也。《家語》'車不彫幾,器不彫鏤'"。惠氏定宇曰:"肜,古彫字。陳氏芳林曰:'案《家語》一本仍作彤。'"引之謹案,作彤者是也。"車不彫幾,器不彫鏤",兩彫字重出,則不詞矣(《少儀》曰"車不雕幾,食器不刻鏤",《哀公問》曰"車不雕幾,器不刻鏤",雕字皆不重)。陸説非也。惠以肜爲古彫字,蓋以周、舟古字通,彫從周聲,則亦可從舟聲,故彫字古作肜,肜與彤相似,因誤爲彤耳。案《説文》"肜,船行也,從舟彡聲",非"從彡舟聲",不得爲古彫字,書傳中彫字亦無作肜者。若直以彤爲古彫字,則於理尤不可通,惠説亦非也。今案《周語》"器無彤鏤",韋注曰:"彤,丹也。鏤,刻金飾也。"《賈子·禮容語篇》作"蟲鏤"(建本、潭本皆如是,俗本作雕鏤,乃後人以意改之),《楚語》"不聞其以土木之崇高彤鏤爲美",韋注曰:"彤謂丹楹,鏤謂刻桷。"《吳越春秋·王僚使公子光傳》作"蟲鏤",蟲者絉之借字,《説文》"絉,赤色也。從赤,蟲省聲",通作蟲,又通作彤,故《左傳》《國語》作"彤鏤",《賈子》《吳越春秋》作"蟲鏤",陸以彤爲彫之訛,惠又以彤爲古彫字,皆未考"蟲鏤"之文也。

　　《左傳》的"器不彤鏤",惠棟認爲"彤"爲古彫字,王引之否定了惠説,他認爲惠棟或是因爲"周""舟"古字通,彫從周聲,則亦可從舟聲,故"彫"字古作"肜",肜與彤相似,因誤爲彤,便就此以"彤"爲古"彫"字。而《説文》"肜,船行也",字從彡聲而非舟聲,而且書傳中"彫"字也沒有作"肜"字的情況,若直以"彤"爲古"彫"字,於理尤不通。王氏以爲考"彤鏤"之義當結合"蟲鏤"來説，"蟲"爲"䖧"的借字，"䖧"通作"蟲"，又通作"彤"，在"彤鏤""蟲鏤"中都指"丹漆"之義，并非"雕刻"之字。

前文也介紹過，王念孫、王引之大量利用"古今字"規律去糾正文獻各種版本中後人不明古今規律而造成的錯訛，他們校勘改字的做法對孫詒讓也有重要影響，孫詒讓進行文獻校勘時也明確提出，有因字形相近而訛的問題，其判定和還原文獻用字的依據也是"古今字"規律，如下例就是孫詒讓利用古"寢"字"寢"與"婦"的相似來説明"中寢諸子"之誤。

孫詒讓《札迻·管子尹知章注》："高子聞之，以告中寢諸子。"注云："諸侯諸子之居中寢者。"案，自此至"雖有聖人惡用之"，與上下文義不相屬，而與前《戒篇》"桓公外舍而不鼎饋"章文略同，或即彼文錯簡複著於此。"中寢諸子"當從《戒篇》作"中婦諸子"，古寢字作寢，與婦形近，故誤。注曲爲之説，失之。

再如：

孫詒讓《周禮正義》卷五十一"大祭祀讀禮灋，史以書叙昭穆之俎簋"：（注）云"故書簋或爲几"者，段玉裁校改"几"爲"九"，云："簋字古音同九，其古文作軌，軌古音亦同九也。《公食大夫禮》'宰夫設黍稷六簋'，注：'古文簋皆爲軌。'蓋古文字少，假借車軌之字爲之。若《周禮》故書作九，則更古矣。今本注'九'訛作'几'，非其聲類。"徐養原亦從九，云："几字古在脂微韻，簋九並在尤幽韻，其音不同。"案段、徐校是也。故書蓋有三本，正本作簋，或本作九，又作軌。全經六篇簋簋字恒見，惟此古文義異，故二鄭并不從九。今本作几者，形近而訛。惟《説文》舊本"簋"字，古文作"匭"，云"从匚飢"，飢與几聲類同，段校改爲“从亡食九”，則其訛捉正與此注同矣。

孫詒讓以爲《周禮》“俎篹”注“故書篹或爲几”，“几”字與“篹”音義并不相同，於是引段玉裁和徐養原的校勘，認爲“篹”字古常借表車轍義的“軌”字，兩字音近，《周禮》故書更有用作“九”的情況，則屬更古的用字，那麼九、軌、篹構成“古今字”的關係。孫詒讓認同段玉裁的説法，認爲今本注文作“几”者，是“几”和“九”形近而導致的訛誤。

第二節 清代“古今字”研究與前代“古今字”研究的比較

一 “古今字”材料的傳承與新增

清代的“古今字”材料共計 5053 組，其中 4018 組是前代已經訓釋過的字組，另外還有 1035 組，則不見於之前的“古今字”訓釋。針對前代已有的“古今字”訓釋，清代學者總體上持承認和繼承的態度，常有對之前已有“古今字”訓釋的援引，但也有一些對具體材料的反駁和糾正。

（一）對前人已有“古今字”訓釋的認可或反駁

1. 認可和引用前人“古今字”訓釋

“古今字”這一概念起源於漢代，從漢代開始就有大量學者進行過“古今字”訓釋，并在這些訓釋中表述他們對“古今字”成因的認識。清代學者的“古今字”研究也是在前代基礎上進行的，清人“古今字”的材料大部分與前人訓釋重複，而且還有大量引用前人訓釋的。從材料上來説，清人的 "古今字" 主體上繼承自之前的 "古今字" 訓釋。

漢代的鄭玄是早期使用 "古今字" 進行訓釋的代表學者，清代學者多有對鄭玄所注 "古今字" 的認可，比如：

> 方以智《通雅》卷一：按顏氏《刊謬正俗》曰 "世因鄭氏云 '予、余古今字'，皆讀予爲余。《爾雅》并列《説文》，一以爲 '予，相推予也'，一曰 '余，詞之舒也'，各有意義，非古今字別也"……智按，古實相通，曰 "予一人"，義既爲余，則聲亦隨之矣。

> 段玉裁《説文解字注》第二 "余，語之舒也"：……然則余之引伸訓爲我。《詩》《書》用 "予" 不用 "余"，《左傳》用 "余" 不用 "予"。《曲禮·下篇》："朝諸侯分職授政任功，曰：予一人。" 注云："《覲禮》曰 '伯父實來，余一人嘉之'，余、予古今字。"

> 沈欽韓《漢書疏證》卷三十二 "秦繆以霸"：按，《玄鳥》詩 "景員維何"，鄭云 "員古文作云"。《商子·禁使篇》亦以 "云曰" 爲 "員曰"。是員、云古今字也。

唐代顏師古《漢書注》《匡謬正俗》中有大量 "古今字" 訓詁。顏師古的 "古今字" 訓釋體例相對整齊，訓釋簡單明確，在清人 "古今字" 材料中引用顏師古 "古今字" 訓釋的數量非常多，如：

> 方以智《通雅》卷十：《漢書·元帝紀》"衆僚久懬"，師古曰 "空也，古曠字，亦通作壙"。

> 張玉書《佩文韻府》卷六十六 "嚄譟"：《漢書·息夫躬傳》"如使狂夫嚄譟於東崖，匈奴飲馬於渭水"，注 "嚄，古叫字"。

> 惠棟《惠氏讀説文記》第三 "厷，臂上也"：《王莽傳》"德元厷"，師古曰 "厷，古肱字"。

馬瑞辰《毛詩傳箋通釋》卷十四：“中心怛今”，傳“怛，傷也”。瑞辰按，《漢書·王吉傳》引《詩》怛作懰，顏師古注“懰，古怛字也”。

王念孫《廣雅疏證》卷二“懷、就、息、隋、罷、還、返、邅、免、迋，歸也”：迋即往字也。莊二年《穀梁傳》云“王者，民之所歸往也”。顏師古注《漢書·揚雄傳》云“迋，古往字”。

此外，一些清以前的音義類作品或大型字書中指認的“古今字”“古文”，也常被清代學者引用爲論證材料，其中《玉篇》被引用的頻率頗高，《經典釋文》和《一切經音義》等也常被提及：

張玉書《佩文韻府》卷七“毋”：武夫切，止之也。《玉篇》“莫也。今作無。又姓。又複姓”。

惠棟《惠氏讀說文記》第十一“霒，會古文或省，雲覆日也”：天陰之陰當作霒，或作會。《玉篇》“霒，今作陰”。

馬瑞辰《毛詩傳箋通釋》卷十三：“可以棲遲”，傳“棲遲，遊息也”。瑞辰按，棲遲疊韻字，《說文》“屖，屖遲也”。據《玉篇》“屖，今作栖”。《說文》遲籀文作遟，是“屖遟”即“棲遲”也。

段玉裁《說文解字注》第二“廴，長行也”：《玉篇》曰“今作引”，是引弓字行而廴廢也。

胡承珙《小爾雅義證》卷十“鳥之所乳謂之巢，鷄雉所乳謂之窠”：……《一切經音義》云“窠，古文作薖、窼二形”。

馬瑞辰《毛詩傳箋通釋》卷四：“靜女其姝”，傳“靜，貞靜也。姝，色美也”。瑞辰按，……《說文》“袾，好佳也”，引《詩》“靜女其袾”。裳字注“一曰若‘靜女其袾’之袾”，又“嫆，好也”，引《詩》“靜女其嫆”。蓋本三家詩。袾則姝之同音假借也。《一切經音義》卷六云“姝，古文嫆，同”。

段玉裁《説文解字注》第四"鸛,鸛專,畐踝。如鶀,短尾。射之,銜矢射人":見《釋鳥》,《釋鳥》作鸛鵫、鷉鸍,《廣韻》作鸛鵙。按"畐踝"蓋其一名,郭云"又名蟄舁"。《釋文》:"蟄,古以爲懈惰字……"

王念孫《廣雅疏證》卷十"山蘄,當歸也":《爾雅》云"薜,山蘄",郭注云:"《廣雅》云:'山蘄,當歸。'"……《釋文》云:"蘄,古芹字。"

《説文》大小徐的相關校訂和論述中出現的"古今字",以及徐鉉對今字的態度也受到清代學者的關注:

方以智《通雅》卷十:按《説文》有瘉,徐鉉曰"今作愈,非"。

王念孫《廣雅疏證》卷十"鷜鴀、鷔鷔,鵰也":《説文》"鷔,鳥黑色多子"……又云:"鷔,鷔鳥也,從鳥,岁聲。"音與專切,徐鉉云:"岁非聲,疑從崔省,今俗別作鳶,非是。"

宋翔鳳《小爾雅訓纂》卷四"大巾謂之幂":……《説文》"冖,覆也。从一下垂也"。徐鉉曰:"今俗作冪,又懞幔也。"

馬瑞辰《毛詩傳箋通釋》卷十九:"不思舊姻,求爾新特",箋"壻之父曰姻……"瑞辰按,壻與婦之父相稱爲婚姻……徐楚金《説文解字通論》"禮"曰:"姻不失其親,故古文肖女爲妻。肖,古貴字也。"是皆以壻因於婦家爲姻矣。

2. 反駁前人已有的"古今字"訓釋

雖然清人對之前"古今字"訓釋的態度多數是肯定和繼承的,但對一些具體的"古今字"訓釋材料,清代學者有的表示不贊同,并對前人的錯誤"古今字"訓釋進行撥正和説明,這種説明主要圍繞兩方面：一是前人把傳寫錯訛當成古今用字而致誤，二是前人不明古今語言文字變化規律而致誤。

（1）不明傳寫錯訛

前人由於對版本錯訛的辨識不足，常把一些傳寫錯訛、版本錯誤的用字當成古今用字，從而導致錯誤訓釋"古今字"。

> 王念孫《讀書雜志》漢書第三"龍侯、櫱侯"："龍侯摎廣德"，又《南粵傳》"封摎樂子廣德爲櫱侯"，晉灼曰"櫱，古龍字"（各本櫱訛作櫱，《説文》《玉篇》《廣韻》《集韻》皆無"櫱"字，今據《史傳》索隱引改）。《史表》作"龍亢"，《索隱》曰："晉灼云龍關。"《左傳》："齊侯圍龍。"龍，魯邑，蕭該云："廣德所封止是龍，有亢者誤也。"《南越傳》亦作"龍亢"，《索隱》曰："龍亢屬譙國。"念孫案，此當依《史表》作"龍亢侯"，《漢表》作"龍侯"者，傳寫脱"亢"字耳。《南粵傳》作"櫱侯"者，"龍""亢"二字合訛爲一字，而"亢"又訛爲"木"耳。"櫱"乃房室之疏，非古龍字，晉灼以《表》作"龍侯"，故强爲之説（《集韻》"龍，古作櫱"，即沿晉灼之誤）。

王念孫比對不同版本以校勘文獻用字，從而認定晉灼"古今字"訓釋的錯誤。《漢書·南粵傳》有"櫱侯"，晉灼注釋"櫱"爲古龍字，"櫱侯"即"龍侯"。王念孫以"櫱"字訓爲房室之疏，與"龍"字義相隔，不當爲古龍字，而梳理《史表》和《索隱》發現均作"龍亢"，因此認爲本當作"龍亢侯"，《漢表》脱了"亢"字，作"龍侯摎廣德"，而《南粵傳》則是合"龍""亢"二字爲一字，後"亢"的部分又漸漸訛爲"木"，纔有"櫱侯"之説。晉灼訓"櫱，古龍字"，是不識"櫱"爲"龍""亢"錯訛合一而來，因此强作解釋以適應《漢表》的"龍侯"，《集韻》也訓"龍，古作櫱"，是沿襲了晉灼的失誤。

王筠《説文釋例》卷十五:《前漢·地理志》"清河郡愻題",顏注:"愻,古莎字。"《廣韻》引同。心聲殊不合,心蓋心之訛也,《説文》"沙"之或體作"沙","心"蓋從"沙"省聲,"心"字八分蓋作"心",與"心"相似,是以訛耳。

王筠以爲顏注《漢書》"愻,古莎字"非,是"沙"字本有或體作"沙","心"與"心"字形近,於是"莎"字訛作"愻",則"清河郡愻題"中的"愻"是訛字而非古字。

王念孫《讀書雜志》史記第一"劓":"依鬼神以制義",《正義》本"制"作"劓",云"劓,古制字"。又論字例云:"制字作劓,緣古少字,通共用之。《史》《漢》本有此古字者,乃爲好本。"念孫案,張説非也。制與劓聲不相近,無緣通用劓字。篆文制字作劒,隸作制,形與劓相似,因訛爲劓,非古字通用也。

王念孫《讀書雜志》戰國策第三"君之所揣也":鮑解"君之所揣"句云"言君量我也"。姚云"揣曾作劓"。念孫案,鮑説甚謬。揣者劓之訛,劓者制之訛,言君之幸教寡人與否皆在於君,故曰"君之所制也,唯君圖之"。《新序·雜事篇》作"此君所制,唯君圖之",是其明證也。篆文制字作劒,隸作制,形與劓相近,因訛而爲劓矣(《齊策》"夫制楚者王也",《鴻烈·主術篇》"其立君也,所以制有司,使無專行也",今本制字并訛作劓。《大戴禮·五帝德篇》"依鬼神以制義",《史記·五帝紀》訛作"劓",《正義》以劓爲古制字,非也)。

孫詒讓《札迻·越絶書》:"闔廬□劓于胥之教。"案,"劓"與"制"同。《史記·五帝本紀》"依鬼神以制義",張氏《正義》本"制"作"劓",云:"劓,古制字。"("劓"即"制"之訛體,

《説文·刀部》別有"劊"字，云"齊斷也，从刀岂聲"，與此字異，張説未審。)

《史記正義》本"依鬼神以制義"，"制"字作"劊"，張守節以"劊"爲古制字，王念孫和孫詒讓都認爲"制"與"劊"聲不相近，無緣通用，不當爲"古今字"，應是"制"字的篆文作"𣜩"，隸定之後作"𠛐"，字形與"劊"相似，因此均訛作"劊"。王念孫還聲明《戰國策·齊策》《淮南子》《大戴禮記》等書中的"制"字均有訛作"劊"的情況，孫詒讓則又引用《説文》"劊"的訓釋來補充説明"劊"與"制"在意義上的差別。

> 王念孫《廣雅疏證》卷五"跤、踦，踒也"：……《漢書·賈誼傳》"非徒病瘇也，又苦跤盭"，顔師古注云"跤，古蹠字，足下曰蹠，今所呼脚掌是也。盭，古戾字，言足蹠反戾不可行也"。錢氏曉徵曰："《説文》《玉篇》俱無跤字，小顔讀爲蹠，蓋臆説也。跤字當是踦字之訛，"踦盭"謂足脛曲戾，不便行動。案，錢説是也。

王念孫引錢大昕之説，認爲顔師古在"苦跤盭"下訓"跤，古蹠字"是錯誤的，其根據是《説文》和《玉篇》都收有"蹠"字，却没有收"跤"字，可見其并非古字，而顔師古讀其爲"蹠"，更無根據，"跤"字當是"踦"字之訛，兩字字形相近。

（2）不明語言文字之理

不明語言文字的規律常會導致錯誤的判斷，比較典型的即顔師古的"余、予非古今字"之説，是顔師古不懂古今語音變化纔做出的錯誤判斷，即忽視了語言文字變化的規律。還有些前人錯誤的"古今字"訓釋，是因爲對詞義、語音等理解錯誤，錯把没有音義關聯的訛字當成古字或今字。

王念孫《廣雅疏證》卷八"鍏、畚、釿、桯、槷，臿也"：《方言》注云"槷，字亦作鏊"。《釋名》云"鍤或曰銷。銷，削也，能有所穿削也"。《新序·刺奢篇》云"魏王將起中天臺，許綰負檠鍤入"。"槷""檠""鏊""銷"并字異而義同。《少牢下篇》注云："二匕皆有淺斗，狀如飯槸。"義與"臿"謂之"槷"亦相近。槷音七遙反，斛音土貌反，二者同物而異名。故《方言》云："燕之東北謂之斛，趙魏之間謂之槷。"《爾雅》注以斛爲古鏊字，非也。

郭璞《爾雅》注以"斛"爲古鏊字，王念孫認爲"槷"與"鏊"在音義上具有一致性，而"槷"音七遙反，"斛"音土貌反，是兩字語音相異；又舉《方言》"燕之東北謂之斛，趙魏之間謂之槷"之說，以證明"槷""斛"雖然記同一事物，但屬於不同地區的方言詞，那麼"斛"與"鏊"、"槷"就屬於用詞的不同，不能說是"古今字"。

王念孫《廣雅疏證》卷四"歾、繹、結、冬，終也"：……《周書·梓材》"若作室家，既勤垣墉，惟其塗墍茨。若作梓材，既勤樸斷，惟其塗丹臒"，《正義》云"二文皆言斁即古塗字"。賈昌朝《群經音辨》"斁，塗也，音徒"，引《書》"惟其斁墍茨"。《集韻》《類篇》引《書》"斁丹臒"，又"和懌先後迷民""用懌先王受命"。《釋文》云："懌，字又作斁，下同。"據此知《古文尚書》"塗"與"懌"，皆作"斁"。"斁墍茨""斁丹臒""用斁先王受命"，此三斁字，皆當訓爲"終"。《正義》云："室器皆云其事終，而考田止言疆畎，不云刈穫者，田以一種，但陳脩終至收成，故開其初，與下二文互也。"義本明白，以作僞《傳》者讀"斁"作"塗"，又傳會以爲"斁即古塗字，明其終而塗飾之"。然賴此尚知古文本作"斁"字，後人從《傳》妄改耳。墍茨、丹臒，爲室器之終事，以喻周自文武受命，至作洛黜殷，致刑措，而後其事克終。

《尚書》有"塗塈茨""塗丹腆""用懌先王受命"，王念孫以《群經音辨》所引《尚書》爲證，説明這幾處的"塗""懌"在《古文尚書》本中均作"斁"。王氏認爲《尚書》中"斁塈茨""斁丹腆""用斁先王受命"的"斁"字，與《廣雅》的"終也"之訓相關，皆當訓爲"終"，而且《正義》云"室器皆云其事終"，也可爲"斁"有"終"義之證，故今僞《傳》讀"斁"作"塗"，又解之爲"斁即古塗字"，明顯不妥，則今本作"塗""懌"也是後人爲了迎合僞孔傳進行的改動。

　　　王念孫《讀書雜志》漢書第十四"茬"："山不茬藥"，師古曰"茬，古槎字也，音士牙反"。引之曰：茬從在聲，古音屬之部，槎從差聲，古音屬歌部，二部絶不相通，無緣借茬爲槎，茬蓋差字之訛也。差、槎古同聲，故通用。隸書差字或作𦮼，漢太尉劉寬碑"咨嗟"是也，後人誤認𦮼上之艸爲艸頭，又因師古言"古槎字"，乃依篆文艸頭作𦮼，與茬字相似，因訛而爲茬矣。《玉篇》《廣韻》"茬"字并士之切，無槎音，《集韻》以茬、槎爲一字，引《漢書》"山不茬藥"，則北宋時《漢書》已訛作"茬"，故作韻者誤收，而《類篇》以下諸書并沿其誤。

王氏父子以爲"山不茬藥"顏師古注"茬，古槎字也"不妥。根據古音，"茬"從在聲，古音屬之部字，而"槎"從差聲，古音在歌部，之部和歌部古不通用，不能相借。然後用字形相近而錯訛之説，來説明此并非師古訓釋之誤，而是後人改字導致："差"字與"茬"形近，漸訛爲"茬"，而導致"茬，古槎字也"這條錯誤訓釋的存在。

　　　朱駿聲《説文通訓定聲》弟一"艎"：(假借) 爲奏。《爾雅·

釋詁》"艘，至也"，孫注"古屆字"。《方言·一》"艘，至也。宋語也"，郭注"古屆字"。按，屮、夌聲隔，屆義非屆音也，孫郭失之。

"艘"，孫炎、郭璞都認爲是古屆字，朱駿聲則從語音的角度出發，認爲"艘"爲夌聲，"屆"字以屮爲聲，夌字古在東部，屮字在微部，以古音來説，兩字音相差很大，因此朱駿聲認爲"屮、夌聲隔"，則"艘""屆"不應爲"古今字"。

（二）清以來的新出"古今字"材料

漢字的發展變化受到漢語詞彙發展的影響，王寧先生曾經提道："漢語詞彙的積累大約經歷過三個階段，即原生階段、派生階段、合成階段。"[1] 派生階段在周秦時達到高峰，兩漢以後合成造詞取代了派生造詞，成爲新詞産生最主要的方式，所以在合成造詞階段，新字需求没有派生階段那麼大，新字的産生速度也就會放緩很多。清代時期靠後，理論上不會有多少新字再産生，字組之間的職能變動也比較穩定。雖然如此，根據我們的統計，清代仍然有約 1035 組（不計重複字組）新出現的"古今字"材料，即不見於前人而屬於清代學者獨有的"古今字"訓釋。這 1035 組新"古今字"大約占清人"古今字"訓釋總量的 20%。這 20% 中，我們發現有兩種類型：一是確實新出現的"古今字"字組，二是由於文獻版本錯訛、文字書寫異形、印刷等原因造成的僞新"古今字"組，如：

> 惠棟《惠氏讀説文記》第十二"義，己之威儀也"：古儀字皆作義，義字作誼，《漢書》猶然。

---

① 王寧：《訓詁學原理》，中國國際廣播出版社，1996，第 146 頁。

《惠氏讀説文記》指海本"誼"印作"谊",惠棟這條"古今字"訓釋,以"谊"爲"古義字",實際上就是"誼"爲"古義字",是漢代鄭衆就有過的"古今字"訓釋,屬於僞新出"古今字"組。

排除小部分僞新出"古今字"之後,餘下便是確實在清代纔出現的"古今字"訓釋,這部分字組中既有新出的今字,也有新出的古字,還有整個字組都是新出現的。新出今字的情況略少於新出古字,而整個字組都爲新出的情況最少。這裏所謂"新出"一般是指清代人對古書中原有用字的新認定,不一定是新產生的字和新產生的用字現象。

不同學者所訓材料中新出"古今字"字組的分布也不是很平衡,比如孫詒讓、馬瑞辰等以文獻注釋爲主的學者,其新訓"古今字"字組明顯少於像段玉裁、王筠、鄭珍等以語言文字學著作爲代表的學者,可見載體的類型也會影響新增"古今字"訓釋的多少,畢竟孫詒讓、馬瑞辰等人是針對經典進行再度注釋,大多數典籍的經注用字情況,在前代人的研究中就有提及,而以《説文》爲主的語言文字學著作則可以不限於經典文獻的用字,而擴展到更多實際用字現象。

1. 清代新出"古今字"的背景

爲什麼清代仍然會出現這麼多新"古今字"訓釋? 首先,雖然很多新字在之前就產生了,字組的職能也在之前就固定了,但訓釋本身具有一定的滯後性,故而這些現象到了清代纔有人關注;其次,清代整體小學研究水平提升,很多字組的關係通過音、義的考證被挖掘了出來,即有些原就具有古今用字關係的字組,到了清代纔被證明或考釋;最後,也是更關鍵的原因,就是"古今字"問題在清代的理論化,使得許多學者有意識地注意到"古今字"現象。

以段玉裁爲代表,清代學者開始關注"古今字"本身,經過對"古今字"的界定和各種説明,"古今字"問題便從一個單純的文獻訓釋解讀,變成一個語言學上的課題,"古今字"的理論化不僅促使清人在訓詁實踐中更多地去關注和解釋"古今字"問題,而且還促使"古今字"獨立化，使之逐漸脱離單純的文獻解讀，走上對語言文字規律的闡釋這條路上。

2. 清代新出"古今字"的主題

清代新出的 1000 多組"古今字"材料有兩個核心的主題：文獻和實際用字的對比與用字反復現象的總結。

（1）古今文獻用字的對比

多數清代新出的"古今字"訓釋建立在文獻用字與時代用字習慣的對比上，在整理文獻的同時，對文獻用字進行一定的總結，并參照後世或當時的用字習慣，從而提取新的"古今字"。

> 沈欽韓《漢書疏證》卷三十"歌嫗"：《淮南·泰族訓》"王遷思故鄉作爲山水之嫗"，是嫗古謳字。

"歌嫗"即"歌唱"之義，《漢書》作"嫗"，沈欽韓又舉《淮南·泰族訓》也作"嫗"，然後説明，這裏的"嫗"正是古"謳"字，"嫗"是沈欽韓從文獻中總結出來的用字，而"謳"則是後世用字習慣的説明。《説文》："謳，齊歌也。"《廣雅·釋樂》："謳，歌也。"可見"謳"字很早就用作歌唱之義，而"嫗"字不見於《説文》，早期衹有《荀子》《漢書》《廣雅》等少數典籍用過"嫗"字，至《廣韻》《玉篇》時代，纔收入字書，且另作他義。《漢書》"歌嫗"，顏師古注："讀曰謳。"我們推測"嫗"可能是漢代纔産生的字，同"謳"一樣可表示"歌唱"義，但并没有流行太久，到了唐代之後歌唱義基本用"謳"字。沈欽韓從這一點出發，針對文獻中少數用"嫗"的情況，結合顏師古"讀曰謳"的注釋，判定嫗和謳的古今用字關係，實際上進行了《漢書》《淮南子》的用字習慣與後世用字習慣的對比。

> 鈕樹玉《説文新附考》卷三"侣通作旅，亦作吕"：《玉篇》

"侶"字兩見，一引《聲類》"伴侶也"，一引陸機《草木疏》"麟不侶行"。按，《説文》"麗"訓"旅行"，《博雅·釋獸》云"麒，不群居，不旅行"，据此知古通作"旅"。

"侶"爲《説文》新附字，可見於《玉篇》，後基本用作"伴侶"字的習用字，如漢代王褒《四子講德論》："於是相與結侶。"蘇軾《赤壁賦》："侶魚蝦而友麋鹿。"鈕樹玉通過《説文》"麗"字之訓，以及《博雅·釋獸》云"不旅行"之語，判定"伴侶"字古通作"旅"，即今人所用"伴侶"之字，古人的文獻中多用"旅"。《説文》"麗"訓"旅行"，"麗"本身就有"成對、附着"之義，則"旅行"之"旅"也有"結伴"之義;《博雅·釋獸》"麒，不群居，不旅行"，"群居"與"旅行"相對，都指稱"結伴"之義。則鈕樹玉"侶""旅"的古今用字關係也是建立在對比古今不同文獻用字上的。

（2）對用字反復現象的總結

"古今字"的"古、今"是具有相對性的，并非一成不變，在使用過程中，古字可能會再度演變爲今字，而原來的今字也可能會變成古字，尤其是分化字分化不成功反用原古字，這種用字上的反復經常發生。

清代學者深諳語言文字發展變化的道理，段玉裁尤其專門強調了"古、今"的相對性，清代新出的"古今字"訓釋，有很多就建立在字組職能的反復變化上，也體現了清人是從用字的角度去看待"古今字"，而非造字的角度。

王筠《説文釋例》卷八："佮"下云"合也，從人合聲"（古沓切），是合、佮義同音異，佮音如蛤，通力合作、合藥及俗語合夥，皆佮之音義也，今無復用佮者。《玉篇》"佮，合取也"，《攴部》"敆"下云"合，會也，從攴合聲（古沓切）"，《大徐本》"從合，合亦聲"，則妄增之也，《釋詁》"敆，合也"，是佮、敆音義并同。

　　王筠以“佮”“合”本爲兩字，“佮”與“合”音相異，讀若“蛤”，“通力合作、合藥、合夥”等義的本字爲“佮”，後來“佮”不復使用，“合作、合夥”之義則由“合”來承擔。從造字的角度來説，“合”肯定是早於“佮”的，“佮”多半是從“合”字分化而來的，但這種分化不成功，其結果是“今無復用佮者”，從用字的角度，“佮”又成了古字。“佮”字沒有什麼文獻用例，首見於《説文》，又見於宋代的《廣韻》和《玉篇》，訓爲“并佮，聚”“合取”，之後再沒有相關的字書收録，可見“佮”的使用頻率很低，在宋代前後就被廢棄，其曾用職能全部轉回到“合”字上。

　　　　徐灝《説文解字注箋》卷十三上“蛕”：箋曰：今通作回。

　　“蛕”字《説文》訓“腹中長蟲”，即今“蛔蟲”。徐灝以爲“今通作回”，則是認爲“回”也可以記録“蛔蟲”義。相比於“蛕”“蛔”，“回”字產生得早，若記録“蛔蟲”義也理應早於“蛕”“蛔”，其本義與蛔蟲無關，當是用來記音，後纔衍生出“蛔”“蛕”等字。而徐灝訓“今通作回”，肯定不是從造字先後的角度，當是從用字上有反復的角度。但實際上這條訓釋是有誤的，經我們考察，“蛕”的使用多在唐以前，《靈樞經》有“（脾脈）微滑，爲蟲毒蛕蝎”，唐柳宗元《罵尸蟲文》有“彼脩蛕恙心”。宋代的《玉篇》《廣韻》《集韻》均收“蛕”字，以爲“蛔”“蚘”的異體字，從文獻上看，唐宋以後“蛔”“蚘”纔是主要用來記録“蛔蟲”義的字，而且這兩個字一直處於混用狀態。如隋巢元方《諸病源候論》：“九蟲者，一曰伏蟲，長四分。二曰，蚘蟲，長一尺。”唐孫思邈《千金要方》：“與小兒冷服，治蛔蟲。”宋龐安時《傷寒病論》：“蚘上入其膈。”直到清代，“蛔”字纔開始逐漸取代“蚘”字，并非像徐灝所説的“今通作回”。

王筠《説文釋例》卷八：……一則既加偏旁而世仍不用，所行用者，反是古文也（今用因而不用㧓）。

王筠這條解釋累增字的論述，也涉及用字反復造成的"古今字"。從造字角度講，"㧓"字是從"因"字累增而來，以王筠之意，是"㧓"字曾經也承擔過"因"的職能，但"㧓"的使用并没有得到社會認可，人們仍以用"因"爲主，"㧓"成爲廢字，遂構成了"㧓"與"因"這組"古今字"。

二　"古今字"表述用語的變化

從漢代到清代訓釋"古今字"所用的表述用語總體上變化不大，一直是以"古某字""古作""今作"等表述用語爲主，清代新産生的術語衹有"行、廢"，而"行、廢"也主要是段玉裁一人在使用，不具有代表性。相比於漢代到明代，清代在表述用語上值得注意的有兩個用語：一個是"古文"，另一個是"古今字"。

（一）"古文"內涵的演變

"古文"①這一表述用語的內涵十分複雜，很多學者不贊成把"古文"和"古今字"對等起來是有一定道理的，"古文"在不同的條件、不同時代、不同文本之中所指稱的對象完全不同。但"古文"畢竟可以在一定程度上表示古時的用字情況，又有對"古今"的指涉性，爲了更全面地收集"古今字"，筆者便把"古文"也納入"古今字"訓釋收集的"術語"表中，也是想通過收集"古文"相關訓釋，對"古文"的內涵進行説明和分析。

---

① 與"古文"相對的還有"今文"，但由於整體上使用"今文"的情況很少，而且用法没有"古文"那麼多的變化，因此此處僅就"古文"來展開説明。

"古文"這一用語自漢代産生以來，并非一直維持着固定的外延與内涵，"古文"在不同時代的主要用途也有明顯的變化，下面就簡單梳理一下各個時代"古文"的主要功能。

1. 漢魏晋

"古文"作爲漢代産生的表述用語，開始是泛指古代版本，又特指孔壁中古書的字體，一般認爲是六國文字，《説文》遂有古、籀、篆三類字體的對應。總體來説，"古文"在漢代主要指稱"經今古文版本"和"古文字體"，但版本異文或字體的不同，實際上大部分就是用字的不同。

（1）指稱經今古文版本

　　鄭玄《儀禮注》："設黍于腊北，其西稷。設湆于醬北，御布對席，贊啓會却于敦南，對敦于北。"啓，發也。今文"啓"作"開"。古文"却"爲"綌"。

　　鄭玄《儀禮注》："司宫取二勺于篚，洗之，兼執以升，乃啓二尊之蓋幂，奠于栿上。加二勺于二尊，覆之南柄。"二尊，兩甒也。今文"啓"爲"開"，古文"柄"皆爲"枋"。

　　鄭玄《儀禮注》："唯君有射于國中，其餘否。"臣不習武事於君側也。古文"有"作"又"，今文無"其餘否"。

　　鄭玄《禮記註》："介爵、酢爵、僎爵，皆居右。"三爵，皆飲爵也。介，賓之輔也。酢，所以酢主人也。古文《禮》"僎"作"遵"。

這裏幾例，"今文"與"古文"相對應，所指爲古文、今文版本的異文用字。皮錫瑞認爲："《儀禮》有今、古文之别；鄭注云'古文作某，今文作某'是也。"①或直言"古文《禮》"，則也是指稱《禮記》的古文版本。

---

① 皮錫瑞：《經學歷史》，中華書局，1959，第84頁。

（2）指稱古文字體

在許慎的《説文解字》中，古、籀、篆作爲三種對應的字體，相互關聯構成系統。一般認爲《説文》中言“某，古文某”，意在點出該字頭古文字體的字形，而“古文以爲某”則是在説假借等用字現象，可以算入“古今字”。

許慎《説文解字》卷一：禮，履也，所以事神致福也。从示从豊，豊亦聲。𥘆，古文禮。

許慎《説文解字》卷二：遂，亡也。从辵，㒸聲。譢，古文遂。

許慎《説文解字》卷三：徹，通也。从彳、从攴、从育。𢾩，古文徹。

雖然《説文》的“古文”與正篆字頭多具有不同的構形關係，在時間上也略古於小篆，實際上構成了古今的不同用字[①]，但是鑒於許慎所提到的“今叙篆文，合以古籀”之説，那麼從許慎的角度來講，《説文》的“古文”還是應當屬於一種字體概念（或者説，用來提示字形來源）。可後代的學者却常有把《説文》古文等同於“古今字”的情況。

（3）指稱古今用字

許慎《説文解字》卷二：疋，足也。上象腓腸，下从止。《弟子職》曰“問疋何止”。古文以爲《詩》“大疋”字，亦以爲足字；

① 實際上，小篆與古文、籀文之間的時代差異和構形差異是很小的，小篆本身就是脱胎於古、籀的一種人爲規範字體——特别是作爲周代規範文字的籀文，經過秦系文字的傳承，是小篆的重要來源。因此，把古、籀、篆看成共時層面上的三種不同字體，也未嘗不可。若是從歷時角度出發，着眼於古籀時代跟小篆時代用了不同結構的字表達相同的詞項來説，將其看作“古今字”也同樣可以。共時和歷時衹是考察字料的兩種角度，并不是非此即彼的對立概念，絶對的共時和歷時反而更容易産生誤解。

或曰胥字。一曰：疋，記也。凡疋之屬皆从疋。

許慎《説文解字》卷三：臤，堅也。从又，臣聲。凡臤之屬皆从臤。讀若鏗鏘之鏗。古文以爲賢字。

鄭玄《禮記注》卷三十：“大夫佩水蒼玉而純組綬。”……純當爲緇，古文緇字或作絲旁才。

李善注《文選·過秦論》“甿隸之人”：如淳曰“甿，古文氓。氓，人也”。

許慎的“古文以爲某字”，“古文”和“某字”之間屬異字的關係，是對用字的介紹；鄭玄的“古文緇字或作絲旁才”，從表述方式來看，强調的是“緇字”的或體寫法作“絲旁才”；如淳的“甿，古文氓”，針對的是《過秦論》的“甿”字，與經今古文無涉，是以今字解古字。因此這幾條訓釋中的“古文”，可以認爲是指稱古今用字。

2. 唐宋元明

唐宋元明時期的“古文”主要出現在大型字書之中，比如《切韻》一系列的《廣韻》《集韻》《五音集韻》《韻略》等書，還有《一切經音義》《宋本玉篇》《類篇》《正字通》等。這些字書、韻書的“古文”在來源上非常複雜，不光是《説文》“古文”，其他書中的“古今字”“古某字”等訓釋，被收入這類字書時，也把用語轉换爲“古文”，説明這些“古文”衹是爲了補充“古今”不同字形而出現，也可以算作古今用字問題。這類“古文”常單獨出現，不與“今文”相對應，也可證明這一點。

下邊就簡單列舉一下唐宋元明時期“古文”的不同出處。

（1）出自《説文》古文

陳彭年、丘雍《玉篇》：聞，武云切。《説文》云“知聲也”。《書》云“予聞如何”。又音問。䎽、𦖞，并古文。

（2）出自《説文》或體

　　陳彭年、丘雍《玉篇》：松，徐容切。木名。窠，古文。

（3）出自《説文》籒文

　　陳彭年、丘雍《廣韻》：隘，陝也。陋也。烏懈切。六。齸，古文。

　　陳彭年、丘雍《廣韻》：姻，婚姻。《白虎通》曰"婦人因人而成故曰姻也"。《字林》云"婚婦家，姻壻家"。嫺，古文，出《周禮》。

（4）出自《説文》正篆

　　陳彭年、丘雍《廣韻》：朝，早也。又旦至食時爲終朝。又朝鮮國名。亦姓。《左傳》有蔡大夫朝吳。陟遥切。又直遥切。二。輆，古文。

《説文》"朝"字正篆字頭作"鼗（輆）"，無重文，"朝"爲後隸定字形。

（5）《説文》收爲兩字

　　陳彭年、丘雍《廣韻》：庸，常也。用也。功也。和也。次也。易也。又姓，漢有庸光。喬，古文。

"喬""庸"《説文》收爲兩字。"喬"訓"用也。从喬从自。自知臭香所食也。讀若庸"。"庸" 訓 "用也。从用从庚。庚，更事也。《易》曰：先庚三日"。

（6）其他出處

　　玄應《一切經音義》：淚涕，古文躰，同。敕計反。《三蒼》 "鼻液也"。

"躰" 字出處不明，暫闕。

　　張自烈《正字通》卷十二：轆，古文樓。

出處爲司馬光《類篇》："樓，古作轆。"

　　張自烈《正字通》卷六：觡，古文辭本作觡。

出處爲《集韻》："辭，古作觡。"

　　郭忠恕《佩觿》：弓、弓，上，居中翻，弓矢。下，大旦翻，古文彈。

"弓" 字出處爲《集韻》："彈，亦作弓。"

　　韓道昭《五音集韻》卷一：公，古紅切。通也。父也。正也。……台，古文。

出處爲《集韻》："公，古作台。"

這些豐富的來源，可以説明唐宋元明這段時期的“古文”不能和漢代時期的“古文”相提并論。這一時期的“古文”在主體上應該指稱的是古今用字問題。

3. 清代

清代的“古文”又回歸到類似漢代的情況。由於材料類型上比重不同，相比於宋元明時期字書的盛行，清代的大型字書非常少，但體例上有發展和進步，表述古今用字的“古文”在清代的字書中很少出現，如《佩文韻府》主要采取徵引式的訓詁，所引用的訓釋都是具體注疏中的訓釋，少有“某，古文”這樣的形式。

清代的“古文”大多出現在文獻考證類材料中，或指稱經今古文的不同版本用字，或是在《説文》學作品中專門説明作爲《説文》“重文”的“古文”。從總體上來説，這兩類“古文”所占的比重遠超過直接表述古今用字的“古文”。

清代的“古文”用來表述古今用字問題的情況變少。首先，由於學者在表述上更講究，在使用“古文”術語時，常常連帶着其他要素一起，比如“古文本”“古文《禮》”“《説文》古文”，在語境中增加可以顯現“古文”内涵的詞彙，以明確“古文”之義。其次，因爲“古今字”在清代已經有了明確的界定，段玉裁《説文解字注·言部》“誼”字注：“凡讀經傳者，不可不知古今字……隨時異用者謂之古今字。非如今人所言古文籀文爲古字，小篆隸書爲今字也。”正是把古文、籀文、小篆、隸書這樣的字體概念與古今用字的概念進行區分。由於“古今字”這一術語使用逐漸固定，“古文”這種有歧義的表述，使用頻率就下降了，由此“古文”和“古今字”的功能也就逐漸區分開來。

孫詒讓《周禮正義》卷六十“諸侯之繅斿九就，瑉玉三采，其餘如王之事"：注"……鄭司農云：繅當爲藻，繅古字也，藻今字也，同物同音。璑，惡玉名"。疏：……"鄭司農云：繅當爲藻，繅古字也，藻今字也，同物同音"者，段玉裁云："繅見《司几筵》《巾車》。案，《儀禮》古文作繅，今文作璪，璪同藻也。《禮記》有藻無繅。"黃以周云："先鄭既以繅爲古字，宜云'繅讀爲藻'，不宜云'當爲'以破之。《聘禮》注云'古文繅或作藻，今文作璪'，則藻今字，非謂今文。"案，《司几筵》"繅席"，先鄭亦讀爲藻率之藻，黃謂此注當作"繅讀爲藻"，與《司几筵》注同，於義近是。但先鄭此讀當本在前章"五采繅"下，後鄭以璑惡玉之訓牽連引之於此，非其舊也。至先鄭所謂今字，止據漢時經典常用字言之，與《儀禮》今文異也。又案，先鄭意謂此經之繅斿，與《禮記·玉藻》同音同物，繅取雜文爲名，與藻義尤近，故讀從之。攷《説文·糸部》云："繅，繹繭爲絲也。"《艸部》云："藻，水艸也，重文藻，藻或从澡。"《玉部》云："璪，玉飾，如水藻之文。"則冕斿之繅蓋無正字，此經作繅，《禮記》作藻，皆借字也。《聘禮》之繅，今文作璪者，乃《典瑞》圭玉之繅，與冕繅異。惟《玉藻》釋文云"藻本又作璪"，亦聲近假借字。

孫詒讓的注釋中區別使用"古文、今文"和"古字、今字"。"古文、今文"所指都是《儀禮》今古文版本的用字，而"古字、今字"則是古今用字問題。孫詒讓所言"至先鄭所謂今字，止據漢時經典常用字言之，與《儀禮》今文異也"，以及他所引黃以周的"藻今字，非謂今文"，都可證明清代已經有把"古文、今文"和"古字、今字"區別對待的意識。

從清代學者關於"古文"的相關表述來看，他們有分辨"古文"內涵、説明"古文"與"古今字"區別的意識，但是這種意識并没有貫徹得特別徹底，在針對個別問題時會有把"古文"與"古今字"并舉的情況，有時確實是“古文”與“古今字”有材料上的交叉，有時則是混淆了兩組概念。

（1）“古文”與“古今字”材料的交叉

雖然“古文”和“古今字”在清代被區别爲不同的概念，但這兩個概念之間也確實存在交叉的現象，無論是字體的“古文”，還是經今古文版本的“古文”，都和後世的用字具有時代上的前後差異，一些經今古文的版本異文正符合“古今字”，因此我們常看到一些學者在討論“古今字”問題時舉“古今文”的用例，這并不一定是混同兩種概念，而是從不同角度説明一組字的關係而已，比如：

> 段玉裁《説文解字注》第八“覿，見也”:《貝部》“賣”下曰“衙也”。衙者，“行且賣也”。賣即《周禮》之覿字，今之鬻字。覿訓見，即今之覵字也。《釋詁》曰“覵，見也”。《公羊傳》、《穀梁傳》、《士昏禮》、《聘禮》、《論語》鄭注、《國語》韋注皆同。按經傳今皆作覵，覵行而覿廢矣。許書無覵字，獨存古形古義於此也。以他字例之，蓋《禮經》古文作覿，今文作覵。許從古文，不從今文歟。大徐本竊取《周禮》，改見爲賣，非是。《周禮》覿訓買，《玉篇》作“覿，買也”。今又作賣，則誤之中又有誤焉。

段玉裁認爲“覵行而覿廢”，“覿”“覵”爲“古今字”關係，又關聯《禮經》的古今文版本用字情況，“古文作覿，今文作覵”，是《禮經》的古文版本正好用了古字，而今文版本用了今字，情況恰好符合“覿、覵古今字”。

> 孫詒讓《周禮正義》卷八“辨腥臊羶香之不可食者……豕盲眡而交睫，腥；馬黑脊而般臂，螻”：注“杜子春云‘盲眡當爲望

視'"。疏：……"杜子春云'盲眠當爲望視'"者，"眠"注例用今字作"視"，述經亦然。此作"眠"，疑誤。杜即從《内則》讀也，但杜意正謂"盲"當爲"望"耳，其眠、視爲古今字，此經用古文，《禮記》用今文，經文各從其朔，不足相校也。

"眠""視"爲"古今字"，也正好對應了屬古文的《周禮》用字和屬今文《禮記》的用字。孫詒讓以《周禮》爲古文，古經用古文"眠"，而《禮記》爲今文則當用"視"，不同的經由於時代前後不同，用字習慣也有差異，即"經文各從其朔"也。

除了古今文經本的問題外，"古文"在指稱與籀文、小篆等相對的古文字體時，也有與"古今字"問題産生交叉關聯的情況：

段玉裁《説文解字注》第四"疇，暠也"：……壁中古文字作暠，古字也。《爾雅》"疇、孰，誰也"，字作疇，今字也。許以疇爲假借字，暠爲正字，故《口部》曰"暠，誰也"。則又暠、疇爲古今字。《説文》之例，叙篆文合以古籀。暠者古文，非小篆也，何以廁此也？凡《書》《禮》古文往往依其部居録之，不必皆先小篆後古文，亦不必如上部之例，先古文必系以小篆，所以尊經也。《尚書》作疇不作暠者，蓋孔安國以今文字讀之，易之同《爾雅》也。

"暠""疇"是段玉裁指論的一組"古今字"，同時段又表示"壁中古文字作暠"，則把"暠"歸納到"壁中古文"這一"字體"範疇内。實際上恰好，古文字體的寫法"暠"，與之後的"疇"字又可以組成"古今字"，屬古今字體變化過程中産生了古今用字變化的情況。

（2）"古文"與"古今字"的混同

多數學者使用"古文""今文"比較謹慎，但清代還是有個別把

"古文"與"古今字"的"古字"混在一起說解的情況，以下這些訓釋中的"古文"概念既可能指《說文》古文字體，又可能指稱"古今字"的古字。

王筠《説文釋例》卷六：栖之古文互，《玉篇》注中云"今作互"，而二舟兩部皆不收，且曰"今作"，是不以爲古文。

王筠《説文釋例》第六卷主要内容爲"同部重文"，他講到有些"同部重文"類聚是因爲該重文"無部可入"，"互"爲"栖"之古文，收在《木部》正是如此。《玉篇》收此字時訓釋爲"今作互"，則是把"互"當爲"栖"的今字，王筠認爲這樣的訓釋説明《玉篇》不以"互"爲"栖"的"古文"，實際上混淆了《説文》"古文"和"古今字"的古字兩個概念。"互"爲"栖"的"古文"寫法，但從用字角度來説，《玉篇》時代靠後，"栖"字可能不復使用，人們可能選擇筆畫簡單的"互"，則"互"復爲"栖"的今字也是可能的。

王筠《説文釋例》卷五：……則是或體中有古文也……"栖"之或體"互"……《玉篇》皆以爲古文，即不本許君，亦必有它所據。飆之或體颮，《後漢·班固傳》注、《文選·兩都賦》注皆引《説文》"颮，古飆字"，是知《説文》所收之古文，今且改爲或體也。

今本《説文》："飆，扶摇風也。从風猋聲。颮，飆或从包。""颮"爲或體，王筠以爲《説文》或體也講的是"一字殊形"，或體中也有古文,比如"筕"的或體"互"。① 王筠根據《後漢書·班固傳》注、《文選·兩都賦》注所引的《説文》"颮,古飆字",認爲"颮"字并不是或體,而是《説文》的"古文",作"或體"者是後人所改。這樣的論斷多半是源於段玉裁在注《説文》時根據這兩處訓釋改"或體"爲"古文"②,即段玉裁和王筠都將"古文"和"古某字"的概念等同。

(二)"古今字"使用頻率上升

"古今字"這一表述用語雖自漢代就産生了,但其使用頻率很低,漢代至明代"古今字"用語的使用占所有表述用語的 0.5%,16000 條"古今字"訓釋中,衹有 80 條左右使用的是"古今字"這一完整的表述用語。但到了清代,"古今字"的使用頻率飛速上升,我們收集的 5000 多條"古今字"材料中就有約 440 條使用了"古今字",占所有表述用語的 8.8%(见表 3-1)。

表 3-1 "古今字"使用頻率

漢至明"古今字"使用頻率	清代"古今字"使用頻率
0.5%	8.8%

注:相關數據來自李運富主持的"古今字資料庫建設及相關專題研究"項目成果。

"古今字"使用頻率之所以會有如此明顯的提升,主要原因是"古今字"的概念化、命題化。"古今字"的概念固定并且得到了主流學者的認可,因此在表述"古今字"現象時,他們會有意使用這種概念化的術語。"古今字"的概念化,也帶來了對"古今字"本身更多的關注和研究,有更多學者開始對"古今字"從多個角度進行分析或利用,

---

① 參見王筠《説文釋例》,中華書局,2011,第 121 頁。
② 《段注》在"颮,古文飆"下云:"各本作颮或从包,今正。班固《西都賦》'颮颮紛紛',李善、李賢注皆引 '颮,古颮字'。"

使得"古今字"的相關訓釋和説明增加，也使得"古今字"的使用頻率上升。

"古今字"這一術語使用頻率的上升，充分説明了"古今字"研究在清代有了較大的推進。

三 "古今字"功能上的轉型

雖然"古今字"在表述形式上變化不大，但"古今字"訓釋的功能卻不斷發生變化，這與文獻訓詁的發展與成熟密切相關。漢唐時期的"古今字"訓釋是以解釋文獻爲主要功能的，從唐代開始就已經有了以貯存字形爲主的"古今字"訓釋，而這種功能的"古今字"訓釋在宋元明時期則成爲主流，到了清代，"古今字"訓釋的主要功能則是説明古今用字不同這種現象。

（一）漢唐：以解釋文獻爲主的"古今字"

漢唐時期的"古今字"主要是爲了解決由古今用字變化而造成的古書閲讀困難，因此多是以今字解釋古字，爲的是使人易懂。

鄭玄《禮記注》卷二十二："故聖人耐以天下爲一家。"耐，古能字。傳書世異，古字時有存者，則亦有今誤矣。

鄭玄《周禮注》卷十九："小宗伯之職，掌建國之神位，右社稷，左宗廟。"故書位作立，鄭司農云"立讀爲位，古者立、位同字"。

韋昭《國語注》卷十："對曰：官師之所材也。"師，長也。材，古裁字。

顏師古《漢書注》卷三十六："雨雪靁霆失序相乘。"師古曰：……靁，古雷字也。霆，雷之急者也。

以上幾例中,鄭玄的《禮記》注,説明了"耐"字在《禮記》時代所記録的是之後"能"字的意思,又《周禮》時代"立"可以表示"位置"之義,《國語》時代"材"可以表示"裁"之義,都是一字後代所記録的詞義發生了變化,若不加以解釋很容易産生誤解。而顔師古注"古雷字",則是因古時"雷"字的寫法"靁"已經不常見,怕讀者不認識,因此利用"古今字"進行説明。這些"古今字"相關訓釋,都是爲了解釋文獻、方便閲讀而做出的。

(二)宋元明:以貯存字形爲主的"古今字"

從唐代的《一切經音義》系列開始就有大量以貯存字形爲主的"古今字"訓釋産生,這一點在宋元各類工具書出現後更加明顯。工具書中的訓釋不同於漢唐時期的文獻注疏,對於字義的解釋大都脱離文獻,具有一定的概括性。工具書中多以"古文"等術語繫聯多個字形,這些"古文"的來源十分豐富,數量衆多,且一組具有對應關係的字,并不都是建立在單一意義上。這一階段"古今字"訓釋的功能已經不全然是解讀,因爲本身的存在已經脱離了文獻,更多是爲了收集和貯存各種字形。

　　《廣韻》:唐,《説文》曰"大言也"。又州,春秋時楚地……喁、跾,并古文。

　　司馬光《類篇》:克,肩也。象屋下刻木之形,凡克之類皆从克。古文作㞑、㞷、𡭚、𡱪(乞得切。徐鍇曰"肩任也"。負何之名也,與人肩膊之義通。能勝此物謂之克。古作㞑、㞷、𡭚、𡱪。文五)。

　　司馬光《類篇》:黄,地之色也。从田从炗,炗亦聲。炗,古文光。凡黄之類皆从黄。古作㙮。

　　行均《龍龕手鑑》:懇,古文,古隘反,今作懈,懇忌。

　　行均《龍龕手鑑》:雕,古文,音习,今作鵰字。

韓道昭《五音集韻》：矢、笶，陳也。誓也。正也。直也。《説文》曰"弓弩矢也"。古者夷牟初作矢。夨、夰，并古文。

以上這些訓釋中，最典型的貯存字形的情況就是司馬光"古作戸、肁、臬、臬"，這幾個字形之間的差別不大，可以歸爲一個字位，但出於貯存古時不同字形的需求，仍然列舉出來。再比如《廣韻》的"喝""歇"、韓道昭以"夨""夰"爲"矢""笶"的古文，也都是對古時出現過的字形進行匯總，這些匯總而來的字脱離了原來的語境，它們在哪些時代的哪些文獻使用過、使用的頻率如何，字書往往不會有相關的介紹，祇是在歷史文獻中留下了一個個孤單的"身影"。

（三）清代：以説明用字現象爲主的"古今字"

清代的"古今字"則主要以説明用字現象、用字規律爲目的，即開始轉向對"古今字"本身的研究，而不是單純利用"古今字"進行解釋或貯存等工作，這與清代小學理論水平的提升有密切關係。尤其是段玉裁的"古今字"和"行、廢"等説法，最能體現實際用字情況的發展變化。

段玉裁《説文解字注》第三"鬭，遇也"：疊韻。凡今人云鬭接者，是遇之理也。《周語》"穀雒鬭，將毁王宫"，謂二水本異道而忽相接合爲一也。古凡鬭接用鬭字，鬥爭用鬥字。俗皆用鬭爲爭競，而鬥廢矣。

王筠《説文解字句讀》卷二十二"摜"：摜與《辵部》遺，皆貫之分别文。古有習貫之語而無專字，借貫爲之，後乃作遺、摜以爲專字，寫經者苦其繁，故今本仍作貫也。

從漢唐到宋元明，再至清代，可以明顯看出"古今字"研究的推進。起初“古今字”祇是一種訓釋手段，在古人眼中祇具有應用價值；之後宋元明的“古今字”逐漸脱離原文的束縛，人們開始了對“古今字”的總結，這種總結既包括對記録意義的概括，也包括對字形的整理和貯存；到了清代，纔開始對“古今字”這一現象本體展開一定規模的研究。

第四章　清代"古今字"研究評議

　　在前幾章我們從材料提取和分析、重點學者研究介紹、内部比較與歷時比較這幾個方面對清代"古今字"進行了討論，至此，清代"古今字"研究狀況已經基本明晰。現在，綜合前幾章具體分析的結果，對清代的"古今字"研究進行總結和評價，以作爲本書的結論。

　　這一部分，首先舉例談談當代學者在清代"古今字"研究評價上的誤區，明確今人的誤區所在，然後再展開對清代"古今字"研究的評述。

第一節　以今律古：清代"古今字"研究的評價誤區

　　近年來今人對清代"古今字"已有不少研究和評價，普遍認爲清代是"古今字"研究歷程中最爲重要的階段，尤其肯定了段玉裁、王筠、徐灏三人的"古今字"説，認爲這三人對後世"古今字"研究具有重要影響。今人評價主要集中在具體學者、具體觀念乃至具體典型字組的辨析和論證上。這些評價有中肯可靠之處，但是總體上還存在一定誤區，誤區的核心就是沒有站在當時的歷史語境下去理解古人的"古今字"訓釋，即以今律古。

今人的以今律古表現在兩個層面上。

一是微觀上的判斷偏差。如對術語的理解偏差。

古人對術語的使用一般比較隨意，即便已有理論化的認識，對同一個現象、同一種規律，仍會使用不同的表述用語。“古今字”也是一樣，我們在第一章曾經統計過古人所使用過的表述“古今字”的相關用語，其形式具有很強的靈活性。所以對古人的“古今字”表述，要求不能過於嚴格，如果執着於表述用語上細微的不同，而去分裂“古今字”與“古某字”、“古作”、“古假 / 借”之間實際存在的一致性，就有可能曲解古人的意圖。

比如《説文》“祐，助也”，段玉裁注釋爲“古衹作右”，而徐灝則表示“右、祐，古今字”，李淑萍認爲此處可以體現段玉裁和徐灝兩人“古今字”觀念上的細微差異：“祐字，段玉裁衹説‘古衹作右’，另於《口部》右字下説：‘今人以左右爲ナ又字，則又製佐佑爲左右字。’從段玉裁對此二字的説明，可知他雖然也認爲古代表佑助之義者衹有‘右’字，後世詞義分化纔有佑、祐等字的産生，符合他在‘監’字底下所説的‘古字少而義晐，今字多而義別’的想法。然段玉裁心目中第一義的古今字觀念并不是這種類型，因此段氏并不出以‘古今字’的用語。”①

這種分析把古人的“古今字”表述用語看得太過絕對，段玉裁雖有明確的“古今字”界定，但是他并不排斥古人常用的其他“古今字”表述方法，稱“古衹作”，衹是選取衆多常用語中的一種進行表述，不一定帶有特殊的含義，更不一定説明段玉裁就對這類具有字形相承分化關係的“古今字”抱有懷疑或否定的態度。

同樣具有“古字少而義晐，今字多而義別”情況的“古今字”字組，段玉裁也有取用“古今字”表述的情況：

① 李淑萍:《清儒古今字觀念之傳承與嬗變——以段玉裁、王筠、徐灝爲探討對象》,《文與哲》2007 年第 11 期。

段玉裁《説文解字注》第十二 “或，邦也”：《邑部》曰 “邦者，國也”。蓋或、國在周時爲古今字。古文祇有或字，既乃復製國字。以凡人各有所守，皆得謂之或，各守其守，不能不相疑。故孔子曰 “或之者，疑之也”。而封建日廣，以爲凡人所守之或字，未足盡之，乃又加口而爲國。又加心爲惑，以爲疑惑當別於或，此孳乳浸多之理也。

上例中，“或” 與 “國” 訓爲 “古今字”，“或” 與 “國” 之間正好符合段玉裁 “古字少而義賅，今字多而義別” 的關係，“或” 字較古，可能承擔多個意義，比如 “邦國” 義、“疑惑” 義等，後世遂造 “國” “惑” 等字別其義，與 “右” “祐” 的關係是基本一致的。再比如《段注》中的 “共、供古今字” “和、龢古今字” 等都屬於此類。

反之，李淑萍所認爲的段玉裁 “理想的古今字”，也有不用 “古今字” 表述的情況，如 “居處” 字古作 “凥”，後作 “居”，屬於異構字的關係，而段玉裁在表述上選用了 “古祇作”。

段玉裁《説文解字注》第八 “居，蹲也”：……《説文》有 “凥”，有 “居”。“凥，處也。从尸得几而止”，凡今人居處字，古祇作凥處。“居，蹲也”，凡今人蹲踞字，古祇作居。

由此可知表述用語的不同并不能顯示出段玉裁對 “古今字” 類型的不同意見，所以不能完全依照表述用語的細微不同，來對古人的 “古今字” 觀念進行歸納或評價。李淑萍的想法是把古人的 “古今字” 表述與今人的古今字概念等同，實際上兩者一個屬表述問題，另一個屬概念問題，層面不同。

再如對具體字組或現象的理解偏差。

如李淑萍在分析徐灝對段玉裁所訓"誼、義古今字"的看法時講道:"段玉裁認爲,作爲'仁義'之訓者,周時作誼,漢時作義,誼爲古字,義爲今字,'誼—義'無疑是一組時代用字不同的古今字。然這樣的説法,却被徐灝所否定,他説:'誼字從宜而通作義,實緣義者宜也之訓而起,非古字也。'……考量徐灝的説法及其古今字觀點,我們不難得知,兩組字例之所以認定不同,其主要原因仍在於義、儀在形體上有一定的關聯,符合他'造字相承增偏旁'的古今字觀點。反之,誼、義二字在字形上没有任何關聯性,不符合徐灝心目中'造字相承增偏旁'的通例,當然也就不屬'古今字'了。"①

實際上李淑萍祇看到徐灝對段玉裁"誼、義古今字"的否定,而没有明白徐灝否定這組"古今字"的原因,這一點第二章中已經分析過:徐灝的論述是"誼字從宜而通作義,實緣'義者,宜也'之訓而起,非古字也",其着眼點——也是反對段玉裁説法的核心——在於"實緣'義者,宜也'之訓而起",即誤把"義"字之"訓"當成"字"關聯在一起。徐灝理解兩字實應爲同義字的關係,并没有提到是因爲"誼、義"之間不具有任何字形上的相承關聯而"非古字",李淑萍這裏的分析明顯没有切中徐灝的要點,而是爲了附會徐灝的"造字相承增偏旁"而強行推論。

再如趙海燕的《段玉裁對古今字的開創性研究》一文,講到了段玉裁"古今字"研究不足:"段玉裁的第一、二類古今字(古字廢棄的兩類),與異體字現象有交叉,屬於古今異體字。古今字和古今異體字是兩種性質不同的文字現象。古今字(現在通稱爲分化字或區别字、分別字)是爲了區别詞義而産生的……"②趙海燕認爲段玉裁把"異體字"收入"古今字"是一種失誤,實際上她也是從既定的今人"古今字"(古今

---

① 李淑萍:《清儒古今字觀念之傳承與嬗變——以段玉裁、王筠、徐灝爲探討對象》,《文與哲》2007 年第 11 期。
② 趙海燕:《段玉裁對古今字的開創性研究》,《廣西社會科學》2005 年第 9 期。

字是分化字或區別字）觀念出發，去評價段玉裁的"古今字"字例，這混淆了古人的"古今字"與今人的"古今字"，是明顯的以今律古。

以上都屬微觀層面上的判斷偏差。

二是宏觀上的把握不足，這種不足也體現在兩方面。

首先，沒有從"古今字"自身的研究歷史出發去評價清人的"古今字"研究（歷時角度），因此也就無法看到清代"古今字"研究的發展和特點；其次，沒有從清代學術的整體風貌上去觀察和理解清代"古今字"研究的特點（共時角度），則不能看到清代"古今字"研究的全貌以及它與其他傳統人文學科之間的關聯性。

也可以說，今人對於清代"古今字"的評價主要集中在微觀層面上的術語辨析、字組判定、概念互駁，幾乎沒有整體性的宏觀評價，可見多數學者并沒有把清代"古今字"作爲一個發展的整體來看待，更沒把"古今字"研究作爲清代學術的組成部分來看待，這同樣是以今律古，即以今人的視角爲判定的基點，割斷了"古今字"本身的歷史和背後的系統，也就很難看到清代"古今字"達到的高度。

鑒於今人對清代"古今字"研究的評價還停留在微觀層面，我們纔需要結合以上兩方面，從宏觀的角度去評價清人的"古今字"研究，以便更深刻地揭示清代"古今字"研究的學術特點。

清代語言文字學的發展，有三個非常重要的特徵。（1）學科界限的明晰。已經出現了專門的小學研究，儘管沒有在形式上獨立，但事實上很多具體的學術命題都在當時已被提了出來。（2）理論高度自覺。對語言文字系統性的考察日臻成熟，多個語言要素、多個層面相互之間的運作與關係都在清代逐漸明確，對這些關係和理論的討論在清代的小學研究中占據了重要的位置，使得清代小學走向繁盛。（3）理論與實踐的緊密結合。在把相關的語言文字理論深入實踐應用的同時，又在各種文獻字詞考證的實踐活動中不斷發展深化理論。

可以看到，這三方面是相互影響的，學科的定性促進理論的發展，理論的發展跟實踐結合，使得理論再次深化，理論的深化同時又會反作用於學科的定位，清代的語言文字學就是在這幾重關係中不斷向前演進。

作爲清代語言文字學下位的“古今字”研究，也深受這種整體性學術風氣的影響，因此清代“古今字”研究應當從其學科屬性的定性變化、“古今字”研究背後理論高度以及與實踐相結合這三個方面來評價和說明。

第二節　字用轉向：清代“古今字”研究的學科屬性

任何一個術語和概念都有自己的本位問題，比如我們經常會說一個術語是文字學的概念或訓詁學的概念。“古今字”也同樣有本位的問題，以今天的觀念來看，有些人把“古今字”當作文字學的概念，也有些人把“古今字”當成訓詁學概念。那麼清代學者是把“古今字”研究作爲訓詁學的内容還是文字學的内容呢？這必須先結合“古今字”研究本身的歷史來講。

在上一章中我們提到過，“古今字”的功能一直處於變化的過程。兩漢時期的“古今字”訓釋主要是解釋文獻，則必然是以訓詁學爲本位。中期的“古今字”主要是收集并貯存各種古時的字形，其目的也是解釋、識讀，因此仍然是以訓詁學爲本位的。到了清代，討論“古今字”現象已經不再限於文獻解讀或字形貯存，而變成了說明用字現象，與前兩個時期大不相同。清代“古今字”在功能上的轉變，實際上標志着“古今字”逐漸從一個訓詁概念轉變爲字用概念，因此清代的“古今字”研究實際上處於一個“轉型”的過程，而正是在這種“轉型”中，“古今字”

研究的學科屬性開始明確趨向於文字學，尤其是字用學。

“古今字”這種向字用學轉型的趨勢體現在古人的學術實踐之中，具體來説有兩方面。

一是“古今字”理論的提出和獨立。

“古今字”的理論化是清代“古今字”研究中最爲重要的成就。“古今字”作爲訓釋用語的歷史是久遠的，從漢代到清代積累了大量“古今字”訓釋材料，却一直沒有明確的界定，對於古人的“古今字”，一般祇能通過材料去總結其性質。清代的學者多次就“古今字”本身進行概念性的闡述，“古今字”現象的表述用語也逐漸整齊化。這些改變使得“古今字”的界限、性質更爲清晰，對“古今字”的討論也趨於綜合化、科學化。比如：段玉裁着重揭示“古今字”背後的用字現象、用字關係，王筠、徐灝關注“古今字”所反映出的文字發展變化規律，孫詒讓强調在“古今字”現象影響下形成的文獻用字規律。這些“規律”都是通過“古今字”揭示出來的，其目的是説明規律本身，而不單是對文獻進行訓詁或考證。正因如此，這些“古今字”的討論已經不再局限於訓詁解讀，它的理論性是大於解釋性的。

在這些“古今字”理論闡釋中，“字用”的問題是最爲突出的。以段玉裁爲例，他在分析“古今字”時，通過排除字體的演變、排除古今文版本的異文、增加“行、廢”表述等一系列工作，把“古今字”定位到了“字用”的範疇之内，即“古今人用字不同”。段玉裁之後的王筠、徐灝、孫詒讓等其他學者，都對“古今字”用字的本質進行過説明，雖然這些説明的側重點或針對範圍有所不同，但也可看出多數學者是把“用字”當成了“古今字”研究的本質，也就把“古今字”定位到了文字學下的字用學之中。

二是術語的確立和術語意識的自覺。

在清代學者的論述中，“古今字”相關理論漸獨立，在這種理論影

響下，清代學者“古今字”術語使用的自覺性也在逐漸提升。上一章
也談到過，清代表述“古今字”現象時使用術語的情況與前代相比有
兩個重要變化：先是“古今字”作爲一個整體性的術語，出現的頻率
大幅上升；再是類似“古文”等在表述上有歧義的用語，在清代出現
的情況變少了，術語和術語之間的分工更加明確。研究越科學，術語
的系統性就越強。“古今字”術語使用上的完善化正説明了“古今字”
理論、“古今字”本身定位的明確化。

從上述古人學術實踐能看出，清代學者“古今字”的本位語境開
始從訓詁學逐漸轉向文字學，尤其是字用方面。“古今字”研究這種轉
型的實現，實際上是符合科學轉型需要的，這種轉型的過程也就是學
科屬性明確、定性的過程。

清代“古今字”學術研究的發展轉型也符合整個語言文字學發展
的規律，在歷代的學術實踐中，逐漸明確自己的學科定位，這種定位
是理論自身發展的要求，是在實踐中逐漸成形的，唯有這樣纔能推動
學術的進一步發展。“古今字”在清代的定位轉向對於後世的研究以及
語言文字之學的發展與定位是具有一定啓示的。

第三節　系統互求：清代“古今字”研究的理論高度

我們上一節討論了清代“古今字”研究在理論上的定位轉向，實
際上，清代“古今字”研究轉型的背後除了其本身歷史學術實踐外，
另一因素起到了非常重要的作用——清代整個語言文字學的研究風氣。
清代的“古今字”研究發展和清代整體語言文字學的發展是密不可分
的，作爲可以代表清代語言文字學發展之理論高度的“系統互求”觀

念，對清代“古今字”研究的發展有至關重要的影響。

所謂的“系統互求”就是對語言文字發展觀和系統觀的認識。發展觀和系統觀屬於一個問題的兩個方面，兩者之間具有内在密切的關係。關於這一點，段玉裁在《王懷祖廣雅注序》中的説法極爲到位：

> 小學有形、有音、有義，三者互相求，舉一可得其二；有古形、有今形，有古音、有今音，有古義、有今義，六者互相求，舉一可得其五。……聖人之制字，有義而後有音，有音而後有形；學者之考字，因形以得其音，因音以得其義。①

許多漢字、漢語發展變化的原因，就在於系統内部的形、音、義各個要素的變化，或是漢字、漢語系統功能的調整變化。對系統性的認識，是對發展觀的進一步深入。段玉裁所講的“六者互相求，舉一可得其五”，既有對“古、今”發展論的説明，也是對漢字系統性的認定，“六者互求”實際上就是一個系統的歷時演變問題。

在這樣一個理論高度下，清代學者對“古今字”的解釋也就不再限於“字”本身了，而是將其作爲整體的一部分來討論，即在語言文字系統性的整體框架下，對古今用字演變現象的顧照；不再祇是字的古今互求，還是在形、音、義的古今互求下去看字與字的關係。

下面爲了論述方便，我們仍分“發展觀”和“系統觀”兩部分進行説明。

一 對語言文字發展變化的認識

“古今字”本身以“古今”爲名，因此在“古今字”現象中最爲重要的就是時間的觀念，祇有對時間綫性有明確認識，纔能够理解其中

---

① 段玉裁：《經韻樓集》，第 187 頁。

的語言文字發展變化規律。在清人的"古今字"研究中，我們發現語言文字的發展觀已經比較明確，主要體現在兩個方面：一是對古今時代相對性的認識，二是對語言文字變化規律的解釋。

（一）時代的相對性

之前的"古今字"研究，曾經出現過因爲"古、今"問題而產生誤解的情況，比如顏師古因不明古音而造成的"余、予非古今字"之説，更有絶對化"古、今"的情況。清代的學者諳於"古今字"與"用字"的密切關係，在"古、今"問題上強調"無定時""隨時異用"，實際上正體現出他們對語言文字發展變化的認識。

> 段玉裁《説文解字注》第三"誼，人所宜也"：凡讀經傳者，不可不知古今字……隨時異用者謂之古今字。非如今人所言古文、籀文爲古字，小篆隸書爲今字也。

> 段玉裁《説文解字注》第三"㲉，聲也"：謂語聲也。晋宋人多用馨字，若"冷如鬼手馨，强來捉人臂""何物老嫗，生此寧馨兒"是也。馨行而㲉廢矣，隋唐後則又無馨語，此古今之變也。

> 段玉裁《説文解字注》第十三"綫，古文線"：《周禮·縫人》作"線"，《鮑人》同。注曰"故書線作綜，當爲糸旁泉，讀爲綖"。按線作綜，字之誤也，綖則鄭時行此字。《漢·功臣表》"不絶如綫"，晋灼曰："綫，今線縷字。"蓋晋時通行線字，故云尒。許時古線今綫，晋時則爲古綫今線，蓋文字古今轉移無定如此。

段玉裁不僅在"古、今"上專門強調過"無定時"，還在"古今字"説明中點出"隨時異用"，這些都體現了他對時代相對性的把握。在很多訓釋和説明中，他并沒有祇用"古、今"的説法，而是點明具體時代，説明是在哪個時代發生的變化。上述幾例中，段玉裁"靲"字注説明了記録語詞義的"靲"與"馨"之間前後替換的時代，由此我們可以知道，晋宋時期人們視記録語詞義的"靲"爲古字，而對隋唐時期的人來説，記録語詞義的"靲"和"馨"都是古字。在"線"與"綫"字的例子中，更明確了對"古、今"相對性的認識，充分展示出了他對於語言文字發展狀態的深入認識。

既然有了對時代相對性的認識，就必然不會隨意地認定某一個字會一直保持"古字"或"今字"的狀態，也就能够理解和説明用字反復問題，如段玉裁對"線"與"綫"兩字用字反復變化的分析就十分到位。晚於段玉裁的徐灝也有對"用字反復"的説明，如：

> 《説文解字注箋》卷六："棟，木也。"箋曰：……"棟"乃古字，相承增作"欄"，而《考工記》用之。許於"欒"下云"木似欄者"，取欒、欄同聲耳。今俗用欄爲欄檻字，久而專其名，故棟木仍用古字，不得反以爲俗也。

上例中"棟"爲木名，相承增偏旁而有"欄"字，則從造字角度來講，"棟"字爲古字，"欄"爲今字；而後"欄"又被用作"欄檻"之字，久而久之成爲"欄檻"字的專用字，所以記録原來的木名時就不便再用"欄"字，故改換爲原本的"棟"。從後世的角度來看，在記録木名義時，"棟"又成了對應"欄"的今字。

（二）變化規律的認識

我們在第二章中介紹過，古人對於"古今字"變化成因的説明是十分豐富的，主要涉及兩個維度：一是由對應語言詞彙變化而導致的"古今字"變化，二是由於漢字字形本身的各種情況而産生的變化（見表4-1）。

表 4-1　對"古今字"變化成因的説明

對"古今字"變化成因的説明	語言影響文字變化	文字借用
		詞義變化
		語音變化
	文字自身變化	偏旁改换或增減
		字形的訛變、誤寫
		字形的省減、省變

這兩個角度反映了兩種分析和解釋的思路：一種就是由文字對應的語言入手，從所記録的詞義、語音等其他要素來觀察，看是不是這些要素的變動導致了"字"的變動；另一種則是單純對比前後變化了的字形，通過對比的結果探求其他外部因素對於字形變動的影響，這一角度極少涉及字音、字義的問題，更多的是字形與字形之間的關係。

對"古今字"變化原因的分析雖然多散見於各種作品之中，但也出現了不少深入的説明。這些説明雖然是對某組字成因的説解，但也可以上升到"語言文字規律"的高度，如：

段玉裁《説文解字注》第十二"或，邦也"：《邑部》曰"邦者，國也"。蓋或、國在周時爲古今字。古文祇有或字……乃又加口而爲國。又加心爲惑，以爲疑惑當别於或，此孳乳浸多之理也。

段玉裁《説文解字注》第十四"矜，矛柄也"：《方言》曰"矛，其柄謂之矜"。《釋名》曰"矛，冒也，刃下冒矜也，下頭曰鐏，鐏入地也"……字從令聲，令聲古音在真部，故古假矜爲憐……漢韋玄成《戒子孫詩》始韻心，晋張華《女史箴》、潘岳《哀永逝文》始入蒸韻。由是巨巾一反僅見《方言》注、《過秦論》李注、《廣韻·十七真》，而他義則皆入蒸韻，今音之大變於古也。

矛柄之字，改而爲稑，云"古作矜"。他義字亦皆作矜，从今聲，又古今字形之大變也。

段玉裁所講的"孳乳浸多之理""今音之大變於古也""又古今字形之大變"等總結性的表述，使這些字組所呈現出的規律得到了一定程度的理論升華。

在這些清人對於"古今字"成因規律的説明中，最受重視的大概就是文字字形之間的相互關係了，段玉裁就稍有涉及，再到王筠和徐灝，都對字形之間的相承增偏旁關係進行了明確的説明和歸納。

王筠《文字蒙求》卷一"要"：从臼，象人要自臼之形，此古腰字，後讀於笑切，乃加肉旁別之。

徐灝《説文解字注箋》卷十四"臽，高下也……"箋曰：臼、臽本一字，相承增臼旁。

王筠的"分別文、累增字"以及徐灝的"造字相承增偏旁"，都是從造字的角度，説明通過增加偏旁而造的新字與原來的母字之間所具有的關係，尤其是王筠的分析不僅關涉字形變化，也説明了變化的目的以及相關詞義的分化和發展。

這些對於"古今字"變化規律的總結，實際上已限於解讀"古今字"，而具有一定的普遍性，可以用來解釋和説明其他的語言文字變化的情況。

王力先生認爲雖然先秦就已經有了語言研究，但是嚴格的語言科學祇能從清代開始算，"一系列重大問題都被陸續提了出來，并且解決得很好。第一是建立了歷史發展觀"。①清人的語言文字發展觀，在古

---

① 王力：《中國語言學史》，中華書局，2013，第173頁。

音學以及訓詁學的研究中都能很好地體現出來,而通過梳理清代學者對"古今字"的研究,也能發覺和印證清代學者對於時間綫性、語言文字發展變化規律的科學認識。

二 對語言文字系統性的認識

語言文字系統是作爲一個整體發展的。從清代的"古今字"研究中可以發現,學者對於語言文字的系統性已有樸素的認識,而這一"系統性"主要包括兩個層次:一是單字的形、音、義系統,這個系統下的要素是某一個字的字形、字義或字音;二是由漢字漢語構成的整體性系統,這個系統下的要素是漢字以及所對應記録的漢語。相比之下,清代學者對單字的系統認識已經比較充分,對於整個漢字漢語系統的認識尚没有明確論述,但在諸多訓釋材料中也有所體現。

(一)單字的形音義系統

如段玉裁所言,"小學有形、有音、有義,三者互相求,舉一可得其二",在清代學者眼中,一個"字"具有形、音、義三要素,這三個要素之間具有密切的關聯性。王念孫曾提到"古人不以兩義分兩音也"[1],因此可以就某一個要素探求其他的要素,而形、音、義三者之間也會互相影響。建立在這種"系統性"上,清代學者可以有效地展開對一些語言文字問題的説明或探求。比如形義統一的問題:

> 段玉裁《説文解字注》第六"賏,貝聲也。从小貝":聚小貝則多聲,故其字从小貝。引伸爲細碎之稱。今俗瑣屑字當作此,瑣行而賏廢矣。

"賏"字從小貝而有細碎之意,但今"瑣碎"字用的是原本表"玉

---

[1] 王念孫:《讀書雜志》逸周書第三"咎徵之咎"。

聲”的“瑣”字，段玉裁認爲“今俗瑣屑字當作此”，其根據就是“瑣碎”之義與從小、貝之形的統一，即這個“義”與這個“形”，兩個要素之間的符合。段玉裁有不少反對俗字的論述，多數基於他對形、義這兩個要素統一關係的堅持。

再比如形、音、義相挾而變的問題：

> 段玉裁《説文解字注》第八“佻，愉也”：……按《釋言》“佻，偷也”。偷者，愉之俗字。今人曰偷薄、曰偷盗，皆从人作偷，他侯切。而愉字訓爲愉悦，羊朱切。此今義、今音、今形，非古義、古音、古形也。古無从人之偷。愉訓薄，音他侯切。愉愉者，和氣之薄發於色也。盗者，澆薄之至也。偷盗字古祇作愉也。凡古字之末流鋠析，類如是矣。

《説文》與《釋言》在“佻”字的訓釋中選取了不同的訓詞，同時，今人“愉”“偷”爲兩字，在音和義上都具有區别，但段玉裁認爲，在“偷盗”意義上“愉”與“偷”是“古今字”關係，“愉”“偷”之不同在於“今義、今音、今形”，而不在於“古義、古音、古形”。從段玉裁的分析中可以看出，形、音、義相互構成系統，相互影響、變化、發展是漢字漢語中普遍的規律。

（二）漢字漢語系統

除了對單字形、音、義系統的認識，清人對於字組之間功能的相互轉移變化也有明確認識，而這背後實際上就是對整個漢字漢語系統關係的把握。漢字漢語系統中，字與字之間、詞與詞之間、字與詞之間都相互構成網絡關係，牽一髮而動全身，一個字的形、音、義發生了變化，往往會導致其他相關字與詞的變化；一個字與詞之間對應關係發生變化，也會導致其他字詞對應關係的變化。

清代學者雖然没有明確論述漢字漢語的這種系統性，但是他們訓注"古今字"所涉及的字際關係和詞際關係，已經能够説明他們對這個系統的認可，如：

> 段玉裁《説文解字注》第二"右，助也。从口又"：又者，手也。手不足，以口助之，故曰助也。今人以左右爲ナ又字，則又製佐佑爲左右字。

由"ナ又"到"左右"，再到"佐佑"，其間的字詞關係發生了系列變動。"ナ又"初爲"左右"字，而"左右"則記録由"左右"義引申出的"輔助、佐助"之義，之後因爲"左右"字替换了原"ナ又"，因此爲了承擔原來"左右"兩字的字義，又造了"佐佑"。這三組字及其對應詞語的變遷，正體現了語言文字之間的系統關聯。

綜上所述，可見古人的"古今字"研究與整個清代語言文字研究之間的密切關係，正是因語言文字整體研究的推進和理論高度的指引，纔有"古今字"研究的發展。清代學術"系統互求"的思想高度對"古今字"研究的影響，對我們思考"古今字"以及相關學術的發展也具有啓示作用。

第四節　校勘意識：清代"古今字"研究的實踐品格

把理論應用於實踐，在實踐中繼續發展理論，是學術向前推進的有效方式。清代學術之所以繁盛，其原因之一就在於對實踐的重視。對"古今字"研究來説也是一樣的，將"古今字"規律和理論運用於實踐活動，在實踐中又能再次促進理論的發展成熟，從而形成鮮明的學術特點。

　　與清代"古今字"理論研究形成相互促進的實踐活動，最爲典型的就是清代學者的校勘工作。文獻校勘是清人治學研究中不可忽略的重要環節，清人校勘强調恢復典籍的原貌，他們認爲衹有依據原始狀態的文獻，再結合當時的語言文字事實，纔能真正通古人之意，即解釋義理都要以小學和校勘爲基礎。除了各種版本的對比互校，清人尤其擅長"理校"，"理校"中所運用到的邏輯、規律、原理等，則源自對作品本身體例、内容的了解，同時語言文字本身的規律也可能被運用到校勘當中來。正如前幾章曾講到的，語言文字的發展變化規律是清人校勘文獻的重要依據之一。

　　"古今字"作爲一種語言文字變化的現象，在清代被提升到了理論高度，其研究本身向前推進了不少。所以利用"古今字"關係，結合用字的時代性與文獻的時代性，來推斷文獻用字的正誤、歸納版本錯誤、發現後人改字，在清代學者的校勘工作中十分常見。這方面，段玉裁、高郵王氏父子以及晚清的孫詒讓都有卓越的貢獻，如：

　　　　王念孫《讀書雜志》管子第五"裏"："旌之以衣服，富之以國裏"，尹注曰"裏謂財貨所包裏而藏也"。引之曰：書傳無謂財貨爲裏者，裏當爲稟，字形相似而誤，稟，古廩字。

　　　　段玉裁《説文解字注》第三"事，職也"：疊韻。職，記微也。古假借爲士字。《鄭風》曰"子不我思，豈無他事"。毛曰"事，士也"。今本依傳改經，又依經改傳，而此傳不可通矣。

　　王念孫以爲"富之以國裏"的"裏"强解作"財貨"不符合當時的語言實際，因此依據"裏"的字形和文中相應的詞義，找到了與"裏"字形相近的"稟"，而"稟"又是古"廩"字，因此可記録"財貨"之義。段玉裁依據"古事字假借爲士字"的規律，推斷《毛詩》

"豈無他事" 以及《毛傳》"事，士也" 的訓釋存在 "依傳改經" 和 "依經改傳" 的現象。

再如：

> 王念孫《讀書雜志》史記第六 "索隱本異文"：案《史記》《漢書》每多古字，《漢書》顏注即附於本書之下，凡字之不同於今者，必注曰 "古某字"，是以後人難於改易，而古字至今尚存。《史記》則《索隱》《正義》本係單行，其附見於本書者，但有《集解》一書，注與音皆未晐備，是以《史記》中古字多爲淺學人所改。後人以《集解》《索隱》《正義》合爲一書，乃不肯各仍其舊，而必改從今本，以歸畫一，殊失闕疑之義。今《正義》已無單行本，唯汲古閣所刻《索隱》本尚存。

王念孫結合 "古今字" 的注釋來説明爲什麼《史記》《漢書》在古今用字上會有區別，他認爲顏師古的 "古今字" 注釋以及《漢書》與注文的緊密結合是《漢書》古字多存留的原因，而由於《史記》的刊行多爲單行本，後人在合爲一書的同時，爲了統一原文和注釋，又進行了大量的改字，因此《史記》的古字未能保留下來。

> 孫詒讓《周禮正義》卷八 "喪事，代王受眚烖"：注 "受眚烖，弭後殃。" 疏：云 "受眚烖，弭後殃" 者，"烖"，注例用今字當作 "災"，《大祝》注可證。今本并作烖，疑後人誤依經改。

在《周禮正義》中，孫詒讓利用經注古今用字的不同原則，糾正了大量依經改注或依注改經的錯誤。依孫詒讓之意，《周禮》的經文和注文在 "古今用字" 上的區別是十分明顯的，祇要是經文就必定用古字，而注文就一定會用今字，今本在這些問題上的不協調，必定是由後人改字導致的。孫詒讓這種觀念雖然稍顯絕對，但對《周禮》這樣的文本基本上是適用的。

這些例證都説明，清代學者都極爲擅長利用語言文字規律或關係來處理文獻問題。"古今字"以及相關的字形關係都是小學研究的成果，清代學者正是把語言文字知識當作論據去闡釋校勘，因此纔能發現并更正文獻上的錯訛，使得校勘工作不再是單純地對比列舉異文，而能够通過語言文字之"理"去判定這些異文的正誤。

第五節　明體達用：清代"古今字"研究的現代啓示

最後來總結清代"古今字"研究的現代啓示。

毋庸諱言，清代的"古今字"研究有它的不足。這些不足主要體現爲兩點：一是定義含混，比如徐灝對"古今字"兩例分類并不恰當；二是字詞不分，比如段玉裁的"古今字"有些實際上屬"古今語"。這些不足之處都是微觀層面上具體的問題，而且我們需要看到，諸如"定義含混""字詞不分"的問題主要是因爲當時整體學術發展的歷史局限，所以不能拿這些細微的問題去否定清代學者的"古今字"研究。

如果站在總體的角度就會發現，不論是宏觀層面還是微觀層面，清代"古今字"研究對現代的語言文字學、字用學研究都具有重要啓示價值。

一　微觀研究上的具體參照

微觀研究上，清代的"古今字"研究對今天的"古今字"研究具有一定的參照作用。也就是説我們今天的 "古今字" 都是參考歷史上的 "古今字" 研究來進行的。現代 "古今字" 研究中的各種理論、材料、具體的分析,都要從清代學術中去汲取營養。

比如今人的兩種 "古今字" 説,一種是源自段玉裁的 "古今人用字",另一種則以王筠的 "分別文、累增字" 和徐灝的 "造字相承增偏旁" 之説爲參照。今天的 "古今字" 理論就是建立在清代學者已有的 "古今字" 相關研究的基礎上的,古人的研究爲我們的研究提供了具體思路。

再比如今天研究漢字的職能、使用及其發展,要求必須摸清歷史文獻中出現的各種用字現象,追溯這樣的現象需要大量的用字材料,而清代學者的 "古今字" 訓釋恰好爲我們提供了這樣一批能夠體現古今用字規律的材料。

正因如此,今天的 "古今字" 研究、漢字職用學研究不能脱離 "古今字" 以及相關字用研究的具體歷史,所有的研究都 "成長" 在古人的研究上。

二　宏觀研究上的内在理路

微觀層面上,清代的 "古今字" 研究爲今天的 "古今字" 研究提供了具體的參照。但清代 "古今字" 研究對於當代學術更爲本質性的啓示則在於宏觀層面,在於對語言文字發展道路内在規律的揭示,這種規律就是 "明體達用",也就是理論與實踐的相互作用。

之前提到清代學術的發展實際上有一個互動的關係,即對語言文字理論進行研究,把這些研究用於對文獻的校勘、訓釋和説解上;反之,在具體的實踐活動中,這些規律和理論又能不斷得到深化和印證。所以在清代,通過文獻探求語言文字的相關理論和利用語言文字的相關理論説明文獻是兩條不斷相互作用、相互推進的綫索。也正是在這種相互推進中，“小學”漸漸找到了自己的學科定位，開始向着我們今天的“語言文字之學”發展。

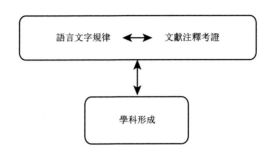

這兩條綫索投射到清人的“古今字”研究，就變成了兩個非常重要的因素，推動着“古今字”研究向前發展：一是清人突出的語言文字發展觀與系統觀，二是以校勘爲基礎的意識。前者是清人通過梳理文獻、對勘各種版本而總結的“古今字”相關規律、理論，後者則是應用這些理論進行的具體文獻校勘工作。

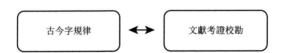

從這兩者的互動關係，以及上文中總結的清代“古今字”研究的學術特色來看，清代“古今字”研究發展基本的脈絡就是：在發展過程中明確了自己學科的定位，從而深化理論，同時又與實踐高度結合，在實踐活動中對已形成的理論再次進行反思，從而幫助學科更好地定位，這種有效的循環互動也就是所謂的“明體達用”。“古今字”的發展脈絡既符合“古今字”研究本身的需要，也與清代整體學術的發展脈絡高度契合，反映了學術發展背後的普遍規律，這也許正是清代研究超越前代研究的原因所在。

深言之，我們今天的研究，除了參考和借鑒古人已有的研究成果外，更重要的是認識和了解語言文字之學的發展規律——明體達用，這對今天的 "古今字"、字用學的建設而言，更具有啓發性：一方面，字用學要走理論深化的道路，在理論的探索和討論中不斷明確自身的學科定位；另一方面，字用學隨時都要考慮面向實踐的問題。同時，不論是理論的深化，還是實踐的拓展，都必須在科學的語言文字學體系的觀照之下，纔能够得以實現。通過對古人研究思路的理解，我們今後的研究將能够與古人的學術長河相互銜接，這正是學術由古到今發展的必然性。

參考文獻

古籍類

《十三經注疏》,(台北)藝文印書館,2007。

(西漢)司馬遷撰,(宋)裴駰集解,(唐)司馬貞索隱、張守節正義
　　《史記》,中華書局,1959。

(東漢)班固撰,(唐)顏師古注《漢書》,中華書局,1962。

(東漢)許慎《說文解字》,中華書局,1963。

(宋)范曄撰,(唐)李賢等注《後漢書》,中華書局,1965。

(南唐)徐鍇:《說文解字繫傳》,中華書局,1987。

(明)顧炎武著,(清)黃汝成集釋,秦克誠點校《日知錄集釋》,嶽
　　麓書社,1994。

(清)錢大昕:《十駕齋養新錄》,上海書店出版社,2011。

(清)段玉裁:《說文解字注》,上海古籍出版社,1988。

(清)段玉裁:《經韻樓集》,上海古籍出版社,2008。

(清)王念孫:《讀書雜志》,江蘇古籍出版社,2000。

(清)阮元撰,鄧經元點校《揅經室集》,中華書局,1993。

(清)王引之:《經義述聞》,江蘇古籍出版社,1985。

(清)王引之:《經傳釋詞》,江蘇古籍出版社,1985。

(清)馬瑞辰:《毛詩傳箋通釋》,中華書局,1989。

(清)王筠:《說文解字句讀》,中華書局,1988。

（清）王筠:《說文釋例》,中華書局,1987。

（清）朱駿聲:《說文通訓定聲》,武漢市古籍書店影印,1983。

（清）王聘珍撰,王文錦點校《大戴禮記解詁》,中華書局,1983。

（清）徐灝:《說文解字注箋》,上海古籍出版社（續修四庫全書版）,1987。

（清）孫詒讓撰,王文錦、陳玉霞點校《周禮正義》,中華書局,
　　1987。

（清）孫詒讓撰,雪克、陳野點校《札迻》,中華書局,2009。

（清）皮錫瑞撰,周予同注釋《經學歷史》,中華書局,2004。

（清）丁福保輯《說文解字詁林》,中華書局,1988。

專著類

柴德賡:《清代學術史講義》,商務印書館,2013。

陳祖武:《清代學術源流》,北京師範大學出版社,2012。

方向東:《孫詒讓訓詁研究》,中華書局,2007。

郭錫良:《漢字古音手冊》（增訂本）,商務印書館,2010。

何九盈:《上古音》,商務印書館,1991。

何九盈:《中國古代語言學史》（第四版）,商務印書館,2013。

洪成玉:《古漢語詞義分析》,天津人民出版社,1985。

洪成玉:《古今字》,語文出版社,1995。

胡樸安:《中國文字學史》,北京市中國書店,1983。

李運富:《漢字漢語論稿》,學苑出版社,2008。

李運富:《漢字學新論》,北京師範大學出版社,2012。

梁啓超:《清代學術概論》,中華書局,2010。

梁啓超:《中國近三百年學術史》（新校本）,商務印書館,2011。

劉小楓:《古典學與古今之爭》,華夏出版社,2015。

陸宗達、王寧:《訓詁方法論》,中國社會科學出版社,1983。

陸宗達、王寧:《訓詁與訓詁學》,山西教育出版社,2005。

濮之珍:《中國語言學史》,上海古籍出版社,1987。

錢穆:《中國近三百年學術史》,商務印書館,1997。

錢穆:《國學概論》,商務印書館,1997。

裘錫圭:《文字學概要》,商務印書館,1988。

裘錫圭:《中國出土文獻十講》,復旦大學出版社,2004。

王鳳陽:《漢字學》,吉林文史出版社,1989。

王鳳陽:《古辭辨》,中華書局,2011。

王國維:《觀堂集林》,中華書局,2004。

王力:《古代漢語》,中華書局,1962。

王力:《同源字典》,商務印書館,1982。

王力:《中國語言學史》,中華書局,2013。

王寧:《〈說文解字〉與漢字學》,河南人民出版社,1994。

王寧:《訓詁學原理》,中國國際廣播出版社,1996。

王寧:《漢字構形學導論》,商務印書館,2015。

王寧主編《漢字學概要》,北京師範大學出版社,2001。

王寧主編《訓詁學》,高等教育出版社,2004。

蕭璋:《文字訓詁論集》,語文出版社,1994。

姚孝遂:《許慎與〈說文解字〉》,中華書局,1983。

章太炎、劉師培等撰,徐亮工編《中國近三百年學術史論》,上海古
　　籍出版社,2006。

章太炎:《章太炎全集·太炎文錄初編》,上海人民出版社,2014。

張涌泉:《漢語俗字研究》(增訂本),商務印書館,2010。

期刊類

安甲甲:《古今字研究綜述》,《太原師範學院學報》(社會科學版)
　　2013年第4期。

班吉慶:《段注古今字理論的歷史貢獻》,《揚州大學學報》(人文社會

科學版）2007 年第 2 期。

蔡信發：《段注〈說文·邑部〉古今字之商兑》，《輔仁國文學報》2012 年第 4 期。

鄧敏：《古今字研究概述》，《南昌高專學報》2010 年第 2 期。

何九盈：《乾嘉時代的語言學》，《北京大學學報》（哲學社會科學版）1984 年第 1 期。

何占濤：《段玉裁〈說文解字注〉中的古今字淺析》，《現代語文》（語言研究版）2008 年第 1 期。

洪成玉：《古今字辨正》，《首都師範大學學報》（社會科學版）2009 年第 3 期。

洪成玉：《古今字概述》，《北京師範學院學報》（社會科學版）1992 年第 3 期。

黃圓：《段玉裁〈說文解字注〉中有關古今字論述的考察》，《安順師範高等專科學校學報》2005 年第 2 期。

蔣志遠：《論王筠“古今字”觀念的歷史繼承性》，《求索》2013 年第 2 期。

蔣志遠：《論王筠的“古今字”觀念》，《大慶師範學院學報》2010 年第 2 期。

李淑萍：《清儒古今字觀念之傳承與嬗變——以段玉裁、王筠、徐灝爲探討對象》，《文與哲》2007 年第 11 期。

李學勤：《怎樣重寫學術史》，《文匯讀書周報》，1998 年 10 月 3 日。

李運富、蔣志遠：《論王筠“分別文、累增字”的學術背景與研究意圖》，《勵耘學刊（語言卷）》總第 16 輯，學苑出版社，2013。

李運富、蔣志遠：《從“分別文”“累增字”與“古今字”的關係看後人對這些術語的誤解》，《蘇州大學學報》（哲學社會科學版）2013 年第 3 期。

李運富：《早期有關“古今字”的表述用語及材料辨析》，《勵耘學刊
　　（語言卷）》總第 6 輯，學苑出版社，2008。

李運富：《“余予古今字”考辨》，《古漢語研究》2008 年第 4 期。

李運富：《漢語學術史研究的基本原則》，《湖北師範學院學報》（哲學
　　社會科學版）2010 年第 4 期。

劉新春：《古今字再論》，《語言研究》2003 年第 4 期。

劉志剛：《〈說文〉段注古今字考》，《江西社會科學》2008 年第 5 期。

陸錫興：《談古今字》，《中國語文》1981 年第 5 期。

羅薇：《“古今字”問題研究綜述》，《佳木斯教育學院學報》2014 年第
　　6 期。

馬立春：《段玉裁〈說文解字注〉古今字類析》，《貴州教育學院學報》
　　2008 年第 8 期。

孫啓榮：《也談段玉裁的古今字觀》，《承德民族師專學報》2007 年第 3 期。

孫雍長：《“古今字”研究平議——兼談字典詞書中對“古今字”的處
　　理》，《五邑大學學報》（社會科學版）1994 年第 5 期。

孫雍長：《論“古今字”——暨辭書對“古今字”的處理》，《辭書研
　　究》2006 年第 2 期。

王秀麗、別敏鴿：《顏師古〈漢書注〉“×，古某字”作用類析》，《河
　　北科技大學學報》（社會科學版）2007 年第 3 期。

謝禕明：《論王筠的“分別文”及其與古今字的區別》，《文教資料》
　　2012 年第 23 期。

楊潤陸：《論古今字的定稱與定義》，《古漢語研究》1999 年第 1 期。

趙海燕：《段玉裁對古今字的開創性研究》，《廣西社會科學》2005 年
　　第 9 期。

趙克勤：《古今字淺說》，《中國語文》1979 年第 3 期。

鍾韻：《〈段注〉“古今字”的字用學思想淺析》，《勵耘語言學刊》2015
　　年第 2 期。

學位論文類

林穎雀:《徐灝〈説文段注箋〉研究》,逢甲大學,2002。

朱瑞平:《孫詒讓小學成就研究》,北京師範大學,2003。

潘志剛:《古今字研究》,廣西師範大學,2004。

徐漢庸:《王筠〈説文釋例〉文字學研究》,北京師範大學,2005。

劉伊超:《〈説文解字注箋〉"古今字"研究》,北京師範大學,2006。

張銘:《段注古今字研究》,新疆師範大學,2006。

劉琳:《〈説文段注〉古今字研究》,北京師範大學,2007。

馬建民:《〈説文解字注〉古今字研究》,寧夏大學,2008。

關玲:《顏師古"古今字"研究》,北京師範大學,2009。

蘇天運:《張揖〈古今字詁〉研究》,北京師範大學,2009。

王曉嵐:《鄭玄注古今字研究》,河南大學,2011。

蔣志遠:《王筠"古今字"研究》,北京師範大學,2011。

蔣志遠:《唐以前"古今字"學術史研究》,北京師範大學,2014。

電子資料庫類

北京愛如生數字化技術研究中心:中國基本古籍庫。

迪志文化出版有限公司:文淵閣四庫全書。

北京時代瀚堂科技有限公司:瀚堂典藏古籍資料數據庫,http://edu.
  dragoninfo.cn/default.aspx。

材料文獻

（材料提取所使用的書目，以及相關版本信息如下所示）

1　方以智：《通雅》，文淵閣四庫全書本、光緒十一年重刻本。
2　顧炎武：《日知錄》，皇清經解本、安徽大學出版社陳垣校注《日知錄校注》本（2007）。
3　黄生：《字詁》，指海本、安徽叢書本。
4　黄生：《義府》，指海本、安徽叢書本。
5　毛奇齡：《古今通韻》，文淵閣四庫全書本。
6　毛奇齡：《四書改錯》，嘉慶十六年刻本。
7　張玉書等編《佩文韻府》，康熙五十年武英殿本。
8　惠士奇：《禮說》，文淵閣四庫全書本。
9　惠棟：《惠氏讀說文記》，指海本。
10　惠棟：《周易述》，文淵閣四庫全書本、皇清經解本。
11　吳玉搢：《別雅》，文淵閣四庫全書本、益雅堂叢書本。
12　吳玉搢：《說文引經考》，影咫進齋叢書本。
13　戴震：《毛鄭詩考正》，皇清經解本。
14　戴震：《戴東原集》，四部叢刊本。
15　戴震：《考工記圖》，皇清經解本。
16　紀昀等編《四庫全書總目提要》，中華書局影印本（1965）。
17　段玉裁：《詩經小學》，皇清經解本。

18 段玉裁:《周禮漢讀考》,皇清經解本。

19 段玉裁:《汲古閣説文訂》,嘉慶二年五硯樓本、同治十一年崇文書局重刊本。

20 段玉裁:《説文解字注》,經韻樓原刻本。

21 段玉裁:《經韻樓集》,皇清經解本、上海古籍出版社鍾敬華點校本(2008)。

22 王念孫:《讀書雜志》,高郵王氏家刻本。

23 王念孫:《廣雅疏證》,嘉慶元年刻本。

24 王引之:《經義述聞》,道光七年影印本。

25 王引之:《經傳釋詞》,皇清經解本。

26 洪亮吉:《卷施閣文甲集》,光緒三年洪氏授經堂刻洪北江全集增修本。

27 倪模:《古今錢略》,光緒五年倪文蔚刻本。

28 郝懿行:《證俗文》,光緒十年東路廳署刻本。

29 鈕樹玉:《説文新附考》,鈕氏非石居本。

30 王聘珍:《大戴禮記解詁》,中華書局王文錦點校本(1983)。

31 阮元:《揅經室集》,四部叢刊本。

32 沈欽韓:《漢書疏證》,光緒二十六年浙江官書局刻本。

33 沈欽韓:《後漢書疏證》,光緒二十六年浙江官書局刻本。

34 胡承珙:《小爾雅義證》,聚學軒叢書本。

35 宋翔鳳:《小爾雅訓纂》,皇清經解續編本。

36 王筠:《文字蒙求》,道光刻本。

37 王筠《説文解字句讀》,同治四年安邱王氏刊本。

38 王筠:《説文釋例》,續修四庫全書影印本、中華書局影印道光三十年刻本(1987)。

39 朱駿聲:《小爾雅約注》,光緒八年臨嘯閣刻朱氏群書本。

40 朱駿聲:《説文通訓定聲》,臨嘯閣藏本。

41　席世昌:《席氏讀説文記》,指海本。

42　馬瑞辰:《毛詩傳箋通釋》,皇清經解續編本、中華書局陳金生點校本(1989)。

43　多隆阿:《毛詩多識》,遼海叢書本。

44　鄭珍:《説文新附考》,咫進齋叢書本。

45　徐灝:《説文解字注箋》,續修四庫全書影印本。

46　徐鼒:《讀書雜釋》,咸豐十一年刻本、金陵叢書本。

47　俞樾:《古書疑義舉例》,清刻春在堂本。

48　孫詒讓:《周禮正義》,楚學社本,中華書局王文錦、陳玉霞點校本(1987)。

49　孫詒讓:《札迻》,光緒二十年籀廎刻本,中華書局雪克、陳野點校本(2009)。

50　葉昌熾:《奇觚廎文集》,民國十年刻本。

51　程先甲:《廣續方言》,千一齋全書本。

52　蘇輿:《春秋繁露義證》,宣統二年刻本。

53　汪榮寶:《法言義疏》,民國鉛印本。

圖書在版編目(CIP)數據

清代"古今字"學術史研究 / 鍾韻著. -- 北京：
社會科學文獻出版社, 2023.12
("古今字"學術史叢書)
ISBN 978-7-5228-1091-1

Ⅰ.①清… Ⅱ.①鍾… Ⅲ.①漢字－古文字－研究－
清代 Ⅳ.①H121

中國版本圖書館CIP數據核字（2022）第214155號

"古今字"學術史叢書
清代"古今字"學術史研究

著　者 / 鍾　韻

出 版 人 / 冀祥德
責任編輯 / 李建廷
責任印製 / 王京美

出　　版 / 社會科學文獻出版社（010）59367215
　　　　　　地址：北京市北三環中路甲29號院華龍大廈　郵編：100029
　　　　　　網址：www.ssap.com.cn
發　　行 / 社會科學文獻出版社（010）59367028
印　　裝 / 三河市东方印刷有限公司

規　　格 / 開　本：787mm×1092mm　1/16
　　　　　　印　張：17.75　字　數：239千字
版　　次 / 2023年12月第1版　2023年12月第1次印刷
書　　號 / ISBN 978-7-5228-1091-1
定　　價 / 128.00圓

讀者服務電話：4008918866